한국어 **표현** 교육론

한국어 표현 교육론

김선정 · 김용경 · 박석준 · 이동은 · 이미혜

형설출판사
www.hyungseul.co.kr

머리말

한국어교육이 새로운 학문으로 뿌리를 내린 지도 상당한 시간이 흘렀고, 그 사이 눈부신 발전을 거듭하여 지금은 인문학에서 가장 주목을 받고 있는 학문 분야 중의 하나가 되었다. 이는 한국어교육에 종사하는 사람으로서는 더 없이 기쁜 일이 아닐 수 없다. 그러나 한국어교육이 학문으로 제대로 정착하기 위해서는 여러 가지 기반 조성 사업이 필요하다. 그 중의 하나가 바로 한국어교육과 관련된 교재 개발일 것이다. 국어기본법에 정해진 다섯 가지 영역 중 어느 하나도 중요하지 않은 것이 없겠지만, 그래도 한국어교육의 정체성을 가장 분명하게 드러내 주는 것이 3영역일 것이다. 그것은 '한국어 교수법' 이라는 3영역의 명칭에서도 나타나 있을 뿐만 아니라, 다른 영역에 비해 교과목의 수가 훨씬 많다는 데에서도 알 수 있다. 한국어교육에서의 3영역에 대한 비중이 이렇게 중요함에도 불구하고 지금까지 개발된 이 영역에 대한 교재가 그리 많지 않다. 이로 인해 한국어교육에 뜻을 두고 공부하려는 사람들이 많은 어려움과 불편함을 겪어야만 했다. 이는 한국어 교사 교육을 담당하는 사람이면 누구나 마음 깊이 느껴온 사실이다.

제12대 국제한국어교육학회 임원들은 2년 전에 이러한 사실을 부끄러워하며 한국어교육 전공자들을 위하여 또 새로이 한국어 교사가 되고자 하는 사람들을 위하여 다만 몇 권의 교재라도 만들어 보자고 뜻을 모았다. 결코 대단한 작업은 아니지만 하지 않으면 안 되는 작업이었던 관계로 의지를 모으는 데에는 그리 어렵지 않았다.

첫 번째 문제는 어떤 교과목에 관한 교재를 펴낼 것인지에 대한 것이었다. 이에 대해 오랜 시간 생각해 보고 또 몇 번의 토론을 거치면서 가장 큰 원칙은 현재 교재로 나와 있지 않은 교과목, 그 중에서도 한국어교육에 있어 필요한 우선순위를 중심으로 교재를 편찬한다는 결정이 내려졌다. 이렇게 하여 '한국어 교육과정론, 한국어 이해교육론, 한국어 표현교육론, 한국어 교수법, 한국문화교육론'의 다섯 개 과목을 교재로 편찬하기로 하였다. 그 다음 문제는 집필 내용과 집필진 구성이었다. 이에 대해서는 임원들 각자의 전문성과 강의 경험을 바탕으로 팀을 구성하고, 각 팀의 책임자를 중심으로 각 교재의 구성에 대해 논의하고 해당 부분의 집필자를 결정하였다. 이렇게 하여 출발한 교재 집필 프로젝트는 그 후 많은 논의를 거치면서 수정과 보완을 거듭한 끝에 완성을 보게 되었다.

이 책에서는 표현 기능인 말하기와 쓰기를 외국어 또는 제2언어로서 한국어를 배우는 사람들에게 어떻게 효과적으로 가르칠 것인지에 대하여 다룬다. 말하기와 쓰기는 모두 이해 영역에 대비되는 표현 영역이라는 측면에서 하나로 묶일 수 있다. 하지만 말하기와 쓰기는 같은 표현 영역에 속한다고 하더라도 말하기는 구어적 특성이 강한 반면 쓰기는 문어적 특성이 강하다. 따라서 말하기와 쓰기를 각각 1부와 2부로 나누어 집필하였다. 1부에서는 입말에 해당하는 말하기를 교육하는 방법에 관해 다루었고, 2부에서는 글말에 해당하는 쓰기를 교육하는 방법에 관하여 다루었다. 1부는 다시 말하기 교육론 개괄(이미혜), 말하기 교육의 흐름(이동은), 말하기 활동(김용경), 말하기 교육의 원리(박석준), 말하기 평가(이동은), 말하기 교육의 실제(이미혜) 순으로 이루어졌다. 2부는 다시 쓰기 교육론 개괄(김용경), 쓰기 교육의 흐름(김선정), 쓰기 활동(김용경), 쓰기 교육의 원리(이미혜), 쓰기 평가(박석준), 쓰기 교육의 실제(김선정) 순으로 이루어졌다. 이 책은 무엇보다도 현장에 적용하기 쉽도록 구성하고자 하였다.

이 책을 발간함에 있어 우리 집필진 모두는 크게 기뻐하지 않을 수 없다. 그것은 앞에서도 말한 바와 같이 한국어교육은 날로 발전하고 있음에도 불구하고 그에 적합한 교재들이 없어 이 분야를 공부하는 사람들이 늘 갈급해 왔기 때문이다. 그런 후학들을 위하여 부족하지만 늦게나마 이러한 책을 편찬하게 되어 앞서서 공부한 사람들로서의 마음의 빚을 덜게 되어 참으로 다행스럽게 생각한다.

그런 다행스러움의 뒤편으로 이 책의 부족함에 대해 적지 않은 두려움도 갖게 된다. 그것은 우리 집필진 스스로가 생각해보아도 보다 잘 구성할 수 있었던 부분들이 여러 군데 있기 때문이다. 다만 중요한 이론과 교육현장에서 필요하다고 생각되는 것들은 빠뜨리지 않으려고 최대한 노력을 하였다. 이 책의 내용 중에 잘못된 부분은 전적으로 집필진의 책임이며, 앞으로 더 많은 연구를 통해 보완해 나갈 것이다.

이 책이 발간되는 데 도움을 주신 분들께 감사를 드린다. 무엇보다 이 책의 바탕이 되는 내용들을 앞서 연구한 여러 참고문헌의 저자들에게 감사를 드린다. 그 분들의 연구가 없었다면 이 책은 출판되기 어려웠을 것이다. 책의 성격상 일일이 참고문헌의 서지사항을 밝히지 못하고 한꺼번에 처리한 점에 대해 혜량이 있으시길 바란다. 그리고 이 책이 나오기까지 2년이란 시간을 기다려준 형설출판사의 장지익 회장님과 편집부에 감사를 드린다.

끝으로 이 책이 한국어교육의 발전에 작은 주춧돌이 되기를 바라며, 아울러 앞으로 더 좋은 책들이 나와 후학들에게 큰 도움이 될 수 있기를 바란다.

2010년 3월 15일

국제한국어교육학회 제12대 회장 허 용

집필자 일동

차 례

제1부 말하기 교육론

제2부 쓰기 교육론

한 · 국 · 어 · 표 · 현 · 교 · 육 · 론

제1부

말하기 교육론

제1장 말하기 교육론 개괄

1 말하기의 정의와 특성

1.1 말하기의 정의

인간의 의사소통은 언어적(verbal) 요소와 비언어적(non-verbal) 요소를 통해 이루어지며, 언어적 요소를 활용한 의사소통은 음성 언어(oral language)와 문자 언어(written language)를 매개로 하여 이루어진다. 말하기는 음성 언어를 사용하여 자신의 생각, 느낌, 정보 등을 표현하는 활동이며, 이 과정에서 인간은 음성 언어와 함께 비언어적인 요소(몸짓, 표정 등)를 사용한다. 따라서 말하기는 '음성 언어', '표현', '비언어적인 요소'라는 개념으로 설명할 수 있다.

음성 언어를 사용하여 말하는 행위는 필수적으로 조음 음성학적 과정을 거치는데, 그 이전에 화자는 생각이나 느낌을 표현하기 위해 보이지 않는 일련의 사고 과정을 거친다. 따라서 말하기 활동에는 조음 음성학적인 면, 사고 과정에 해당하는 심리 정신적인 면이 모두 관여함을 알 수 있다.

노명완(1992)은 말하기는 자신이 의도한 내용을 언어적, 비언어적 방법을 사용하여 표현하는 과정으로 심리적, 정신적 과정의 측면에서 보면 '의미를 언어로 변형하는 과정'이라고 하였다. 전은주(1999)는 말하기의 개념적 정의는 '의미를 언어로 변형하는 인지적 작용 과정'이라고 하였으며, 정서적 정의는 '개인의 내재 동기를 충족할 수 있게 언어적 또는 비언어적으로 표현하는 것'이라고 하였다. 그리고 활동적 정의는 '화자가 의사소통 상황에서 언어적, 비언어적 표현을 통해 청자에게 변화를 주기 위하여 메시지를 전달하는 일련의 행위'라고 하였다.

이러한 정의는 말하기 기능에 대해 의미를 언어로 변형하는 인지적인 과정이라는 점에 주목하고 있다. 일반적으로 모국어 화자를 대상으로 하는 국어교육에서는 화자가 익숙한 언어를 어떻게 사용할 것인지에 주목함으로써 말하기의 인지 과정에 주목하는 경향이 있다. 그러나 한국어교육에서는 사용 능력이 없는 언어를 대상으로 하기 때문에 조음과 인지, 두 측면을 모두 강조하게 된다.

1.2 말하기의 특성

말하기는 구어를 통한 의사소통 활동이므로 구어의 일반적인 특징을 반영하고 있다. Brown(1994)은 말하기의 특성을 다음의 8가지로 설명하였는데 이것은 말하기를 어렵게 하는 요인이기도 하며, 또한 적절히 고려하면 말하기를 향상시킬 수도 있는 요인이기도 하다.

구어의 8가지 특징

1. 무리 짓기

유창한 표현은 단어가 아니라 구 단위로 이루어진다. 학습자는 인지적으로 적절한 단위를 무리 짓거나 호흡에 적절한 단위로 무리 지어 표현할 수 있다.

2. 중복성

문어와 달리 구어는 반복하는 말, 고쳐하는 말, 설명하는 말, 덧붙이는 말이 많아서 중복성(redundancy)이 많다. 그러므로 화자는 반복과 부연 설명을 통해 의미를 분명하게 할 수 있다.

3. 축약형

구어는 축약형을 많이 사용하는데, 이는 음성적 축약, 형태적 축약, 통사적 축약, 화용적 축약을 모두 포함한다. 따라서 말하기 교육에서는 축약 표현을 적절하게 사용하도록 해야 자연스러운 발화를 유도할 수 있다.

4. 수행 변인

계획적인 담화를 제외한 구어에서는 화자가 말하는 도중에 주저하거나 머뭇거리거나 말을 수정하는 경우가 많다. 모국인 화자는 어릴 때부터 이러한 언어의 수행 변인(performance variable)을 처리하는 방법을 익혀왔지만 외국어 학습에서는 새롭게 학습해야 하는 요소가 된다.

5. 구어체
대화 속에는 관용적 표현이나 축약형, 공통의 문화적 지식 등이 포함된다. 교사는 학습자들에게 구어체의 어휘와 관용적 표현, 구를 지도해야 하며 이러한 표현을 연습할 기회를 제공해야 한다.

6. 발화 속도
구어는 다양한 발화 속도로 전달되는데, 유창하게 발화하려면 적절한 속도를 지녀야 한다. 말하기 교육에서는 유창성을 구성하는 다른 요소들과 함께 적절한 속도를 기르도록 하는 연습이 필요하다.

7. 억양과 강세
구어는 음성을 통해 전달되며, 어조, 억양, 강세 등의 요소가 의미를 전달하는 데 중요한 요소가 된다. 따라서 말하기 교육에서도 중요한 부분을 강조하거나 적절한 억양으로 의미를 표현하는 것도 포함되어야 할 내용이다.

8. 상호작용
대화는 상호작용 규칙(협상하기, 명료화하기, 신호에 주의하기, 순서 지키기, 화제 지정 등)의 지배를 받는다. 말하기는 양방향 활동이므로 의미 협상을 위해서는 이러한 상호작용을 익힐 필요가 있다.

말하기 행위는 청자를 전제로 이루어진다. 따라서 음성언어를 이용한 의사소통 과정에서 말하기를 배제한 듣기 상황이란 있을 수 없으며 또 듣기 상황을 배제한 말하기도 있을 수 없다. 즉, 말하기와 듣기는 상호작용적이다. 그러나 메시지의 송신자와 수신자 사이의 단순한 상호작용의 의미라기보다는 그 이상의 의미로 의사소통 체계 각 부분이 상호 의존되어 있고 또 완전한 상호 인과관계에 놓여 있기 때문에 상호 교섭적(transactional)이라고 보는 것이 더 합당하다(전은주, 1999 : 57). 이러한 화자와 청자의 상호작용을 고려할 때 말하기는 양방향 활동 속에서 이루어지는 행위라고 할 수 있으며, 이 행위를 성공적으로 해 나가기 위해서는 상호작용 기술(interaction skill)을 필요로 한다.

2 말하기 교육의 필요성

말하기는 인간이 사회생활을 해 나가는 데 있어서 가장 근본적인 수단이며, 도구이다. 말하지 않고 생활하는 날이 없을 정도로 말하기 활동은 인간 생활의 중요한 부분이다. 한국어교육에서 말하기를 교육하는 것이 왜 중요한가는 사회적인 측면, 개인적인 측면을 통해 살펴볼 수 있다.

다양한 대인관계를 경험하는 사회생활에서 인간은 타인과 원만한 관계를 유지하기 위해 말하기에 의존하여 의사를 표현하고 감정을 전달한다. 물론 쓰기를 통해 표현하는 것도 가능하지만 쓰기는 시간적, 공간적인 제약이 많으므로 말하기 의존도가 훨씬 크다. Rivers(1981)에 의하면 일상적인 언어 활동에서 말하기는 30%, 듣기는 45%, 읽기와 쓰기는 각각 16%, 9%를 차지한다고 하였다. 그만큼 인간의 일상적인 활동은 말하고 듣는 활동에 치중해 있는 것이다.

한국어 학습자들은 한국어 생활권에서 기본적인 생활을 영위하고자 하는 목적, 한국어를 사용하여 한국인과 생각을 주고받으려는 목적, 학문적인 목적 등 다양한 필요에 의해 한국어를 학습하는데, 각각의 학습 목적을 달성하기 위해 말하기는 필수적인 언어 기능이기도 하다. 또한 학습자의 학습 동기측면에서 볼 때도 말하기는 가장 중요하게 학습해야 하는 기능으로 인식되어 있다. 즉, 말하기는 한국어 학습의 가장 큰 동기이기도 한 것이다. 최근과 같은 세계화 시대에서 외국어 능력은 의사소통 능력으로 평가되는데 의사소통 능력은 일차적으로 말하기 능력을 포함한다. 의사소통 기능을 강조하는 사회 경향에 기인해서인지 한국어 학습자들도 스스로 자신의 언어 능력을 말하기 능력으로 측정하는 경우가 많다. 말하기 능력이 향상되면 한국어 능력이 좋아졌다고 생각하고, 말하기 능력이 부족할 경우 소극적인 성향을 드러내곤 한다. 즉, 말하기 교육은 학습자 개인에게도 중요하게 인식되고 있는 것이다.

3 말하기 교육의 목표와 내용

3.1 말하기 교육의 목표

한국어 말하기 교육은 한국어를 사용하여 자신의 생각이나 느낌을 표현하며, 타인과 원활하게 의사소통 하는 데 목적이 있다. 의사소통은 화자와 청자 사이에서 이루어지는 상호적인 활동이며, 대화 참여자 간에 일어나는 양방향 활동이다. 화자는 일방적으로 의미를 표현하는 데 머무는 것이 아니라 상대방의 발화를 해석하고 필요한 경우에 논의, 협상까지 거친다. 따라서 말하기를 통한 의사소통은 대화 참여자와의 상호작용 속에서 자신의 생각이나 느낌을 명확하게 표현할 수 있어야 하며, 청자의 생각이나 느낌을 이해하여 그 상황에 맞게 적절하게 반응할 수 있어야 함을 의미한다. 그리고 자신이 필요로 하는 정보를 청자에게 요구하여 알아내거나, 자신이 알고 있는 것을 확인할 수 있어야 하며, 말하기 활동을 통해 청자와의 인간관계를 원활하게 유지할 수 있어야 함을 의미한다.

말하기 교육의 목표는 교육과정별, 숙달도별, 수업 시간별로 구체화할 수 있다.

▶ 학문 목적의 한국어 교육과정

한국어를 사용하여 대학생활과 관련된 여러 문제(도서관 이용하기, 시험에 대한 정보 얻기, 수강 신청 방법 알아내기, 동아리에 가입하기 등)를 해결할 수 있으며, 대학 강의를 듣고 질문하기, 발표하기, 토론하기, 세미나에 참여하기 등의 기능을 수행할 수 있다. 또한 대학생활에서 접하는 다양한 계층의 사람들(친구, 직원, 교수 등)과의 대화에 참여하여 관계를 원만하게 유지할 수 있다.

▶ 직업 목적의 한국어 교육과정

직장생활에서 한국어를 사용하여 사회생활을 유지할 수 있으며, 필요한 업무를 한국어로 수행할 수 있다. 즉, 직장생활에서 접하는 다양한 사람들(동료, 상사, 부하직원, 외부 기관의 직원 등)과 원만한 관계를 유지할 수 있도록 한국어를 구사할 수 있으며, 논의하기, 협력하기, 요청하기, 주장하기 등의 기능을 적절히 수행하여 사회생활을 해 나갈 수 있다. 또한 자신이 속한 직장(직업, 직종)에서 요구되는 업무(전화 받기, 회의하기, 홍보하기, 안내하기, 협상하기 등)를 한국어로 수행할 수 있다.

▶ 여성결혼이민자를 위한 한국어 교육과정

한국어를 사용하여 일상생활(물건사기, 주문하기, 예약하기 등)을 영위할 수 있으며, 다양한 사회 환경에 적응, 대처하며 사회생활을 할 수 있다. 또한 가정에서 가족 간의 대화에 참여할 수 있으며, 자녀 양육이나 교육과 관련된 일을 한국어로 능숙하게 해결할 수 있다.

말하기 교육의 세부 목표를 살펴보기 위해서는 숙달도에 따른 교육 목표를 살펴볼 필요가 있다. 동일한 교육과정에서도 숙달도에 따라 말하기 교육의 목표는 심화되고 확장되는데, 일반 목적의 한국어 교육과정에서의 목표를 살펴보면 다음과 같다. 이 자료는 김정숙 외(2006 : 135～140)에서 제시한 한국어능력시험의 등급별 총괄 기준과 영역별 평가 기준 중에서 말하기 영역에 해당하는 것을 정리한 것이다.[1)]

숙달도	말하기 교육의 목표
초급	• 기본적인 문장 구조를 이용해 최소한의 의사소통을 할 수 있다. • 생존에 필요한 기초적인 말하기 기능, 일상적인 맥락에서 요구되는 간단한 언어 기능을 수행할 수 있다. • 친숙한 주제에 관해 질문하고 대답하거나 짧은 이야기를 할 수 있다. • 자주 사용되는 조사와 연결어미를 사용해 이야기할 수 있으나 문법과 발음이 부정확할 수 있다.
중급	• 일상생활과 관련된 주제나 기능을 정확하고 유창하게 말하거나 수행할 수 있다. • 친숙한 사회적 · 추상적 주제에 대해 간단한 질문을 하고 대답하거나 짧은 이야기를 구성할 수 있다. • 사회적 맥락에서 요구되는 일반적인 언어 기능을 수행할 수 있다. • 발화 상황과 대화 상대자에 따라 구분되는 발화의 격식을 적절히 사용할 수 있다. • 개별 음소의 발음에 오류가 나타날 수 있으며, 억양이 부자연스러운 경우가 많다.

1) 한국어능력시험(TOPIK)을 기준으로 할 때 초급은 1급과 2급, 중급은 3급과 4급, 고급은 5급과 6급을 의미한다.

고급	• 격식적 맥락에서 요구되는 언어 기능을 적절히 수행할 수 있다. • 논리적으로 설명하거나 자신의 견해를 주장할 수 있다. • 친숙하지 않은 사회적 · 추상적 주제나 자신의 전문 분야의 주제에 대해 어느 정도 정확하고 유창하게 말할 수 있다. • 공식적 맥락과 비공식적 맥락에 따른 언어의 차이를 분명히 인식해 사용하며, 가장 적절한 언어 형태를 선택해 사용할 수 있다. • 억양 등의 발음에서 모국어의 영향이 나타나나 의사소통에 지장을 주지는 않는다.

3.2 말하기 교육의 내용

한국어 말하기 교육은 다양한 구어 유형 중에서 무엇을 대상으로 삼아야 하는가? 모국어 화자가 다양한 유형의 구어를 발화하면서 생활하는 것처럼, '외국어로서의 한국어교육'이나 '제2언어로서의 한국어교육'에서도 다양한 구어 유형들을 활용할 수 있다. 그러나 가장 주된 구어 유형은 Brown(1994)에서도 언급한 바와 같이 '대화'이다.

구어는 크게 '독백'과 '대화'로 구분되며, 독백은 '계획적인 독백'과 '비계획적인 독백'으로 나뉜다. 계획적인 독백은 연설, 강의, 뉴스 보도 등과 같이 화자가 일정 시간 혼자 말하는 독백 형태이고, 비계획적인 독백은 즉석 강의나 대화 도중 혼자 말하는 긴 이야기 등을 가리킨다. 대화는 두 명 이상의 화자 사이에서 일어나는 상호작용으로, 사회적 관계를 증진시키기 위한 '사교적 대화'와 정보를 교환하기 위한 '정보교류적 대화'로 나눌 수 있다. 그리고 대화는 낯선 관계의 화자 간에 이루어지는 것도 있으며, 친밀한 관계 속에서 이루어지는 것도 있다. 말하기 교육에서는 독백보다는 대화, 즉 '사교적 대화'와 '정보교류적 대화'가 빈번히 활용된다. 물론 한국어 학습자 중에도 종교적인 설교, 발표, 연설 등 특정한 구어 능력을 추구하는 학습자들이 있으나 좀더 일반적인 말하기 활동에서는 다양한 사람들 간의 격식적, 비격식적인 대화를 활용하고 있다.

▶ 구어의 형태(Nunan, 1991 : 20~21)

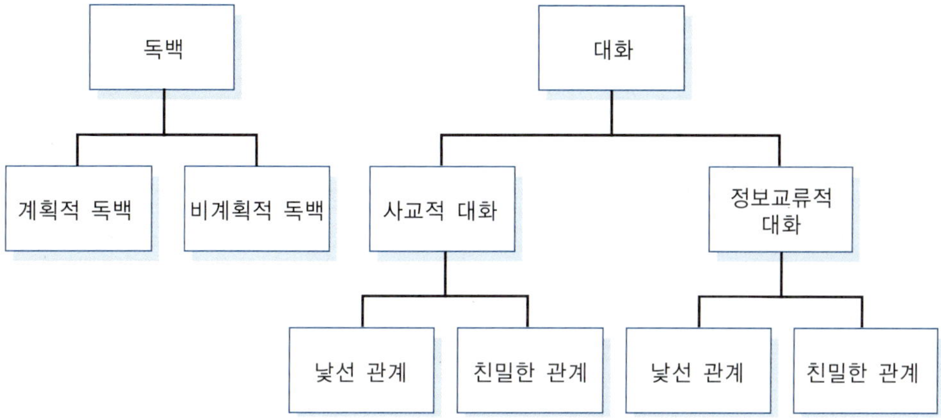

구어 의사소통 능력을 기르기 위해 말하기 교육은 어떤 내용을 포함해야 하는가? 이 문제는 의사소통 능력을 구성하는 요소가 무엇인지를 살펴봄으로써 해답을 찾을 수 있다. Hymes(1972)는 언어 능력과 언어사용을 연계시키고, 언어 자체에 대한 지식과 그 지식을 사용할 수 있는 능력을 합하여 의사소통 능력이라 하였다. Canale & Swain(1980)은 의사소통 능력을 '의사소통에 필요한 지식과 기술의 기저 체계'라고 정의하고, 구성 요소로 문법적 능력(grammatical competence), 사회언어학적 능력(sociolinguistic competence), 담화적 능력(discourse competence), 전략적 능력(strategic competence)을 들었다.

문법적 능력은 발음, 모국인 화자의 언어 사용에 맞게 어휘, 문장을 적법하게 구성하는 능력을 말한다. 즉, 적절한 어휘와 표현을 사용하고, 문법적인 문장을 구성하며, 발화하는 데 있어서 정확하고 유창하게 발음하는 능력을 의미한다. 따라서 말하기 교육에서 문법적 능력을 갖추도록 하려면 교육 내용에 음운, 어휘, 통사적인 지식과 사용 연습이 포함되어야 한다. 구체적으로 문법적 능력을 갖추기 위한 말하기 교육은 개별 음소의 발음 차이를 인식하여 발음하는 것, 자연스러운 억양으로 유창하게 말하는 것, 의도에 맞게 적절한 어휘를 사용하는 것, 문법 규칙에 맞게 문장을 구성할 뿐만 아니라 특정한 의미를 표현하기 위해 다양한 문법적 형태를 활용하는 것 등이 포함된다.

전통적인 교수법에서는 문법적 능력을 갖추는 것이 궁극적인 목표가 되기도 했으나 문법적 능력만으로는 상황에 맞게 발화할 수 없다는 점에 주목하면서 사회언어학적 능력을 강조하게 되었다. 사회언어학적 능력이란 대화가 이루어지는 상황에 맞게 기능을 수행하는 능력이다. 사회언어학적 능력을 갖추려면 우선 언어 사용 환경(상황)에 대한 이해가 필요하며, 아울러 언어 사용 지식을 갖추어야 한다. 구체적으로 말하면, 타인에게 요청하거나 부탁하려면 먼저 한국인이 윗사람에게, 동료에게, 시부모에게 어떻게 요청하거나 부탁하는지 한국사회의 관습(문화)을 알아야 한다. 그리고 요청하거나 부탁하기 위해 사용하는 다양한 표현들 중에서 적합한 것을 선택하여 사용할 수 있는 능력이 있어야 한다.

따라서 한국어 말하기 교육에서 사회언어학적인 능력을 기르도록 하기 위해서는 다음 내용들이 포함되어야 한다.

첫째, 한국어 사용과 관련된 관습, 문화를 알 수 있도록 내용을 구성해야 한다. 한 예로 대화문을 제시할 때 한국의 식사 장면을 담고 식사 예절을 알 수 있도록 하는 것은 식사 상황에서 높임말 사용 능력을 높이는 데 도움이 된다.

둘째, 특정 표현을 왜 사용하는지 알 수 있도록 '기능(function)'[2]을 반드시 포함하여 교육 자료, 연습 활동을 구성한다.

셋째, 격식 표현과 비격식 표현, 친근한 표현과 공손한 표현, 직접적인 표현과 간접적인 표현 등을 익혀서 상황에 따라 사용할 수 있도록 한다. 예를 들어, '요청하기'라는 기능을 수행할 때도 직장 상사를 대상으로 하는지, 시부모를 대상으로 하는지, 학교 친구를 대상으로 하는지에 따라 '-어 주세요, -어 줄 수 있어요?, -어 주면 좋겠는데요' 등 표현을 달리 사용하므로 다양한 요청 표현 간의 차이를 알아야 하며, 알맞게 사용하는 연습이 필요하다. 특히 말할 때는 간접적인 표현을 사용하는 경우가 많으므로 발화의 표면적인 의미와 함축적인 의미의 차이를 인식하고 능숙하게 표현할 수 있도록 한다.

---

2) 기능(function)은 보는 관점에 따라 달라서 일정하게 정해진 목록이 없다. 한국어교육에서 참고할 수 있는 예로 Finocchiaro(1979)의 분류를 살펴보면 다음과 같다.

- 개인적 기능(personal function) : 희로애락, 좋아하거나 싫어함 등
- 대인적 기능(interpersonal function) : 인사, 소개, 초대, 약속, 사과, 칭찬, 변명 등
- 지시적 기능(directive function) : 제안, 요구, 설득, 격려, 지시 등
- 참조적 기능(referential function) : 묘사, 정의, 요약, 비교, 가능성, 능력, 보고, 평가 등
- 상상적 기능(imaginative function) : 창조적 재구성

의사소통 능력을 갖추기 위해서는 담화적 능력이 있어야 한다. 담화적 능력은 형태적인 응집성과 의미적인 긴밀성을 지닌 발화로 대화를 지속해 나가는 능력을 말한다. 말하기는 한 마디의 외침으로 끝나는 경우도 있으나 대부분 문장의 연속으로 이루지지고, 화자와 청자는 서로를 의식하며 대화를 주고받는다. 그리고 다수의 화자가 대화하는 상황이라면 적절하게 대화 순서를 교대해 가면서 의사를 표현하게 된다. 따라서 담화적 능력을 갖추려면 주제(화제)에 맞게 일관된 내용으로 담화를 지속하기, 자신의 생각(논지)을 논리적으로 표현하기 위해 예시, 이유, 가정 등의 방법을 활용하여 발화를 뒷받침하기, 대화 원리[3]를 이해하여 적절하게 화제를 유지하거나 바꾸기, 대화에 끼어들거나 적절하게 순서 교대하기 등을 학습할 수 있도록 내용이 구성되어야 한다.

전략적 능력은 의사소통의 장애를 극복하고 효율성을 높이기 위해 언어적, 비언어적 전략을 사용하는 능력을 말한다. 앞에서 말하기는 언어적인 요소와 비언어적인 요소를 함께 사용하는 표현 영역임을 언급하였다. 말하기를 통해 효율적으로 의사소통 하기 위해서는 비언어적인 요소를 적절하게 활용할 수 있어야 한다. 예를 들면, 비언어적인 요소를 활용하는 전략은 얼굴 표정, 몸짓, 발화 속도, 강세 등을

또한 Wilkins(1976)는 다음과 같이 분류하였다.

- modality(양식) : 필요, 확신, 의무, 의지 등
- moral discipline and evaluation(도덕적 훈련과 평가): 판단, 찬성 등
- suasion(설득) : 선득, 추천, 예상 등
- argument(논의) : 사실과 견해의 교환, 동의, 반대 등
- rational inquiry and exposition(이성적 질문과 표현) : 함축, 결론, 증명, 설명 등
- personal emotion(개인의 감정) : 긍정적 및 부정적 개인의 정서
- emotional relations(감정적 관계) : 인사, 아첨 등
- interpersonal relations(개인적 관계) : 공손함 및 문체 등

그 밖에 한국어교육에서 주로 다루어진 기능으로 다음 목록을 참조할 수 있다(한국교육과정평가원, 2002 : 43~44).

- 초급 : 질문하기, 대답하기, 거절하기, 교통편 이용하기, 길 묻기, 명령하기, 묘사하기, 제안하기, 물건 사기, 병원 이용하기, 부탁하기, 서술하기, 설명하기, 소개하기, 약속하기, 요청하기, 우체국 이용하기, 전화하기, 주문하기, 간단한 광고 · 안내문 이용하기
- 중급 : 설명하기, 비교하기, 묘사하기, 기술하기, 비유하기, 거절하기, 후회하기, 제안하기, 충고하기, 일기예보 듣기, 간단한 뉴스 듣기, 간단한 방송 담화 이해하기, 함축적 의미 이해하기
- 고급 : 설명하기, 묘사하기, 추론하기, 논증하기, 논술하기, 토론하기, 요약하기, 공식적 자리에서 발표하기, 업무 관련 서류 작성하기, 보고서 · 논문 작성하기, 강의 · 강연 듣기, 함축적 의미 표현하기

3) 구현정(2001 : 315~316)은 대화는 사회적인 약속이므로 대화 속에 있는 규칙을 포함하여 교육해야 한다고 하였다. 순서 교대나 중복, 대응쌍, 대화의 조직과 관련되는 대화의 구조, 화자와 청자가 번갈아 말의 순서를 차지하는 순서교대(turn taking), 주고받는 말이 쌍을 이루는 대응쌍(sdjecency pair)도 중요한 과제라고 하였다. 또한 대화를 시작하는 방법, 중심부를 이끄는 방법, 대화를 종결하는 방법도 포함되어야 한다고 하였다.

조절하는 것, 언어가 막혔을 때 몸짓언어로 의사를 전달하는 것 등이 있다. 또한 주저함 표현하기, 번복하여 말하기, 시간 끌기, 중요한 부분을 강조해서 말하기, 모르는 표현을 돌려서 말하기 등의 언어적인 전략을 활용함으로써 의사소통 능력을 기를 수 있도록 지도해야 한다.

이상에서 살펴본 바와 같이 의사소통 능력의 구성요소인 네 가지 능력을 갖출 수 있도록 말하기 교육의 내용을 구성한다면 구어를 통한 의사소통 능력 배양이라는 교육 목표에 도달할 수 있을 것이다. 결국 이러한 교육은 언어학적인 구조에 대한 지식뿐만 아니라 언어 기능에 대한 지식, 언어사용에 필요한 전략적 기술이 포함된다는 것을 알 수 있다. 그리고 그 단위도 발음, 어휘, 문장, 담화에 걸쳐 이루어짐을 알 수 있다.

4 말하기 교육의 방향

한국어 말하기 교육은 구어를 통한 의사소통 능력을 기르는 데 목표를 둔다. 의사소통 능력을 기르기 위한 말하기 교육은 다음과 같은 방향으로 이루어져야 한다.

(1) 정확성과 유창성을 균형 있게 추구한다.

의사소통은 자연스럽게 의미를 전달하는 것이 주된 목표이므로 유창성에 중점을 두되, 올바른 의사 전달을 위해서 정확성을 갖추어야 한다.[4] 개인적으로 한국어를 학습하는 경우에 잘못된 표현이 굳어지는 화석화 현상[5]이 자주 나타나는데 한번 굳어진 표현을 교정하기 위해서는 몇 배의 노력이 요구된다. 따라서 자연스러운 한국어 말하기를 유도하되, 정확성을 위해 적정 시간을 할애해야 한다.

---

4) 유창성은 한국어를 사용하여 막힘없이 자연스럽게 사용하는 능력이나 정도를 말하며, 정확성은 명확하고, 또렷하게 발음하며, 문법적이나 음운적으로 하자 없는 한국어를 구사하는 능력을 말한다. 정확성은 어법(usage)이 기준이 되지만 유창성은 언어사용(use)에 초점을 둔다. 그러므로 정확성에 초점을 둘 때는 문법 규칙이 강조되고 반복과 암기를 사용하게 되며 문장 위주의 문형연습에 치중하는 경향이 많다. 그리고 유창성을 강조할 때는 실질적인 의사 전달이 높은 비중을 차지한다.

5) 유창성의 지나친 강조는 유창하지만, 이해하기 어려운 외국어를 구사하는 학생들을 배출하게 되는 문제점이 있다. 또한 정확성을 무시하고 너무 일찍부터 말하기를 강요하는 것은 틀린 표현을 익혀서 사용하게 되는 화석화(fossilization) 현상을 초래할 수 있다. 결국 화석화를 방지하며 외국어를 자연스럽게 하기 위해서는 문법을 명확하게 지도하고 오류 교정이 적절하게 이루어져야 한다.

(2) 말하기는 듣기와 연계하여 구성한다.

진정한 의사소통은 일방적인 전달이 아니라 상호적인 교류 속에서 이루어진다. 듣기와 말하기가 함께 조화되어야 한다는 점은 말하기 교육이 듣기를 통해서 자료를 제공하고 연계된 활동을 구성해야 한다는 것을 의미한다. 학습 활동도 대화자의 말을 듣지 않고도 응답을 할 수 있는 기계적인 단계에서 벗어나, 상대의 말을 인지하고 반응하는 활동이 되어야 한다. 목표 문법이나 표현을 적절한 상황에서의 대화문으로 제시하는 것은 이를 고려한 바람직한 방법이다.

(3) 학습자 활동을 적극적으로 유도한다.

학습자의 정서적인 측면을 강조하여 교사는 동기 부여를 통해 말하기를 격려하고 실수를 두려워하지 않게 한다.[6] 교사의 역할은 단순히 언어 정보를 주는 것이 아니라 학습자가 학습 내용을 두려움 없이 수용하도록 흥미로운 주제를 선정하여 동기부여를 해야 한다. 적극적인 학습자 활동은 학습자 스스로 다양한 학습 전략과 발화 전략을 개발하고 이용할 수 있도록 유도하는 것을 포함한다.

(4) 발음 지도는 문맥에 초점을 두고 한다.

말하기 교육에서 발음 지도는 중요한 요소이다. 한국어와 학습자의 모국어 대비를 통해 한국어와 다른 분포를 보이는 음, 리듬 등을 선별하여 교육 내용을 결정한다. 그러나 발음 지도는 개별적인 음에 치우치지 않고 '발음하는 방법', '음을 대조해서 듣고 평가하기', '문맥 속에서 연습하기' 등을 통해서 다양한 유의미적인 연습 기회를 제공하는 것이 좋다. 긴 문장을 말할 때 밀접한 어구를 함께 연결시키고 적절하게 호흡하는 방법도 포함해야 한다.

(5) 담화능력을 키우기 위한 말하기 활동을 유도한다.

문법 규칙과 형태에 초점을 둔 말하기 활동은 문장 차원의 생성을 유도할 수 있

---

6) Krashen(1988)의 '정의적 여과장치(affective filter) 가설'은 학습자의 정의적인 측면의 중요성을 강조하고 있다. 이 이론에 따르면 정의적 여과장치는 일종의 심리적 방어벽(a mental block)으로서 언어 습득에 필요한 이해 가능한 입력(comprehensible input)을 충분히 활용하지 못하게 한다. 즉, 학습자가 학습 동기가 없고, 자신감이 부족하며 불안할 때는 이 장치가 언어 습득을 방해하며, 학습자가 자신을 그룹의 일원으로 생각하고 메시지에 몰두했을 때는 장치가 약화되어 언어를 익히는 데 도움이 된다는 것이다.

으나 담화능력을 키우기에는 부족하다. 그러므로 '기능'을 중시하고 '형태'를 함께 고려하여 의미의 전달과 이해에 초점을 둔 담화 차원의 말하기 교육을 실시해야 한다. 이는 담화 상황 속에서 의사소통을 수행할 수 있도록 할 것이다.

(6) 실제적인 과제 중심으로 수업을 구성한다.

말하기 교육이 문법적인 문장을 생성하는 것을 넘어서 특정한 상황에서 적절하게 발화할 수 있도록 하기 위해서는 과제 중심의 수업을 구성해야 한다. 과제 중심의 말하기 수업은 문제 해결 능력을 기르고 교실 밖에서의 언어 수행력을 높인다. 과제 수행을 위해 학습자 스스로 역할을 수행해 나가는 가운데 학습자는 상호작용 기술을 습득하고 발전하게 될 것이다. 교육 목적, 숙달도 등을 고려하여 교육적인 과제(pedagoic task)와 실제적인 과제(real-world task)를 적절하게 활용하는 것이 바람직하다. 초급에서 활용 가능한 과제를 예로 들면 가족 소개하기, 시장에서 물건 사기, 이웃과 가정생활에 대해 말하기, 교통수단 이용하기 등이 있다.

(7) 상호작용이 활발히 일어나도록 수업을 구성한다.

전통적인 말하기 교육은 교사가 학습자에게 일방적으로 교육 내용을 전달하여 이루어졌다. 그러나 의사소통 중심의 교육에서는 의사소통의 핵심이자 본질이 상호작용에 있음을 강조한다. 상호작용은 둘 이상의 사람 사이에서 생각과 감정을 교환하는 것이다. 상호작용은 정보를 주고받고, 상황 속에서 그 의미를 해석하여, 의미 협상을 하고, 특정한 목적을 달성하기 위해 협력하는 과정에서 생기는데, 교실 내에서는 소그룹 활동이나 짝 활동을 통해 활성화 될 수 있다. 말하기 활동은 화자와 청자의 상호작용 속에서 이루어지는 행위이므로 교실 내에서 다양한 상호작용을 경험할 수 있도록 수업을 구성하는 것이 바람직하다. 교실 내에서 상호작용에 영향을 미치는 요소는 매우 다양한데, 상호작용이 가능하도록 책상을 마주보고 배치하거나, 학생의 발화를 유도하기 위해 교사가 열린질문을 활용하는 방법 등이 있다. 그러나 무엇보다도 상호작용에 영향을 미치는 중요한 요인은 교실 내에서 어떤 연습 활동을 하는가이다. 정보나 의견을 주고 받는 학습자 중심의 연습 활동을 통해 상호작용이 활발히 일어나도록 유도하는 것이 필요하다.

제2장 말하기 교육의 흐름

이 장에서는 말하기 연구사를 출발점으로 한국어교육에서의 말하기 연구 성과를 다루기로 한다. 말하기 연구사에서는 말하기와 말하기 교육 연구의 흐름을 살펴본다. 먼저 말하기 능력의 본질을 이해하고 말하기와 외국어 교육의 연관성에 대한 간략한 역사적 개관을 통해 말하기 교육에서의 연구사적 의의를 모색할 수 있도록 한다. 다음은 외국어 교수법에 적용되어 온 한국어 말하기 교육의 다각적인 시도들을 살펴본다. 이러한 교수법들은 어느 교수법이 먼저랄 것 없이 한국어교육 현장에서 교육적 필요와 내용에 따라 다양하고도 흥미롭게 다루어지고 있다. 마지막으로 그간 한국어교육계에 축적되어 온 말하기 연구들을 시기별 연구의 동향과 주제별 연구의 흐름을 중심으로 그 변천 과정을 살펴본다.

1 말하기와 말하기 교육 연구사

인간은 이미 유사 이전부터 말에 대한 호기심을 보이기 시작했으며, 말하기 능력을 규명하기 위해 끊임없는 노력을 해 왔다. 이 장에서는 먼저 언어학사적으로 의미가 있는 이러한 노력의 역사를 간략히 회고하면서 말하기 능력에 대한 이해와 연구의 변천 과정을 살펴보기로 하자.

고대 그리스의 역사가인 헤로도투스가 전하는 이집트의 파라오 프사메티쿠스에 대한 이야기[1)]나 구약성서에 나오는 바벨탑 이야기[2)]는 우리에게 말의 기원과 언어

1) 이집트의 프사메티쿠스 왕은 막 태어난 두 갓난아기를 외부와 격리시켜 놓고 무슨 말을 제일 먼저 하게 되는가를 조사하였다. 아기들이 최초로 말한 것은 bekós라는 낱말이었는데, 이 말은 인구어 중 하나인 소아시아 지역의 프리지아어로 빵을 의미하는 낱말이었다고 한다(http://psychology.wikia.com/wiki/Psammetichus_experiment).

2) 구약성서의 창세기에서는 원래 온 세상이 한 가지 말을 쓰고 있었다고 전한다. 사람들은 그들의 말을 흩어지지 않게 하기 위해 탑을 쌓기 시작했고, 이를 목격한 신은 신의 권위에 대한 인간들의 이러한 도전을 막기 위해 사람들의 말을 뒤섞어

의 분화에 대한 답을 구하기 위한 노력을 엿볼 수 있게 한다. 이후에도 인간의 말하는 능력에 대한 끊임없는 관심은 1848년 피니어스 게이지[3]라는 평범한 철도 인부가 불의의 사고로 인해 말하기 능력에 대한 결정적인 단서를 제공할 때까지 계속되었다(Fromkin, Rodman & Hyams, 2003).

20세기 초 식민지 시대가 도래하면서 언어 습득 이론에서는 1940년대 구조주의 언어학파와 행동주의적 입장에 토대를 둔 경험주의가 설득력을 얻게 된다. 행동주의 심리학자들은 아기들은 백지 상태(tabula rasa)의 두뇌로 태어나며, 인간의 언어 습득은 일련의 사고 과정이 아니라 언어 경험들로 이루어지는 기계적인 반복에 의한 귀납적인 과정임을 강조하였다. 그리하여 미국의 생리학자인 왓슨은 "자극 - 반응 - 강화 - 습관화"라는 학습의 원리를 제시하였다.

반면에 후기 불름필드 구조주의 학파의 한 사람이었던 Noam Chomsky는 1950년대 후반에 랑그와 빠롤 대신 언어 능력과 언어 수행을 제안하였다. 인간의 정상적인 언어 습득은 새로운 문장을 무수히 산출할 수 있게 하는데 이 능력은 생득적이고 추상적인 것이며 구체적인 언어 수행의 배후에서 이를 규제하고 있는 것이라고 주장하였다. 그러나 촘스키가 이끄는 변형생성문법학파 역시 구체적이고 현실적인 발화를 기술하기보다는 이를 가능하게 하는 기저 체계를 규명하는 데 몰두하였다.

이렇듯 1950년대 후반 미국 형식언어학계의 대표 주자인 촘스키는 인간 언어를 규명하기 위해 인간의 언어 지식(language knowledge)을 구성하는 두 가지 개념을 제안하게 되는데 이들은 바로 언어 능력(Linguistic Competence) 언어 수행(Linguistic Performance)이다. 촘스키 학파에서 말하는 언어 능력의 측면화(lateralization)는 모국어와 외국어 습득 과정의 차이를 인지적으로 설명하는 이론으로 이 이론의 핵심은 두 언어는 성장 과정상 일정 시기가 지나면 두뇌의 다른 부분에서 발달을 겪는다는 연역적 모형인데, 이 모형은 행동주의식의 자극 - 반응을 통한 강화 모델의 강압적인 훈련보다는 규칙을 제시하고, 사고의 시간을 통하여 학습자가

놓았다고 한다. 그래서 이 도시의 이름은 '혼란'이라는 의미의 바벨이라고 불리게 되었다(http://en.wikipedia.org/wiki/Tower_of_Babel).

3) 피니어스 게이지는 1848년 당시 25세로 미국 버몬트 주의 한 철도 공사장 현장감독으로 일하고 있었다. 그러나 순간적인 폭발사고로 인하여 철제 빔이 그의 턱과 왼쪽 눈 뒷부분을 차례로 관통하여 머리 위로 나왔다. 그러나 말을 하는 데 전혀 문제가 없었고, 이는 언어 능력의 측면화를 입증하는 중요한 계기가 되었다. 그의 두개골은 현재 하버드 의과대학 해부학 박물관에 보관되어 있다(http://en.wikipedia.org/wiki/Phineas_Gage).

스스로 의사소통을 위한 표현을 구사할 수 있게 한다는 것이다. 이는 제2외국어 교육자들로 하여금 학습자의 연령, 학습자의 외국어 습득 단계, 학습자의 모국어와 해당 외국어와의 계통적 관계 등을 고려한 학습자 중심의 다채롭고도 기발한 교수법들이 나오게 된 배경이 되었다.

한동안 모든 인간은 보편문법(universal grammar)을 가지고 태어난다는 언어의 생득성 가설(innateness hypothesis)이 언어학계를 풍미하였으나 70년대 초반에 이르러 미국의 기능주의 언어학계에서는 사회언어학이라는 실용적인 학문이 주류를 형성하기 시작했다. 이러한 맥락에서 사회언어학의 선두주자인 Dell Hymes(1972)는 Chomsky의 언어 능력의 한계를 극복하기 위한 대안으로 의사소통 능력(communicative competence)이라는 개념을 제안했다. 이는 당시로서는 획기적인 개념이었으며, 이후 언어 교육 및 언어 습득에 있어서 전기를 마련하는 계기가 되었다.

Hymes의 의사소통 능력에 이어 Canale & Swain(1980)은 문법 능력, 담화 능력, 사회언어적 능력, 전략적 능력으로 세분화하여 제2언어 습득을 위한 모델로 확장시켰다. 또한 이들은 이 네 영역이 각각 독립적으로 발달한다고 보는데, 이는 실제 인간의 언어 습득 과정과 매우 흡사하다고 볼 수 있다. Hymes의 모델이 언어 능력의 본질을 직관적으로 함축한 것이라면 Canale & Swain 모델은 제2언어 교육을 위한 근간을 제시했다는 점에서 그 의의를 찾을 수 있다.

여기에서 우리는 대표적인 기능주의자인 Widdowson(1984)이 제기한 "의사소통을 위한 언어"를 가르칠 것인가, 아니면 "의사소통으로서의 언어"를 가르칠 것인가에 대한 논의를 생각해 보게 된다. 이는 학습자들로 하여금 목표어에 대한 지식과 기술과 전략을 사용하여 해당 언어를 사회적, 문화적 맥락에서 효과적이고도 적절하게 사용할 수 있게 하는 필요성을 강조하고 있다.

이후 Bachman(1990)은 Canale & Swain 모델에서의 의사소통 능력 대신에 의사소통 언어 능력을 제안하였는데, 이는 보다 세부적 능력들로 분화되었다. 그 뒤를 이은 Bachman & Palmer(1996)의 의사소통 언어 능력 모델에서는 인지적 언어 습득을 강조한 언어 지식이라는 용어를 사용하였다는 점이 특징적이다.

우리가 언어로 의사소통을 할 때는 대화자들은 대개의 경우 말하기, 듣기, 읽기, 쓰기 중 하나 혹은 그 이상의 언어 기술을 동시에 구사한다. 따라서 학습자들은 과제나 활동 등의 상호작용을 통해 보다 자연스럽게 성공적인 의사소통 기술을 익히게 되는 것이다. 이처럼 말하기 교육은 기능주의가 도래하면서 학습자들의 언어 능력을 측정하는 중요한 단서로 자리매김하게 되었다.

이후 기능주의를 근간으로 1960년대 후반부터 등장한 담화분석과 1980년대의 구성주의는 많은 연구자와 외국어 교육자들의 관심을 '말하기'와 '상호작용 담화' 쪽으로 본격적으로 옮겨 놓는 데 지대한 공헌을 하고 있다.

2 교수법 연구를 통해서 본 말하기 교육

흔히 "외국어를 잘 하십니까?" 라는 질문을 받는다면 그것은 해당 외국어로 대화를 적절하게, 조리있게 잘 이어갈 수 있는가를 의미하는 것이다. 성공적인 외국어 습득이란 상호작용적 의사소통을 통하여 화용적(pragmatic) 목표를 달성할 수 있는 언어 능력을 의미한다. 그러나 막상 말하기 능력을 향상시키기 위한 교수법들은 연구사적으로 그 유형이나 적용 범위에 있어서 잘라 말하기 어려울 정도로 다양하고 광범위하다.

Richards & Nunan(1990)은 대화 수업이야말로 언어 교수에 있어서 하나의 수수께끼라고 언급했는데, 여기서는 말하기를 가르치기 위한 목표와 교수법은 지극히 다양하여, 학습자나 교사뿐만 아니라 교실의 맥락과도 관계가 있음을 강조하고 있다. 우리는 최근의 연구 결과들이 던져 주는 의미에 귀를 기울여 보면 외국어 학습의 목적과 교수법에 대한 이러한 변수들의 중요성을 간파할 수 있을 것이다. 다음에서는 각 교수법에서의 말하기 교육에 대해 살펴보자.

2.1 문법 번역식 교수법과 말하기

문법 번역식 교수법은 외국어 교실에서 제일 먼저 시도된 교수법으로 원래 라틴어[4]나 희랍어와 같은 고전어의 수업에서 행해지던 교수 방식이다. 그러나 19세기

4) 「Romanes Domus Eun」은 문법 번역식 교수법을 풍자한 영화이다. 이 영화에는 로마인들이 피지배자들에게 라틴어의 문법을 가혹하게 교육하는 모습이 우스꽝스럽게 묘사되어 있다(http://vodpod.com/watch/19384-life-of-brian-romanes-eunt-domus).

들어서 현대어의 교육이 외국어 교육의 패러다임이 되면서 교육 목표도 달라지게 되었다. 당시 유럽에서 현대어로는 최초로 영어와 프랑스어가 교육과정에 포함되었고, 현대어들을 교육하기 위해 문법 번역식이 도입되었다(Chastain, 1988).

이전 시대까지 정신 수양이나 지적 발달을 지향하던 이 방식은 다양하고도 수준 있는 텍스트의 해독과 번역을 학습 목표로 하며, 해당 외국어보다는 문법 자체에 명시적 초점을 두었다. 그럼에도 불구하고 문법 번역식 교수법은 오늘날에도 많은 외국어 교실에서 주로 문법의 설명과 연습을 통해 그 명맥이 끊이지 않고 있는 것이 사실이다. 더구나 해당 외국어의 문법에 대한 정확성을 배양하는 것은 의사소통 능력과 함께 학습자의 외국어 숙달도를 향상시켜 주는 중요한 요소가 되므로 통합적 접근법의 테두리에서 지속적으로 응용되고 있다고 볼 수 있다.

현대적으로 재구성된 문법 번역식 수업 구성의 예[5]는 다음과 같다.

① 텍스트 제시를 통한 목표 어휘 목록과 문법 요소 도입
② 어휘의 제시와 설명(교사에 의한 제시로 목표어 – 학습자 모어의 이중 언어로 구성)
③ 문법 규칙의 제시, 설명과 토론(학습자 모어로 용법에 대한 짧은 토론)
④ 연습 문제(교체 연습, 완성 연습, 변형 연습 중심의 문장 구성)
⑤ 번역 연습(수업 내 수행 혹은 숙제)

이러한 수업 구조를 근간으로 수업 내에서는 학습자는 교사의 주도 아래 다음과 같은 활동을 하게 된다. 지문 번역, 읽기 이해 질문, 반의어, 유의어, 파생관계 등의 어휘 연습, 빈칸에 어휘 혹은 조사나 연결사 등의 문법 요소 채우기, 새 단어로 문장 구성하기, 작문 등의 활동이 주로 이루어진다.

문법 번역식 교수법은 학문 연구나 교양 체득이라는 개인적인 목표에 중점을 두는 학습자들에게 적용 가능성을 열어 주기도 한다. 그래서 현재까지도 국외의 중등 혹은 대학의 한국어 교육과정[6]에서 다소 보편적이고 우세한 것으로 보인다.

5) 고려대학교 한국어문화교육센터 교사양성과정 강의안의 외국어 습득론 및 외국어 교수법에서 참조한 것이다.
6) 문법번역식 교수법은 최근까지도 중앙아시아 국가들을 중심으로 해외에서 이루어지는 대학교 수준의 외국어로서의 한국어(KFL) 수업에서 그 적용도가 꽤 높다고 할 수 있다.

그러나 대다수 학습자들에게 과중한 부담이 되는 엄청난 어휘 목록과 문법의 연습, 읽기나 번역, 쓰기 등을 지나치게 강조함으로써 학습자의 실제적인 한국어 말하기 능력으로 전이되지 못한다는 결정적인 약점이 있다.

또한 문법의 사용 능력이 맥락의 이해가 중시되는 실제 상황에서의 담화 능력으로 발전되지 않는다는 점에서 한국어 말하기수업에서는 그 활용이 점차 위축되어 가는 것으로 보인다.

2.2 직접 교수법과 말하기

직접 교수법은 1900년을 전후하여 독일과 프랑스에서 정립되었으며 자연적 교수법(Natural Method)[7]이라고도 한다. 명칭이 나타내듯이 직접적인 구어 의사소통이라는 식민지 시대의 요구가 반영되었으며, 유아의 모어 습득과 같이 자연스러운 과정이 되어야 한다는 인식을 바탕으로 한다.

말하기 교육에 있어서 직접 교수법은 구어가 중심이 되며, 일상생활의 실제적 대화가 교육 내용이 되므로 〈지금-여기〉라는 즉시적 즉물적 원리가 적용된다. 그러므로 입말 능력 향상을 중심으로 하는 교수 방법이라는 점에서 문법 번역식 교수법에서 진일보했다고 볼 수 있다. 교실에서는 목표어만을 사용하며, 원어민에 가까운 발음과 함께 질문-응답 유형의 회화 능력을 교육 목표로 한다. 학습 목표 자체도 목표어로 도입되며, 실물 자료, 팬터마임, 사진이나 그림 등의 시각 자료들이 적극 활용된다(Larsen-Freeman, 2000).

수업의 과정은 다음과 같다.

① 교사에 의해 목표어로 목표 어휘나 문형 도입(실물 자료 등의 시각 자료)
② 교사에 의해 실제 상황처럼 반복(상황적 교수요목에 기반)
③ 문법 규칙의 예시와 귀납적 설명
④ 연습 문제

수업은 입말에 의한 간단한 목표 도입과 대화로 구성된다. 수업 과정을 상호작용

7) 1970년대 Krashen으로 대표되는 자연적 접근법(Natural Approach)과는 다름에 유의해야 한다.

적 측면에서 보면 교사－학생, 학생－교사의 상호작용이 모두 일어나나 보다 교사 주도적이라 볼 수 있다. 따라서 학습자의 역할은 문법 번역식 교수법이 비해서는 능동적으로 발전하였으나 여전히 실제 의사소통에서 대화자들로서의 역할보다는 교수 · 학습의 과정에서 상대 역할을 하는 데 지나지 않는다.

직접 교수법에서는 네 가지 기능이 모두 다루어지지만 말하기에 초점을 두는 만큼 읽기와 쓰기 연습은 말하기 연습을 우선적으로 다룬 후에 이루어진다. 또한 직접 교수법에서는 실세계 의사소통이 강조되기 때문에 목표어의 문화도 다룬다.

2.3 청각구두식 교수법과 말하기

청각구두식 교육 방법은 1940년대 미국에서 시작된 교수법으로 입말의 중요성을 강조한다. 군대에서 흔히 어학병이라고 통칭하는 통역병과 일반 업무를 맡는 군속을 훈련시키기 위해 개발된 군대식 교수 방법에서 영향을 받은 교수법이라고도 할 수 있다. 청각구두식 교수법에서는 행동주의에 입각하여 목표어를 의사소통적으로 자동적으로 습득하는 것을 교육 목표로 하므로 학습자들로 하여금 다양한 제2언어 상황에 대처할 수 있는 숙련된 회화 능력을 갖도록 하는 실제 의사소통 지향적 교수법[8]이라 할 수 있다.

청각구두식 교수법은 "언어는 아는 것이 아니라 하는 것"을 기치로 하는 만큼 상대적으로 말하기를 중시하는 교수법이다. 또한 아래 도식에서처럼 듣기, 말하기, 읽기, 쓰기의 순으로, 구어에서 문어로, 수동적인 방향에서 능동적인 방향으로 즉 이해와 표현 교육의 순서가 다루어지게 된다.

▶ 청각구두식 교수법에서의 네 가지 기능 습득의 순서

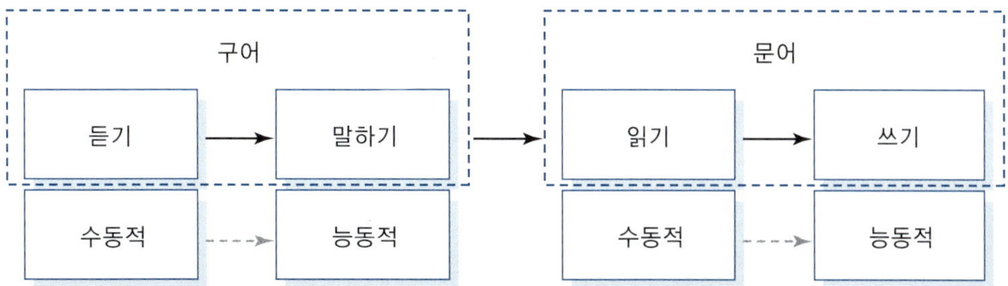

여기서 말하기가 쓰기보다 먼저 교육되어야 하는지에 대한 질문을 할 수 있다. 쓰기는 말하기와 함께 표현 영역에 속하는 만큼 말하기에 이은 쓰기 교육은 텍스트 구성을 위해 종합적인 사고력을 발휘할 수 있기 때문에 학습자 표현 능력의 향상을 가져올 수 있을 것이다.

청각구두식 수업에서는 목표어는 대화 형식으로 된 교사의 발화를 듣고 따라하고, 곧이어 교사의 질문에 대해 학습자가 응답을 반복하는 과정이다. 분석보다는 유추를 추구하고, 목표어 문화의 이해가 언어 습득에 효과적이라고 주장한다. 수업에서는 짧은 대화 제시, 연습과 발음, 유형 연습과 대화 연습 등 구어 중심의 활동이 이루어진다. 청각구두식 교수법에서 말하기 활동은 문형 연습에 해당되는 것으로 이해될 수 있다. 특히 대화 암기, 확장연습[9], 즉각적인 모방이 요구되는 반복 연습, 대치 연습, 연쇄적 연습, 변형 연습, 대화 완성과 응답 연습, 문법 활용 게임 등을 들 수가 있다.

청각구두식 교수법의 예

1단계	2단계
교사 : 어제 뭐 했어요? 학생 : 어제 뭐 했어요? 교사 : 친구를 만났어요. 학생 : 친구를 만났어요.	교사 : 어제 뭐 했어요? 학습자1 : 공원에 갔어요. 교사 : 어제 뭐 했어요? 학습자2 : 공원에 갔어요.

수업의 과정은 다음과 같이 정리할 수 있다.

① 수업의 목표를 대화로 제시
② 교사의 통제에 의한 모방과 반복 연습으로 성공적인 학습자 반응 유도 (교사에 의한 즉각적 오류 수정)
③ 강화에 의한 자동적 반응

---

8) 미국에서는 특히 미국 내 최초의 언어 교육 전문 기관인 미시간주립대학교 영어연구소의 프라이 교수가 학습자를 위한 영어 교수법들을 전문적으로 연구한 것이 효시가 되었다.

9) 주로 긴 대화에서 학습자들이 잘 기억하지 못할 경우 단서를 제공해 가며 회상하도록 돕는 연습이다.

이렇듯 자동적인 의사소통을 지향하는 청각구두식 교수법은 학습자의 유창성에는 기여할지 모르나 다양한 의사소통 상황에 대처할 수 있는 맥락화 능력이 다시 요구될 수밖에 없다. 즉 학습자의 성향에 따라 반복 연습의 효율성에 대한 문제를 제기할 수 있다. 특히 고급 학습자일수록 분석력과 창의력이 뛰어난 경우 다양한 주제와 맥락의 실제적 의사소통으로 전이될 수 있도록 대안을 모색할 필요가 있는 것이다.

2.4 전신반응 교수법과 말하기

전신반응 교수법은 교사의 구어 입력으로 학습자들의 신체적 반응을 이끌어내는 교육 방법이다. 듣기 입력이 선행된 후에 말하기 교육을 해야 한다는 이해 중심 교수법을 지향한다. 산호세주립대학교 심리학과 교수였던 James Asher(1977)는 인간의 두뇌에는 모어 습득을 위한 생물학적 프로그램이 있어서 유아의 모어 습득 과정에는 일정 기간의 듣기 입력을 통한 이해 과정이 있음을 제안하였다. 그래서 인간은 그 이후에 언어 산출을 하게 된다는 데 착안하여 외국어 학습의 경우에도 모어의 습득과 흡사한 내재화 과정을 거쳐야 함을 주장하였다.

구어적 서법성(modality)을 강조하는 이 교수법은 1970년대 동작이나 게임을 활용하여 학습자의 긴장감을 최소화하여 즐겁고 활동적인 교실 분위기를 조성할 수 있다는 점 때문에 청각장애와 학습장애가 있는 학생들을 위한 좋은 교육 방법으로 다양하게 적용되었다. 또한 "Simon Says"[10]와 같은 게임을 통하여 좀더 복잡한 문법을 학습하기도 한다. 한국어 교실에 적용한다면 길 묻기를 위한 위치사 사용 활동[11]으로 응용할 수 있을 것이다.

그러나 학습자의 말하기 능력을 배양하기 위한 교수법으로서 다음과 같은 한계가 지적된다.

첫째, 교사 발화가 "읽으세요.", "들으세요.", "앉으세요.", "잘했어요." 등의 명령형에 주로 치우쳐 있다는 문제가 있다. 실제로 우리의 일상생활에서 명령의 화행이

10) 우리의 "～가라사대" 게임에 해당한다.

11) 가령 학습자가 눈을 가리고 다른 학습자의 도움을 받아 "오른쪽으로 가세요.", "똑바로 가세요." 등 교사 혹은 동료 학습자가 지시하는 대로 찾아가는 활동이 있을 수 있다.

요구되는 경우는 그리 많지 않기 때문이다. 동시에 학습자가 상황에 따라 스스로의 사고 과정을 통한 창의적 표현을 하기 어렵기도 하다.

둘째, 추상적 어휘에 대한 설명은 제한적일 수밖에 없기 때문에 중, 고급 숙달도의 학습자들에게는 부적절하다는 점이 있다.

셋째, 학습자마다 말하기를 위해 준비되는 시점이 다를 수 있어서 이러한 활동을 어느 시점까지 어떻게 발전시켜야 하는지에 대한 합리적 기준을 설정하기가 모호하다는 점이 대두된다. 따라서 전신반응 교수법의 테두리 내에서는 말하기 교육의 비중이 대단히 축소되었다고 할 수 있다.

2.5 자연적 교수법과 말하기

자연적 교수법은 1977년에 자연주의적 원리를 바탕으로 언어학자 Tracy Terrel과 응용언어학자인 Stephen Krashen에 의해 개발된 교수법이다. 미국 University of California(Irvine)의 스페인어과 교수였던 Tracy Terrel은 현장 교육 경험으로 제안한 새로운 언어 교육 철학을 제안하였고 여기에 California State University 교육학과의 Stephen Krashen 교수가 다섯 가지 언어 습득 가설로 이론적 근거를 보완한 교수법이다. 이들은 모두 다섯 가지 가설을 전제로 삼고 있으며 다음에서 말하기 교육과 관련된 것을 살펴보자.

(1) 가설 1 : 습득 – 학습 가설

이 이론은 현대 언어 습득 이론의 핵심이자 Krashen의 제2언어 습득 이론 중 가장 근간이 되는 이론이다. 학습과 습득은 각각 달리 규정되며, 외국어 학습은 이 독립적인 두 방식의 상호작용에 의해 이루어진다는 이론이다. 그러나 무의식적이며 잠재적인 습득이 형식적 교수를 통해 이루어지는 학습보다 더 효과적이기 때문에 언어 교실에서는 문법, 독해, 작문 등의 학습보다는 습득, 즉 목표어를 매개로 하여 형태보다는 의미에 초점을 두는 유의미한 의사소통적인 활동이 강조되어야 한다고 하였다.

(2) 가설 2 : 모니터 가설

습득된 언어 체계는 발화를 시작하게 하나 학습은 감시자 혹은 편집자의 역할을 수행한다고 하였다. 이 때 감시자의 역할은 최소여야 하며, 정상적인 발화에서 나오는 작은 오류를 수정하거나 좀더 정련된 발화를 위해 기능할 뿐이라는 것이다. 학습자가 출력된 발화를 감시하기 위한 조건으로 충분한 시간, 정확성, 규칙 숙지의 세 가지 조건을 들었다(Krashen, 1987).

(3) 가설 3 : 자연적 순서 가설

외국어 습득이 모국어의 습득 순서와 유사하다는 점을 강조하고, 학습자들이 말하기 준비 전인 침묵기에 목표어의 충분한 듣기 입력이 선행되어야 한다는 가설이다.

(4) 가설 4 : 입력 가설

입력과 언어 습득 간의 관계를 설명한다. 학습자에게 언어 능력인 'i'보다 언어 구조면에서 충분히 이해 가능한 다음 단계인 'i+1'을 제시함으로써 목표어를 습득하게 한다는 가설이다. Krashen은 이 가설을 통해 첫째, 말하기 능력은 직접적으로 교수할 수 없기 때문에 발화는 언어 습득의 결과이며, 둘째, 충분한 양의 이해 가능한 입력이 제공된다면 'i+1'은 자동적으로 구현되며, 셋째, 언어 교수의 순서 자체가 중요한 것이 아니라 학습자들이 이해 가능한 입력을 받아들임으로써 이미 결정된 자연적 순서로 언어를 습득한다고 하였다. 여기에서 우리는 학습자의 능력에 대한 Krashen의 다소 부정적인 입장을 엿볼 수 있다. 따라서 이 가설을 따를 경우 듣기, 읽기 교육이 언어 교수에서 일차적이며, 말하기와 쓰기는 시간이 지나면 자연스럽게 구사하게 된다는 것이다.

(5) 가설 5 : 감정 여과기 가설

학습자의 정의적 요인과 외국어 습득과의 관련성을 설명한다. Krashen은 학습자의 감정 여과기와 관계있는 요소로 학습 동기, 불안감, 자신감을 들고, 학습 동기와 자신감이 높고 불안감이 낮을수록 외국어 습득에 효과적이라고 하였다. 또한 이를 위해 학습자의 초기 발화 산출을 강요하지 않고 목표어의 발화 시작 시기를 학습자가 결정해야 함을 강조하였다.

이상에서 살펴보았듯이 자연적 교수법은 1970년대 이래 듣기 교육의 중요성이 부각되면서 발달한 교육 방법이다. 즉 이해가 표현에 선행되어야 하며, 언어학적으로 표현 활동이 이해 활동에 비해 더 어렵고 복잡한 과정을 수반한다는 점에 착안한 '이해 중심 교수법(Comprehension Approach)'이라 할 수 있다. 자연적 교수법의 관점에서 볼 때 가장 효과적인 말하기 교실은 적절히 확보된 자료를 바탕으로 이해에 초점을 두되, 학습자들의 감정 여과 장치를 낮추기 위한 유의미한 의사소통에 중점을 두어야 함을 알 수 있다.

2.6 의사소통식 교수법과 말하기

의사소통식 교수법은 1960년대 후반에 언어 습득의 기능주의적 관점을 근간으로 하면서 등장한 교수법이다. 그래서 직접 교수법 이래로 추구해 온 학습자 의사소통 능력의 배양에 대한 가장 포괄적이면서도 구체적인 방법론이라 할 수 있다. 이 방법론의 기조는 언어를 구조보다는 도구로서 인식하는 데에 있기 때문에 언어 구조에 대한 이해보다는 의사소통을 능력을 배양하는 데 중점을 둔다. 여기서 말하는 의사소통 능력은 이미 언급된 Hymes(1972)의 용어로 실제 발화 상황에서의 '의사소통 능력'이나 Halliday(1975)의 언어의 '상호적 기능(interpersonal function)'[12]으로 이해할 수 있다. 응용언어학계의 대가인 Henry Widdowson[13](1984)도 일찍이 외국어교육은 "의사소통을 위한 언어를 가르쳐야 한다."고 천명했다.

의사소통식 교수법에서는 교실 수업이 교육을 하기 위함보다는 실세계의 다양한 상황들을 위한 준비 단계로 기능하는지가 논의의 중심이 된다. 의사소통적 교수에서 전형성을 보이는 활동은 정보차 활동(information gap), 역할놀이와 과제이다. 먼저 정보차 활동은 학습자가 각자의 자료를 가지고 다른 사람들과 상호작용하면서 의사소통적 목표를 달성하게 되어 교실이 바로 의사소통의 직접적인 장이 된다. 역할놀이는 극도로 통제된 대화쌍이 아닌 상황 자체가 의사소통적 요구를 충족시키기 위한 자율적 활동이다. 그리고 과제 수행에서는 교사는 더 이상 수업을 주도하거나 통제하지 않고, 학습 효과(learning by doing)를 부여한다. 이 때 학습자는

12) 상호적 기능은 언어의 사회적 기능을 말하는 것으로 화행 연구자인 Searle이 언급한 발화가 행동을 수반하는 발화수반적 행위와 일맥상통한다.

13) 2002년 한국 방문 시에도 "외국어 교육은 철저히 의사소통 능력을 키우는 데 초점을 맞추어야 한다."고 다시 강조한 바 있다(강범모, 2005).

해당 과제에 적절한 문장을 생산하기는 하나 이것이 목표어의 관점에서 볼 때는 벗어날 수도 있음이 용인된다.

의사소통식 교수법의 테두리 내에서 볼 때 대표적인 활동들은 정보차 활동이라고 볼 수 있다. 이는 대화상대자와 다른 정보를 갖고 출발한다는 것은 의사소통의 필요성을 전제로 하는 것이기 때문이다. Larsen-Freman(2000)에서도 정보차, 선택, 피드백을 개연성이 높은 의사소통 활동의 특징이라고 보았다.

또한 의사소통식 교수법은 역사적으로는 중간언어의 개념과 관련된다. 이는 교사가 학습자의 목표어 체계의 발달 과정을 존중해야 한다는 것을 의미한다. 따라서 의사소통식 교수법에서는 언어 용법(usage)위주의 교육에서 탈피한 언어 사용(use)위주의 교육, 맥락 의존성을 바탕으로 한 담화 능력의 배양, 정확성보다는 용인성과 유창성의 중시, 사회언어적 요소, 담화적 요소의 교육을 통해 학습자의 말하기 능력의 배양을 모색한다.

2.7 과제중심 교수법과 말하기

과제중심 교수법은 기존의 교수법들이 문법 항목이나 어휘 등을 언어 교수의 기본 단위로 삼았던 것과는 대조적으로 실제적인 의사소통과 그 의미를 강조하는 목적 있는 활동을 대상으로 하고 학습 결과보다는 과정을 중요시한다. 과제의 정의는 연구자에 따라 조금씩 차이를 보인다.

Long(1985)은 과제란 "사람들이 일상생활에서 일터에서, 놀면서, 혹은 그 사이에 있는 모든 것을 말하며, 우리가 사람들에게 무엇을 하느냐고 물으면 그들이 대답할 수 있는 것들"이라고 정의한다. Willis(1986)는 과제란 "특정한 결과물을 만들어내는 활동"이라는 점을 강조했다. 진정한 과제란 학습자가 의미 있는 결과를 낳기 위해 의사소통을 목적으로 수행하는 활동이라는 것이다.

또한 Breen(1987)도 과제란 "그것을 맡은 사람들에게 할당되는 특정한 목적, 적절한 내용, 구체적인 작업 절차와 결과물의 범위까지를 포괄하는 구조화된 언어 학습의 산물"이라고 했다. 즉 Breen이 제시한 과제는 단순한 연습에서부터 복잡하고 긴 활동에 이르기까지 언어 학습을 촉진하기 위한 목적을 갖는 계획을 총칭한다.

한편 Nunan(1989)은 과제를 사뭇 다르게 규정하는데, "의사소통 과제란 학습자들이 언어 형태가 아닌 의미에 초점을 둠으로써 학습자들을 목표어를 통해 이해하고, 조작하고, 발화하고, 상호작용을 하게 하는 하나의 교실 활동"이라고 보았다. 반면에 Long & Crooks(1992)는 과제를 "적절한 목표어의 예를 학습자들에게 전달하는 도구로서 일반적인 인지 처리 능력을 이용하여 필연적으로 재구성하는 입력"이라고 규정하였다.

과제의 선별 기준은 학습자 필요로 하는 요소들은 다양한 출처에서 조사하는 요구분석(Needs analysis)의 결과를 따르게 된다. Long(2005)은 다양한 관계자들을 대상으로 하는 요구분석의 필요성을 강조하면서 학습자도 경험하기 전이라 부적절하고 신뢰도가 낮기 때문에 어떤 과제를 수행하게 될지에 대한 지식이 부족하다고 보았다. 이러한 요구분석의 결과로 학습자에게 필요한 과제들은 복잡성과 난이도에 근거하여 배열된다.[14)]

과제의 종류는 교육적 과제와 실제적 과제로 구분할 수 있다. 교육적 과제는 실생활에서의 수행 가능성은 낮으나 학습자의 연령이나 숙달도와 같은 변인에 맞춰지는 것으로 처음에는 단순하나 점차 목표 과제에 근접하도록 설계한다(Robinson, 2000). 실제적 과제는 학습자들의 요구분석을 통해 얻어지거나 실생활에서 수행 가능한 것으로 판명된 일을 말한다. 진정란(2006)에서는 과제중심 교수법의 주요 특징을 12가지로 기술한 바 있다. 다음에서는 그 중 말하기와 관련된 특징들을 정리해 본다.

첫째, 말하기 수업의 기본 요소는 다양한 활동이나 과제로서 학습자들은 과제 수행을 위해 유의미한 상호작용 및 의사소통을 통해 결과를 얻는다.

둘째, 과제 수행에서는 과제의 복잡성이나 난이도에 따라 과제 수행에 필요한 언어 도움을 받을 수 있다. 따라서 교사는 과제 수행 시 학습자의 언어 수준과 그에 다른 언어 도움의 요소를 감안해야 한다.

셋째, 학습의 대부분이 짝활동이나 그룹활동으로 이루어진다. 교사와 학습자 간의 질문-대답보다는 짝활동이나 그룹활동을 하면 말하는 기회가 훨씬 많아진다.

14) Long과 그의 동료 및 제자들은 2003년 하와이주립대학교의 NFLRC(Natural Goreeign Language Resource Center)에서 과제중심교수법을 기반으로 하는 한국어 시범 과로 "길 찾기와 방향 묻기"를 비디오테이프에 담긴 교수 샘플과 함께 펴낸 바 있다.

넷째, 학습자는 학습 과정에 능동적으로 참여하며, 교수요목이나 과제의 유형을 제안하거나 결정짓기도 한다. 또한 자신에게 적합한 학습 자료를 직접 선별하고 자신의 숙달도에 맞춰 학습을 진행하고, 수시로 교사와 의논하거나 언어 일지 등의 기록에 비추어 본인에게 맞는 학습 전략을 선정한다.

다섯째, 말하기 과제 수행 중 발생하는 오류는 의사소통에 방해가 될 경우에만 지적한다. 그러나 경우에 따라서 원어민 화자와의 비교를 통해서 발견하거나 스스로 먼저 지적하게 할 수도 있다.

여섯째, 교실은 교육적 과제와 실세계를 연결하는 다리의 역할을 해야 하므로 학습자들의 상호작용을 돕도록 설계되어야 한다.

다음은 과제중심 교수법을 근간으로 하는 말하기 수업의 절차의 예이다.

▶ 주제 : 〈주말 활동〉
▶ 기능 : 제안하기

① 한국인들이 주로 하는 주말 활동에 대한 조사, 과제 결정
② 주제와 기능의 도입
③ 어휘와 문형의 도입, 제시, 설명
④ 어휘와 문형의 형태적 연습
⑤ 맥락이 포함된 유의적 연습
⑥ 과제 수행
⑦ 과제 수행 후 향상된 숙달도 확인

가장 최근에 발전된 과제중심 교수법 역시 한국어교육에 적용하는 데 있어서 연구자들의 회의적 시각을 받고 있다. 김정숙(1998)에서는 과제 수행만으로 효율적인 학습/습득이 이루어질 수 있는지, 인지가 발달한 성인 학습자들에게는 언어 규칙에 대한 명시적 교육이 보다 효과적이지 않은지, 모국어와 구조적 차이가 큰 외국어를 배우는 경우 문법에 대한 명시적 이해가 학습/습득에 도움을 주지 않는지 등에 대한 문제를 제기한 바 있다. 또한 과제 자체의 난이도와 복잡성에 대한 보다 엄밀한 기준이 필요하다는 점도 지적되고 있다.

이상에서 말하기 능력에 대한 연구를 시작으로 하여 시기적으로 조명을 받았던 교수법을 중심으로 말하기 교육에서의 연구의 흐름을 살펴보았다. 각 시기의 말하기 교육은 그 시기에 성행했던 외국어교육 이론의 기본 이념과 틀에서 발전된 교수법을 중심으로 이루어졌다. 따라서 이러한 여러 교수법들 중 최상의 교수법을 논한다는 것은 의미가 없는 일일 것이다. 한국어 교사는 여러 교수법들을 깊이있게 이해하고 응용하되 다양한 목적과 배경, 다양한 말하기 숙달도의 학습자들에게 맞는 한국어 말하기 교수법을 연구, 개발해야 할 것이다.

3 한국어교육에서의 말하기 교육

이제 한국어교육에서의 말하기 교육에 대해 살펴보자. 아래에서 시기별 연구의 동향과 주제별 연구의 흐름을 중심으로 파악해 보기로 한다.

3.1 시기별 말하기 연구의 변천

우리는 한국어교육계의 시기별 말하기 교육 연구의 경향을 살펴봄으로써 다양한 주제로 발전되어 온 연구의 흐름을 읽을 수 있을 것이다. 이는 앞으로의 연구 동향을 예측하는 데 도움이 될 것이다. 이제 시기별로 연구 성과를 짚어 보도록 하자.

이 장의 서두에서 말하기 능력에 대한 연구의 족적을 살펴본 바와 같이 1980년대는 기능주의와 담화분석, 구성주의가 본격적으로 외국어 교육학계에서 지배적인 위치를 차지하기 시작한 시기이기도 하다. 1980년대는 주로 교실 수업과 교재 편찬을 위한 교수법적인 측면에서 영어 교육학의 제 분야에 대한 소개나 분석을 통한 비판적 수용이 이루어진 시기라고 볼 수 있다.

1990년대에 들어서 말하기 교육 연구 분야에서는 활발한 연구가 이루어졌는데, 서양의 외국어 교수법과 언어 습득 이론에 대한 비판적 분석, 평가와 함께 의사소통 중심의 다양한 말하기 활동을 위한 합리적이고도 건설적인 연구 결과가 잇달아 발표되었다. 이 시기에 한국어의 구조와 특질에 굳건히 뿌리를 내린 말하기 교육과정은 물론 의사소통 중심, 과제 중심의 교수법에 대한 깊이 있는 연구가 이루어졌다고 볼 수 있다.

2000년대 이후에는 이론적 틀에 부합하는 말하기 능력을 숙달도로 연결시키는 심도 있는 실험적 연구들이 주를 이루고 있다. 또한 구어 코퍼스를 활용한 양적 연구는 물론 담화분석적 방법론을 원용한 질적 연구도 주요 연구 개발의 성과로 나타났다. 최근에는 가장 세분화되고 학습자의 화용 능력과 이를 배양하기 위한 교수 방안에 대한 연구에까지 이르러 있다.

3.2 주제별 말하기 연구의 다양성

먼저, 말하기 교육 연구 분야를 이끌어 온 대표적인 주제들을 살펴보자.

(1) 말하기 교수법

말하기 교수법은 여러 연구자들의 외국어로서의 한국어 교수법을 주제로 한 연구들에서 부분적으로 다루어져 왔다. 특히 과제 수행을 중심으로 하는 말하기 교수법에 대한 연구가 활발하게 이루어졌는데, 학습자의 의사소통 능력과 숙달도를 규명하고, 과제 수행을 통한 언어 사용 중심 교육의 필요성을 강조하였다. 의사소통적 과제의 도입은 기술 습득을 위한 의사소통 전단계의 활동과 유기적으로 연계되어야 하며, 다른 의사소통적 과제와의 통합도 제안되었다. 또한 이를 위해 과제 구성 및 평가 원리에 기반을 둔 다양한 과제와 활동 유형의 개발, 교육과정 내에서의 과제의 등급화와 배열에 대한 연구의 필요성도 제기되었다.

이후 말하기 교수법에 초점을 둔 다양한 연구가 진행되었다. 과제의 종류 및 유형에 따른 상호작용과 과제가 상호작용에 미치는 영향은 결과적으로 과제의 종류와 유형에 따라 대화의 양적, 질적 차이가 크기 때문에 교수 내용이나 목적에 따라 과제의 특징을 검토하여 선정해야 하는 필요성에 이르렀다.

말하기 교수법을 시기별로 조명한 연구들이 주를 이룬 가운데 다양한 학습자 층에 따른 연구의 영역이 넓어졌다. 특히 김미옥(2000), 현윤호(2001), 진옥희(2003) 등에서는 상호작용 기술에 초점을 두고 급별 연령별 학습자의 특징에 따른 말하기 과제의 유형과 실례를 말하기 지도 방안을 중심으로 논의하였다.

또한 교재를 기본으로 하는 과제 수행 중심의 교육 방안도 다수의 연구에서 제기되었다. 대표적으로 교재 분석과 학습자 선호도의 조사를 통하여 말하기 과제와 다른 기능과의 연계가 중점적으로 다루어졌다고 볼 수 있다.

(2) 말하기 교육 이론과 실제

말하기 교육 이론과 이에 바탕을 둔 실제 교육에 대한 연구는 황인교(1999)에서 출발하는데, 말하기와 듣기의 구어 교육 이론의 정립으로부터 시작되었다. 구어의 특징이나 발화 방식에 따른 종류, 발화 내용을 살펴보고 말하기 교수의 원리로 상호작용을 중심으로 하는 과제나 활동의 필요성이 탐구되었다. 특히 이미혜(2002), 허용(2003)에서는 교재에서의 의사소통 능력에 대한 연구를 통해 수업 내에서 활용할 수 있는 다양한 말하기 활동들이 제안되었다.

이와 함께 말하기 교육 이론에서 또 하나의 축을 이룬 분야는 말하기 수업에서의 토론 수업에 대한 연구들이다. 한국어 토론 교육의 목표를 설정하고 토론에 필요한 전략과 표현들을 항목화한 연구에서부터 과정 중심의 수업을 통하여 학문적 목적의 한국어 학습자들의 담화 능력을 향상시키는 데 논의로 이어졌다. 또한 이를 바탕으로 이동은(2003)을 비롯하여 중급과 고급 학습자를 대상으로 하는 토론 수업 사례의 발표를 통해 교수 모형의 타당성을 검증한 연구들이 주를 이루고 있다.

(3) 말하기 숙달도와 평가 분야

말하기 교육 방안의 연구가 활발히 이루어지면서 김정숙 · 원진숙(1993), 김정숙(1994)에서부터 말하기 숙달도와 평가에 관한 연구가 본격적으로 시작되었다. 초기에는 의사소통 능력의 개념을 바탕으로 외국인 학습자들을 위한 한국어 말하기 성취도 평가 유형들이 제안되었다. 의사소통 능력의 세부적 분류에 따른 평가 항목의 세분화는 물론 이러한 평가 유형을 활용하여 교육 목표와 교재 등을 개선해야 한다고 주장하였다.

이후 영어 교육에서의 선행연구에 착안하여 한국어 말하기 숙달도가 학습자 자신과 대화상대자와의 말하기 수행에 미치는 영향에 대한 앤드류변(2003)의 연구를 비롯하여 말하기 숙달도를 향상시키기 위한 연구들이 뒤를 이었다.

또한 김정숙 외(2006)에서는 아직 표준 말하기 시험이 시행되고 있지 않은 국내의 상황에서 한국어 말하기 숙달도 시험 개발을 위한 기초 연구를 시행하였다. 이 연구에서는 국내 한국어 교육기관의 학습자들을 대상으로 하는 요구분석에서부터 시작하여 실험 문항으로 학습자의 숙달도 평가를 시행하여 바람직한 말하기 표준 시험의 개발 방향을 제시하였다. 뒤를 이어 윤은경(2008) 등이 미국의 ACTFL OPI나 FSI OPT에 대한 비판적 분석을 통하여 바람직한 말하기 과제를 제안하고 있다.

최근에는 말하기 교수에서의 실제적 과제 수행으로 숙달도 시험 간의 간격을 좁혀 나가는 과정으로 세환효과를 극대화하여 학습자들의 학습 동기를 고양시키는 연구도 활발하다.

이러한 과정을 거쳐 개발된 말하기 과제들은 학습자 숙달도의 향상으로 연결될 수 있을 것이다.

(4) 학습자의 의사소통 능력 및 전략 배양 분야

학습자의 의사소통 능력 및 전략을 주제로 하는 연구들은 한국어교육학계에 꾸준히 보고되고 있다. 한국어 학습자의 의사소통의 특징을 근간으로 학습자들의 의사소통 전략 사용에 대한 질적인 연구들이 진행되었다. 이지영(2002), 홍종명(2008)을 비롯한 연구에서는 구어 상호작용에서 나타난 한국어 학습자들의 의사소통 전략을 학습자들의 의사소통 전략을 기준으로 상호작용적인 관점에서 분석하였다. 또한 다수의 연구들이 대조언어학적인 관점에서 언어문화권별 학습자에 따른 의사소통 전략의 사용 양상을 양적으로 조명하였다. 이러한 양적 연구 방법과 더불어 이해영(2008)은 질적 연구 방법으로 한국어 학습자들의 장르에 대한 인식과 한국어 사용 양상을 분석하였다.

(5) 담화분석과 말하기 교육 분야

다수의 연구들이 연구 방법론으로 담화분석을 채택하여 한국어 말하기 교육 연구 분야에 응용하고 있다. Schiffrin(1994)에서 담화분석적 접근법으로 제안한 여섯 가지 방법론들이 한국어 현장에서의 실제적인 자료들의 분석을 바탕으로 이루어지고 있다.

이 방법론들은 대화분석, 화용론, 민족지학 의사소통, 상호작용사회언어학, 화행이론, 변이이론들이다. 우선 담화의 개념과 담화분석론 연구의 흐름을 파악하여 한국어교육 현장에 적용하기 위한 연구들이 활발히 이루어지고 있고, 각 방법론을 원용한 연구들이 꾸준히 발표되고 있다.

구현정(2001)은 대화분석론의 틀에서 대화의 기본 원리와 규칙을 토대로 한국어 교육 현장에서의 말하기 교육 내용을 제안하였다. 상호작용사회언어적 분석으로 학습자들의 의사소통에서 일어나는 역동성에 초점을 둔 말하기 표현 중심의 교육 방안도 이동은(2005, 2006)에서 제안된 바 있는데, 이는 사회언어학에서의 대화자들 간의 체면이론을 근간으로 한다.

학습자 구어 담화 코퍼스는 다양한 언어문화권, 다양한 목적의 한국어 학습자들의 실생활 한국어 상호작용의 양상에 대한 매우 유의미한 단서를 제공한다. 최근에는 서상규 · 구현정(2002)을 위시하여 여러 프로젝트를 통해 학습자 구어 담화 코퍼스가 교육적으로 실용화되기 위한 차원에서 구축 방법들이 모색되고 있다.

(6) 화용 능력과 사회언어적 능력 분야

학습자의 사회언어적/화용 능력은 손호민(1991)에서부터 논의가 시작되었다고 볼 수 있다. 이들은 해외에서의 KFL(외국어로서의 한국어) 학습자에게 대두되는 사회언어적 교육 방안과 화용 교육 방안을 다룬 연구들로 볼 수 있다. 사회언어적 요소와 화용 요소의 항목화는 물론 이들 요소들을 가르쳐야 하는 시기, 그리고 교수 방법이 제안되었다.

먼저 다양한 언어문화권별 학습자와 한국어 원어민 화자들 간의 의사소통에 있어서의 사회언어적 차이에 대한 다수의 연구들이 있다. 이러한 차이를 사회적 지위, 사회적 거리, 성별 및 연령 등의 사회적 변수에 따라 분석하고, 해당 언어문화권 학습자들의 교실 활동에 응용할 수 있게 하였다.

다음으로 진제희(2000, 2003), 서희정(2002)을 비롯한 여러 연구들이 한국어 학습자와 한국어 원어민 화자들 간의 의사소통에서 나타나는 화용 차이를 조명하여 화용 전이 현상을 발견함으로써 연구의 성과를 한국어 교사들과 공유할 수 있게 하였다. 최근 다수의 연구자들이 중간언어 화용론이나 대조화용론에 대한 심층 연구를 진행하고 있는데, 학습자 전략의 차이를 범문화 의사소통의 관점에서 비교, 분석한 연구가 주를 이루고 있다.

예를 들면 전혜영(2005)에서는 학습자들의 화용 능력을 개선하는 데 있어서 공손표현 교육의 필요성이 제기되었고, 공손표현의 체계적인 교육을 위해 ① 존대어의 형태와 어휘 교수, ② 다양한 언어 장치와 공손 표현의 의미기반 교수, ③ 실제적 과제를 통한 공손 표현들 간의 화용 차이 교수의 세 단계를 논하였다. 또한 '그래', '물론' 등의 담화표지들은 물론 '괜찮다' 등의 기능에 대한 한국어 모어 화자와 한국어 학습자의 인식 차이를 통해 궁극적으로 화용 교육의 중요성을 강조한 연구들도 있다.

구어 코퍼스를 활용한 연구에서도 화행 표현의 의사소통 기능과 문법 문형 사이의 관계를 분석하는 데이터베이스를 구축하고자 한 연구들도 발표되었다. 또한 주어진 표현들의 기본적 의미는 물론 이들이 다양한 의사소통 전략과 연계되거나 화자의 의도를 강조하는 데 쓰이는 경우 결론적으로는 이들에 대한 차등적 교수의 필요성도 제기되었다.

이해영(2009)은 중고급 학습자들에 있어 화용 적절성의 중요성을 인식하고 목표어 환경에서 외국어교육이 학습자의 화행 실현 양상에 미치는 영향을 규명하고자 한 연구로 궁극적으로 목표어 담화 맥락의 습득이 자연스러운 한국어 능력에 필수적임을 제안하였다. 특히 이동은(2008)이나 장미경 외(2008)은 화행 교육을 위한 모형의 개발 연구나 다양한 학습자 담화의 비교 분석을 통해 고급 학습자의 화용 능력을 규명하고 화용 교육의 절차를 제안하였다.

제3장 말하기 활동

방송에서 축구경기 해설자가 반드시 축구를 잘 하는 것은 아니다. 그렇지만 축구 경기에 대한 지식이 축구를 잘 하는 데 무관하다고 말할 수는 없다. 말하기도 이와 같다. 말하기에 대한 지식도 갖추어야 하고, 실제 의사소통 상황에서 적절하게 활용할 수 있는 활동도 해 보아야 한다.

이 장에서는 말하기 활동의 유형과 실제 상황에서 쓰일 수 있는 말하기 활동들을 소개해 보기로 한다. 발음에서부터 어휘, 문법, 문장, 담화 상황에 이르기까지 활용할 수 있는 다양한 활동들을 제시하였다. 또, 수준별, 단계별로 말하기 활동들을 소개하였다.

1 유형별 말하기 활동의 유형

교실에서 이루어지는 학생들의 말하기 활동은 다양하다. 이러한 활동은 학자에 따라 다르게 유형화하고 있는데 이를 정리하면 다음과 같다.

1.1 Rivers and Temperly(1978)의 말하기 활동 유형

Rivers and Temperly(1978)에서는 의사소통 학습과 관련된 일련의 과정을 크게 기능습득(skill-getting)과 기능사용(skill-using)의 두 과정으로 구분하여 나타내고 있다.

▶ 의사소통 학습의 과정

기능습득	인지 (지식)	지각	단위, 범주, 기능에 대한 지각
		추상화	범주와 기능을 관련짓는 규칙의 내재화
	산출 (인위적 의사소통)	조음	소리 연결체에 대한 연습
		구성	의사소통 꾸며내기 연습
기능사용	상호작용 (인위적 의사소통)	수용	전달 내용에 대한 이해
		표현	개인의 의미를 전달하기

여기서 기능습득 과정은 의사소통을 위한 도구라 할 수 있는 언어의 단위, 범주, 기능 등을 지각하고 이와 관련한 규칙을 내재화하며 이를 사용할 수 있도록 연습하는 과정이다. 반면, 기능사용 과정은 내재화된 규칙을 바탕으로 실제 의사소통 사용 환경에서 상대방의 의견을 수용하고 자신의 생각을 잘 표현하는 과정이다. 그리고 이 두 기능이 잘 연계되기 위해서는 인위적인 의사소통이 중요하다.

위의 의사소통 학습 과정에 따른 말하기 활동 유형은 다음과 같다.

(1) 문법 학습을 위한 입말 연습

문법 구조를 이용하는 법이나 가능한 문장들에서 문법 규칙의 다양한 측면들을 적용하기 위해 사용된다. 빈칸 채우기나 여러 종류의 통사적 조작과 같은 기술을 활용한다.

(2) 구조화된 상호작용

규칙에 대한 지식 및 자신의 고유한 뜻을 표현하는 능력 사이의 간격을 이어줄 수 있는 활동이다. 직접 대화, 입말로 보고하기, 공백을 채워 넣는 대화 등을 활용한다.

(3) 자율적인 상호작용

자신의 취향대로 익숙하거나 낯선 모든 종류의 언어 요소를 재조합함으로써 자신의 개인적 의도를 표현하는 법을 배운다.

1.2 Littlewood(1981)의 말하기 활동 유형

Littlewood(1981 : 86)에서는 의사소통의 학습 과정을 의사소통 행위 전 활동과 실제 의사소통 활동으로 나누고 있다.

▶ 의사소통 학습의 과정

<table>
<tr><td rowspan="2">의사소통 행위 전 활동
(Pre-communicative activities)</td><td>구조적 활동
(Structural activities)</td></tr>
<tr><td>실제 의사소통 활동
(Communicative activities)</td></tr>
<tr><td rowspan="2">인위적 의사소통 활동
(Quasi-communicative activities)</td><td>기능적 의사소통 활동
(Functional communicative activities)</td></tr>
<tr><td>사회적 상호작용 활동
(Social interaction activities)</td></tr>
</table>

의사소통 행위 전 활동에서는 학습자들에게 아직 의사소통 행위를 수행하도록 요구하지 않으면서 이들이 의사소통을 수행하기 위해 필요한 몇 가지 기능들을 갖추게 한다. 따라서 학습자는 습득되어야 할 전체 기술을 연습하는 것이 아니라, 의사소통 능력을 구성하는 특정한 요소나 기술을 부분적으로 습득하게 된다. 반면에 실제 의사소통 활동에서는 학습자가 자신의 의사소통 지식과 기술을 통합하여 온전한 의사소통 활동이 이루어지도록 구성한다.

Paulson & Bruder(1976)도 이와 유사한 방법으로 의사소통 활동을 구분하고 있다. 말하기 활동을 1, 2단계로 나누어 보고 있는데, 1단계에서는 기계적 연습, 유의적 연습, 의사소통 연습이 이루어지고, 2단계에서는 의사소통 활동 행위가 이루어지면서 단계적으로 발전한다고 하였다.

- 1단계 : Mechanical drill → Meaningful drill → Communicative drill
- 2단계 : Communicative Activities : problem-solving; role-play

1.3 Donn Byrne(1996)의 말하기 활동 유형

Donn Byrne(1996 : 10)에서는 교사 주도적 수업 모형을 바탕으로 전체 학급 활동과 짝 활동, 정확성 활동과 유창성 활동을 교차시켜 네 가지 유형으로 구분하고 있다.

(1) 전체 학급 활동 : 정확성을 위한 연습 활동
(2) 짝 활동 : 정확성을 위한 연습 활동
(3) 전체 학급 활동 : 유창성을 위한 연습 활동
(4) 그룹 활동 : 유창성을 위한 연습 활동

1.4 Brown(1994)의 말하기 활동 유형

Brown(1994)에서는 말하기 활동 유형을 다음과 같이 구분하고 있다.

(1) 모방형
(2) 집중형
(3) 반응형
(4) 정보 전달을 위한 대화형
(5) 사회적 관계 유지를 위한 대화형
(6) 독백형

1.5 수준에 따른 말하기 활동

말하기 교육에는 교수 · 학습효과를 극대화하기 위해서 등급에 따라 다음과 같은 다양한 활동이 도입되어야 한다.

▶ 등급별 말하기 활동의 예

초급 이상	중급 이상	고급 이상
문장 만들어 이야기하기	단어 게임하기	좌담회하기
문답이나 대화 완성하기	상황에 따른 역할하기	발표하기
질문에 답하기	비교해서 말하기	촌극이나 연극하기
답을 듣고 질문 만들기	이야기 재구성하기	인터뷰하기
	설명하기	특정 주제에 대해 이야기하기

1.6 기능에 따른 말하기 활동

기능에 따른 말하기 활동에는 다음과 같은 것들이 있다.

▶ 기능에 따른 말하기 활동

비교해서 말하기	주장하기	요약해 말하기
인사하기	반박하기	인터뷰하기
소개하기	동의하기	토론하기
설명하기	거절하기	발표하기

2 말하기 활동의 실례

말하기 지도를 위한 구체적인 활동에는 여러 가지가 있다. 여기서는 Littlewood (1981 : 86)가 제시하고 있는 구조적 활동(structural activities), 인위적 의사소통 활동(quasi-communicative activities), 기능적 의사소통 활동(functional communicative activities), 사회적 상호작용 활동(Social interaction activities) 등 네 가지의 활동 유형으로 나누어 제시하기로 하겠다.

2.1 구조적 활동

이 활동들은 의사소통 행위 전 활동들로써 구조 연습으로 이루어지며, 문법 체계와 언어 항목이 결합되는 방식에 초점이 있다. 이들은 의사소통 능력을 구성하는 지식의 특정한 요소나 기술을 분리하고, 학습자에게 그것들을 따로 연습할 수 있도록 한다.

2.1.1. 발음 연습

발음은 외국어 학습에 있어서 학습자의 모국어 영향을 가장 많이 받는 분야이다. 그리고 발음은 언어 습득의 과정에서 가장 일찍 굳어지므로 처음부터 체계적이고 계획적인 연습을 해야 한다. 분명하고 정확한 발음은 외국어를 얼마나 유창하게 하는지를 판단하는 중요한 요소로 작용하기도 한다. 구조적 활동에 해당하는 발음 연습에는 다음과 같은 활동들이 있다.

① **듣고 따라하기** : 원어민의 발음을 모델로 듣고 정확하게 따라하도록 한다. 국립국어원에서 개발하여 배포하고 있는 '바른 소리' CD는 발음하는 입모양을 앞과 옆, 남성 화자와 여성 화자로 구분하여 들려주고 있는데, 활용하기에 좋은 자료이다.

② **문맥에 나타난 최소대립쌍 연습** : 문제가 되는 한국어의 발음을 구분할 수 있게 해 준다. '불/뿔/풀'이나 '달/딸/탈'과 같은 단어 수준의 최소대립쌍을 제시하면서 예사소리와 된소리, 센소리의 구별을 잘 할 수 있도록 반복하여 들려주고 따라 할 수 있도록 한다. 학습자에 따라 잘 구별되지 않은 자음이나 모음은 각별히 지도할 필요가 있다. 단어 수준의 최소대립쌍 연습은 문맥이 결여되어 학습자에게 유의미한 학습을 이끌어내기 힘들므로 한국어 수준이 낮은 학습자들로 제한할 필요가 있다. 한국어 수준이 중급 이상인 경우에는 단어 수준의 최소대립쌍보다 문맥에 나타난 최소대립쌍을 이용한다.

▶ 문맥 속에서 최소대립쌍을 제시하는 방법

동일한 문장 내에서 제시하는 경우	두 문장의 동일한 위치에 제시하는 경우
• 달이 뜨자 탈을 썼다. • 종이 울리면 총을 쏴라. • 씨를 뿌리면서 시를 지었다.	• 나는 발/팔이 아프다. • 나는 덕/떡이 없다. • 할아버지께서 굴/꿀을 드신다.

2.1.2. 문장 단위의 듣고 따라하기

이러한 연습은 매우 통제되고 기계적인 연습에 해당한다. 언어의 정확성을 학습하는 단계에서 주로 사용하는 방법으로 학생들은 자신들이 말하고자 하는 것에 대한 선택의 여지가 없다. 새로 학습한 문법과 어휘가 입에 익숙해지고 정확하게 발음할 수 있게 해 준다.

※ 다음을 듣고 따라해 보세요.

교사 : 이것은 시계입니다(시계 그림 카드를 보이며).
학생들 : 이것은 시계입니다.
교사 : 이것은 책입니다(책 그림 카드를 보이며).
학생들 : 이것은 책입니다.
교사 : 이것은 공책입니다(공책 그림 카드를 보이며).
학생들 : 이것은 공책입니다.

2.2 인위적 의사소통 활동

이 활동들은 구조적 활동과 함께 실제 의사소통 활동들을 준비하도록 의도된 것이다. 이는 하나 또는 두 개의 전형적인 대화 주고받기로 이루어진다. 어떤 것은 훈련(drill)에 가깝지만 어떤 것들은 대화(dialog)에 가깝다.

① 두 사람의 화자에 의해 선택된 특정한 소재로 이루어진 네 줄짜리 대담
② 시간표, 통계, 지도, 소비자 비교표 또는 가격표
③ 동일한 구조를 반복하여 사용할 수 있는 상황에 따른 대화 : 공항에서의 가방 검사, 물건 사기, 숙박시설에 대해 묻기

2.2.1. 질문 듣고 대답하기

※ 학생들은 들은 질문에 대해 정형화된 문장 형식으로 답을 한다.

교사 : 이것은 무엇입니까?
학생들 : 이것은 책상입니다.
교사 : 저것은 무엇입니까?
학생들 : 저것은 시계입니다.
교사 : 도와주셔서 감사합니다.
학생들 : 아니오, 괜찮습니다.

※ 학생들은 들은 질문에 대해 대답을 하나로 고정시켜 말하지 않고 여러 개 중에서 선택하여 말할 수 있다. 유의미한 연습에 해당한다.

교사 : 여러분은 운동을 좋아합니까?
질문에 대답해 보세요.
'저는 운동을 좋아합니다.' 또는 '저는 운동을 좋아하지 않습니다.'를 사용해 보세요.
학생1 : 저는 운동을 좋아합니다.
학생2 : 저는 운동을 좋아하지 않습니다.
학생3 : 저는 운동을 좋아하지 않습니다.
학생4 : 저는 운동을 좋아합니다.

2.2.2. 시각 자료(그림, 사진, 도표, 지도, 실물 자료 등)를 활용하여 말하기

시각 자료에 있는 내용을 활용하여 질문을 하고 답을 한다.

시각 자료 활용하여 말하기

※ 다음 달력을 보고 물음에 답하십시오.

	월요일	화요일	수요일	목요일	금요일	토요일	일요일
3월		1 3 · 1절	2 동생 입학식	3	4 도서관 방문	5 친구와 등산	6
	7	8	9	10 수강신청마감	11 도서관 방문	12	13
	14	15	16	17	18 도서관 방문	19	20 춘분
	21	22 친구집 방문	23	24	25 도서관 방문	26	27 영희 생일
	28	29	30	31			

1. 영희 생일은 며칠입니까? / 3월 27일입니다.
2. 매주 금요일은 어디에 갑니까? / 매주 금요일은 도서관에 갑니다.

※ 다음 사람은 어떤 점이 다릅니까? '-지만'을 사용해서 사람들의 특징을 말해 보십시오.

이름	외모	특기
미미	키가 크다, 뚱뚱하다	노래를 잘 한다.
소라	키가 작다, 날씬하다	춤을 잘 춘다.
다나까	키가 작다, 날씬하다	노래를 못 한다.

1. 미미는 뚱뚱하지만 소라는 날씬하다.
2. 소라는 춤을 잘 추지만 다나까는 노래를 못 한다.

※ 지금 몇 시입니까?

→ 한 시 삼십 분입니다. 한 시 반입니다.

2.2.3. 지문을 읽고 질문에 대답하기

주어진 조건에 해당하는 내용을 읽고 적절한 말로 대답을 한다. 때로는 대화 참여자에 따라 적절한 어법을 사용하여야 한다.

질문에 대답하기

※ 다음 지문을 읽고 대답하세요.

앤디 씨는 지난달부터 학교에 다녀요. 학교에서 한국어를 공부해요. 수업은 아홉 시에 시작해요.

첫날 앤디 씨는 버스로 학교에 갔어요. 왜냐하면 버스 정류장이 집에서 가까워요. 그런데 교통이 아주 복잡했어요. 집에서 학교까지 한 시간 20분 걸렸어요. 그래서 학교에 지각했어요.

다음날 앤디 씨는 지하철을 탔어요. 지하철 역은 집에서 조금 멀었어요. 지하철 역까지 많이 걸었어요. 그런데 지하철이 아주 빨랐어요. 50분쯤 걸렸어요. 그래서 학교에 일찍 도착했어요.

앤디 씨는 요즘 지하철로 학교에 가요. 이제 학교에 안 늦어요.

– 자료 : 「서강대 한국어 1A」, pp. 128～129.

1. 앤디 씨는 학교에서 무엇을 공부해요? / 한국어를 공부해요.
2. 앤디 씨는 학교에서 무엇을 공부합니까? / 한국어를 공부합니다.

2.3 기능적 의사소통 활동

이 활동들은 의사소통 행위 전 활동의 지식과 기술을 통합하여 총체적인 연습을 할 수 있도록 준비된 것이다. 이들 과제에서는 학습자가 정보 간격을 극복하거나 문제를 해결한다. 따라서 오직 정보에 대한 의사소통만을 포함한다.

리틀우드는 다음과 같은 활동들을 구체적으로 제안하고 있다.

① **제약이 있는 협동을 통하여 정보를 공유하기** : 그림철로부터 그림을 한 장 찾아내기, 동일한 그림을 찾아내기, 연결체나 장소들을 찾아내기, 빠져 있는 정보를 찾아내기, 빠져 있는 특징을 찾아내기, 비밀 찾아내기

② **제약이 전혀 없는 협동으로써 정보를 공유하기** : 의사소통을 하는 유형과 그림, 의사소통을 하는 모형, 차이점 찾아내기, 방향 일러주기에 따르기

③ **정보 공유하기와 정보 처리하기** : 이야기 연결을 재구성하기, 문제를 풀기 위해 정보를 모으기

④ **정보 처리하기** : 중요도에 따라 항목 배치하기, 여행 일정 고정하기, 선물을 위해 금액 사용 결정하기, 무작위 그림 단서들로부터 이야기 만들어 내기

2.3.1. 정보차 활동(정보 간격 활동)

정보차란 한 사람이 가지고 있는 정보를 다른 사람이 갖지 못할 때에 생긴다. 정보차 활동은 정보차를 극복하고 서로 정보를 공유하는 활동이다. 실제 의사소통 과정도 대화 참여자 사이의 정보 결함에 바탕을 둔 과제 중심적 성격을 띠고 있으므로 이러한 정보차 활동은 실생활의 의사소통과 유사한 활동이 된다.

정보차 활동

※ 길 안내하기

한 학생이 학급파티에 가는 방향정보를 갖고 있고 다른 학생은 지도를 갖고 있다. 첫 번째 학생은 두 번째 학생에게 영어로 방향을 알려 주어야 한다. 두 번째 학생은 지도에서 길을 찾아가면서 자신이 지침을 잘 이해해서 지도를 정확하게 찾고 있는지 확인하기 위해 확인질문을 한다. 이 활동을 할 때 길 안내에 사용되는 어휘와 전형적인 표현 등은 사전 지도하는 것이 유용할 것이다.

– 자료 : Kathlen M. Bailey & David Nunan, 2007, p. 47.

※ 방 안 가구 배치 설명하기

다음 그림의 물건들이 어디에 있는지 친구에게 물어보세요.

• 물어봐야 할 물건 : 신발, 휴지통, 가방, 컴퓨터

2.3.2. 직소(jigsaw) 활동

두 명 이상의 학생들이 각각 다른 사람에게 없는 정보를 갖고 있을 때, '양방향 정보격차' 또는 '직소 활동'이라고 한다. 이러한 과제를 수행하기 위해서는 다른 학생들이 가진 다양한 정보들을 한데 모아야 한다.

예를 들면, 한 학생이 버스와 전차노선 및 운행시간이 적힌 샌프란시스코 지도를 갖고 있고, 다른 학생은 여러 가지 관광 명소의 이용 시간과 요금이 들어있는 책자를 갖고 있을 수 있다. 학생들은 이틀 동안에 여섯 군데를 볼 수 있도록 하는 여행 일정을 짜기 위해 자신들의 정보를 다 모아야 한다(Kathlen M. Bailey & David Nunan, 2007 : 49).

직소 활동

갑의 저장 목록	을의 저장 목록
사과 15kg	사과( )
바나나( )	바나나 5kg
배 10kg	배( )
치즈( )	치즈 3kg

갑 : 바나나가 얼마나 있습니까?
을 : 5kg 있습니다(갑은 자신의 목록에 5kg을 받아 적음). 사과는 얼마나 있습니까?
갑 : 15kg 있습니다(을은 자신의 목록에 15kg을 받아 적음). 치즈는 얼마나 있습니까?
을 : 3kg 있습니다(갑은 자신의 목록에 3kg을 받아 적음). 배는 얼마나 있습니까…….

– 자료 : William Littlewood, 2007, p. 109.

2.3.3. 문제해결 활동

학습자에게 일정한 문제를 지닌 상황을 제공하여 학습자로 하여금 주어진 문제를 해결하도록 하는 것을 말한다. 해당 자료는 일기 형식의 자료로, 녹음기로, 비디오로 제시할 수 있다. 이 활동에서 학습자는 먼저 문제 상황을 파악하고 이를 해결하기 위해 짝 활동 또는 소그룹으로 토의를 한다. 이러한 과정에서 학습자가 자신의 의견을 말하고 다른 사람의 의견을 듣기도 한다. 그리고 다양한 의견을 수렴하여 최상의 해결책을 강구하게 된다.

문제해결 활동

▶ 이런 경우, 어떻게 할까요?

〈아내 생각〉 항상 다정한 주한 씨. 결혼 4년째인데도 변함없는 사랑에 항상 고마워하고 있어요. 하지만 5월이 다가오면 속상해요. 주한 씨는 올해도 대학 때 동아리 후배들의 1박2일 MT에 따라가겠다고 하는군요. 친구나 후배들 일이라면 자다가도 벌떡 일어나는 남편. 하지만 졸업한 후 8년 동안 계속 1박2일 MT까지 따라가는 건 너무하지 않나요? 더구나 결혼기념일도 그 때인데…….〈중략〉

– 자료 : 연세대 B4급 자료집

2.3.4. 묘사하여 말하기

한 사람이 말하는 대로 짝이나 반 학생이 모두 그림을 그린다.

짝이 말하는 대로 그림 완성하기

1. 형식 : 짝 활동
2. 준비물 : 사진(풍경, 인물 등), 빈 종이, 색연필
3. 방법
   ① 교사가 학생들을 2명씩 짝을 지어주고 A에게는 사진 1장을, B에게는 빈 종이를 준다.
   ② A가 가지고 있는 사진을 자세하게 B에게 설명하면, B는 그 설명에 따라 그림을 그린다.
   ③ 시작은 "직사각형을 그리세요. 가로 12㎝, 세로 9㎝입니다…." 이런 식으로 시작한다.
   ④ 이해가 안 되는 부분이 있으면 B는 A에게 물어보면서 그림을 완성한다.
   ⑤ 그림을 완성한 후 비교하여 모두에게 그림을 소개한다.

– 자료 : 허용 외, 「즐거운 한국어 수업을 위한 교실 활동 100」, p. 218.

2.4 사회적 상호작용 활동

이 활동들은 기능적 의사소통 활동과 함께 실제 의사소통 활동에 해당한다. 다만, 기능적 의사소통과는 달리 분명히 정의된 사회적 맥락이 추가되어야 한다.

리틀우드는 다음과 같은 활동들을 구체적으로 제안하고 있다.

사회적 상호작용 활동

1. 사회적 맥락으로서의 교실
   ① 교실 관리를 위해 외국어를 사용하기
   ② 교육 매체로서의 외국어를 사용하기
   ③ 대화 시간이나 토론 시간
   ④ 학교 경험 속에서 대화와 역할 놀이의 바탕 마련하기

2. 모의하기 및 역할 맡기
   ① 단서가 주어진 대화를 통해 제한된 역할 맡기
   ② 단서와 정보를 통해 제한된 역할 맡기
   ③ 상황과 목표를 통해 제한된 역할 맡기
   ④ 논쟁이나 토론 형식에서 역할 맡기
   ⑤ 대규모 모의하기 활동
   ⑥ 즉석에서 하기

2.4.1. 역할극

역할극은 학생들이 다른 사람의 역을 맡아 이 사람들의 특징을 이용하여 상호작용을 하는 말하기 활동이다. 또한 학생들이 그대로 새로운 상황을 연기할 수도 있다. 역할극은 종종 상품구입을 위해 협상하기, 문제 해결하기, 예약하기, 정보 얻기 등 특정한 의사소통 과업을 포함한다. 역할극은 학생들이 중요한 담화, 어휘, 문법적 구조를 익히고 연습하도록 도와주는 뛰어난 절차이다(Kathlen M. Bailey, David Nunan, 2007 : 52).

역할극을 설정할 때는 학습자들이 의사소통 환경에서 친숙하고 현실적으로 수용할 수 있는 것이어야 한다. 결혼 이민자 여성들은 주로 농촌이나 중소도시에 거주하는 경우가 많다. 이 경우, 직장 내에서 전화를 받는 상황보다는 같은 지역에 사는 주부의 전화를 받는 상황으로 설정하는 것이 낫다. 또 지하철이 없는 나라에서는 지하철보다 다른 교통수단을 이용하여 역할극을 설정해야 한다.

역할극 하기

▶ 약속 취소하기

1. 교사가 학생들을 2명씩 짝을 지어주고, 각각 두 개의 다른 역할 카드를 준다.
2. 학생들은 카드의 내용을 바탕으로 자신의 역할을 준비한다.
3. 팀별로 앞에 나와서 연기를 한다.

A : 당신은 이번 주말에 B와 함께 주말에 영화 보기로 한 약속을 다시 한 번 확인해 보세요.

B : 당신은 이번 주말에 A와 함께 주말에 영화 보기로 한 약속을 정중하게 취소해 보세요.

▶ 미완성의 대화문으로 역할극 하기

학생들에게 대화의 첫 부분을 제시하고 나머지 부분을 대화문으로 만들고 대본에 따라 연기를 하게 한다.

장소 : 옷가게
등장인물 : 옷가게 주인, 손님1, 손님2
상황 : 친구 사이인 손님1과 손님2가 옷가게에서 옷을 사려고 한다.

주인 : 어서 오세요. 무엇을 도와드릴까요?
손님1 : 바지를 사려고 하는데요.
주인 : 긴 바지를 사려고 하십니까? 짧은 바지를 사려고 하십니까?

2.4.2. 게임

게임은 교실을 즐겁게 하고 흥미를 유발시키며, 사회적인 상호작용을 촉진시킨다. 따라서 학습 장애가 줄어들고 통제적, 기계적인 연습에서 오는 지루함을 없애준다. 심리적으로 학습자에게 안정감을 주고, 배운 구문이나 어휘를 이용하므로 강화 작용이 일어나고 경쟁심을 일으켜 학습에 대한 흥미를 갖게 하며, 신체적 정신적 긴장감을 풀어준다.

(1) 스무 고개 게임

한 명 또는 한 그룹이 하나의 대상을 미리 생각해 둔다. 그리고 최초의 단서가 될 만한 이야기를 제시해 준다. 그러면 답을 맞춰야 하는 사람은 20번까지 계속 질문할 수 있다. 이 때 질문에 답하는 사람은 "예"나 "아니오"로 대답한다. 상황에 따라 약간의 부가적인 설명을 하기도 한다.

스무 고개 게임하기

※ 다음을 알아 맞춰 보세요.

대상 : 꽃

이것을 보면 기분이 좋아져요.

A : 사람입니까?
B : 아니오.
A : 그럼 움직이는 것입니까?
B : 아니오, 혼자서는 움직일 수 없어요.
A : 살아있는 것입니까?
B : 예, 살아있습니다.
A : 먹을 수 있습니까?
B : 글쎄요, 먹을 수도 있지만 잘 먹지 않아요.
A : 실내에 있습니까?
B : 네, 그렇지만 바깥에 더 많아요.

A : 소리를 낼 수 있습니까?
B : 아니오, 혼자서는 소리를 낼 수 없습니다.
A : 여름에 많이 볼 수 있어요?
B : 아니오, 봄에 더 많이 볼 수 있어요.
A : 향기가 있습니까?
B : 네, 대부분 향기가 있습니다. ……

(2) 스피드 퀴즈

제시된 내용을 빠른 시간 안에 말하게 하는 게임이다. 짝 활동이나 그룹 활동 모두가 가능하다.

▶ 단어 설명하기 게임순서

1. 먼저 전체 학생을 몇 개의 조로 나눈다.
2. 각 조는 단어를 설명할 대표자를 선발한다.
3. 각 조는 10개 내외로 된 단어 카드를 임의로 뽑는다.
4. 진행자는 대표자에게만 단어 카드를 보여준다.
5. 나머지 조원들은 대표자의 설명에 따라 단어를 맞춘다.
6. 준비된 단어 카드를 모두 맞출 때까지 설명과 단어 맞추기가 반복된다.

2.4.3. 토론하기

학습자가 서로의 신념이나 감정에 대한 의견을 교환하는 것으로, 주로 중 · 고급에서 많이 이용된다. 논쟁거리가 될 만한 것이거나 찬반양론이 분명하게 나뉠 수 있는 주제가 좋다. 또한 토론 과제가 너무 어렵거나 관심을 끌기 어려운 것은 학습자의 흥미를 떨어뜨릴 수 있다. 사형 제도의 존폐, 금주, 금연, 기여 입학제, 뇌사, 안락사, 동성연애, 문화 상대주의 등이 많이 다루어진다. 토론에서는 무엇을 주장하느냐보다 어떤 근거를 바탕으로 설득력 있게 제시하느냐가 중요하다. 따라서 토론에 임하기 전, 보다 타당하고 신뢰도가 높은 자료를 준비할 수 있도록 하는 것도 중요하다.

토론하기

▶ 토론 과제 수행 안내

1. 전체 학생은 '한미 FTA'에 대해 찬성과 반대의 입장을 가진 두 개의 팀이 된다.
   a. 6주차 금요일 오후 1시, 읽기 도움 수업이 끝난 후 팀 결정
   b. 인원이 불균형을 이루는 경우 임의로 찬반으로 나누어 팀을 구성
   c. 정규 수업의 섹션에 상관없이 자신의 의견을 중심으로 팀에 소속
2. 연구주제에 대해 10분 길이의 발표를 준비한다.
   a. 준비와 발표에서 필요한 업무는 공평하게 나누어서 협력적으로 수행할 것
   b. ppt 또는 발표요지문을 이용할 것

〈이하 생략〉

– 자료 : 18차 국제한국어교육학회 발표, p. 758.

▶ 토론회 진행 방식

1. (5분) – 도입단계
   교사가 토론 주제의 실제 사례를 기록한 자료를 전 날 숙제로 나눠주고 읽어오게 한다. 교사는 실제 사례에 대한 내용 질문을 간단히 하고 좌담회 진행 방식을 소개한다.
2. (10분)
   2~3명의 소그룹으로 나눠 실제 사례에 대해 그룹별 토론을 한다.
   이때 학생 개개인은 자기 입장을 정립한다.
3. (10분)
   찬 · 반으로 그룹을 재구성해서 그룹별로 의견을 제시하여 양 그룹의 입장을 정립한다.
   이때 사회자를 뽑는다.
4. (15~20분)
   찬 · 반 그룹을 통합하여 반 전체 토론을 하도록 한다.
   (앞에서 그룹별로 제시한 의견을 전체 앞에서 밝히는 과정임)
5. (5분)
   사회자가 양 팀의 의견을 종합해서 정리, 마무리하도록 한다.
6. (5분)
   교사가 평가지에 기록한 내용을 바탕으로 간단한 평가를 해 준다.

– 자료 : 곽지영 외 7인, 2007, p. 239.

2.4.4. 발표하기

자신이 선택하거나 주어진 주제에 대해 준비한 이야기를 발표하는 방법이다. 발표할 때는 전체 글에 쓰인 것을 그대로 읽는 것보다는 요약하여 말할 수 있도록 한다. 학습자의 수준에 따라 발표하기의 내용이나 수준도 다르게 한다. 초급에서라면 간단한 자기소개, 가족 소개, 주말 이야기에서부터 고급의 경우, 인물에 대한 조사 발표, 신문 기사 발표, 주제 연구 발표 등에 이르기까지 학습자의 수준에 맞도록 적당하게 선정한다.

제4장 말하기 교육의 원리

외국인 한국어 학습자를 대상으로 한 말하기 교육은 한국어 입말에 대한 특성에 대하여 이해하도록 하는 데에서부터 시작하는 것이 일반적이다. 어떤 언어든 입말과 글말은 상당히 다른 특성들을 많이 가지고 있다. 음성언어를 사용하여 말을 하는 것과 문자언어를 사용하여 글을 쓰는 것은, 화자가 자신의 생각이나 정보, 감정 등을 전달하고자 표현하려는 시도라는 점에서는 공통되지만, 그것이 실행되는 구체적인 방법이나 과정 등에서 큰 차이를 보인다. 그러므로 학습자들이 외국어 학습에서 필요한 말하기 능력을 가지도록 효과적으로 교육하는 일은, 입말의 특성을 정확하게 이해하고, 이러한 특성들을 충분히 고려하거나 활용하여 말하기에 임할 수 있도록 가르치는 것이 반드시 필요하다.

이 장에서는 말하기 교육의 원리로서 우선 입말의 특성에 대해 글말과 비교하여 자세하게 살핀다. 그리고 이러한 특성을 고려하여 말하기 교육의 세부 목표들에 대해 정리한다. 입말을 통한 표현 기능인 말하기 교육에서 중요하게 간주되는 특성과 기술들은 대부분 상호작용과 관련되어 있다. 그렇기 때문에 말하기 교육의 원리로서 고려되는 내용들은 상호작용을 높이기 위한 세부 기술과 방법, 전략들로 구성되어 있다.

1 말하기와 입말(구어)의 특성에 대한 이해

1.1 말하기와 쓰기의 차이

말하기와 쓰기는 표현을 산출해 낸다는 점에서는 공통점을 가지지만, 다음과 같은 근본적인 차이점이 있다.[1)]

말하기와 쓰기의 차이점으로 우선적으로 들 수 있는 것은, 의사소통 과정에서 의미(정보)에 대한 시간적 처리 조건이 다르다는 점이다. 말하기는 의사소통 과정에서 판단됨과 동시에 발화되거나 이해됨과 동시에 발화되는 시간적 동시성을 가지는 특징이 있다. 이와 같은 말하기의 시간적 동시성은, 표현하고자 하는 내용을 조직하거나 사용되는 언어를 통괄하는 능력에 영향을 미친다. 그렇기 때문에 표현하고자 하는 내용을 구성하고 선택하는 데에 더 많은 시간을 사용할 수 있는 쓰기와 달리 말하기에서의 발화들은 대개 쓰기에서처럼 길거나 복잡하지가 않다는 특징이 있다. 그리고 이와 같은 시간적 처리 제약으로 인해 말하기에서는 흔히 통사적인 오류를 저지르게 되는 것이다.

말하기와 쓰기의 차이점으로 들 수 있는 또 다른 특성은, 말하기에서의 상호작용성이 쓰기에 비해 훨씬 크다는 점이다. 말하기 상황에서는 대개 청자가 화자 앞에 있으며, 청자는 화자의 발화에 대해 어떤 식으로든 반응을 하게 된다. 즉 동의를 하든 반대를 하든, 혹은 긍정을 하든 부정을 하든 반응을 보이게 되는 것이다. 그리고 이러한 청자의 반응에 의해 화자는 말하는 내용이나 방식 등을 그때그때 바꾸거나 지속할지의 여부를 판단해 나가는 것이다. 쓰기에서 글을 쓰는 사람이 읽을 사람을 염두에 두고 내용과 방식을 고려하긴 하지만, 일단 쓰기 시작하면 중간에 읽는 사람의 반응에 의해 크게 영향을 받지 않음에 비해, 말하기에서는 청자의 반응에 의해 화자가 말하려는 내용이나 방식을 선택하는 데에 영향을 받게 되는 것이다. 말하기의 상호작용성은 말하기 상황에서 화자가 곧바로 청자가 되고 청자가 다시 화자가 될 수 있다는 점에서도 언급될 수가 있다.

이처럼 말하기의 상호작용성은 화자에게 지속적으로 청자의 반응에 대해 예민하게 관찰하면서 화자의 언어 사용을 적합하게 만드는 능력을 보여주도록 요구하는 하나의 조건이다.

이 두 가지 차이점 외에도 말하기의 특징으로 설명할 수 있는 요소들은 매우 다양하다. 다음에서는 입말의 특성에 대해 자세히 살펴봄으로써 입말을 사용하는 말하기가 어떤 특징을 가지고 있는지 설명하고자 한다.

---

1) Bygate(2003), 25~29쪽 참조.

1.2 입말의 특성

말하기 기능에 대한 효과적인 교육을 위해서는 먼저 말하기에서 사용되는 언어인 '입말(구어)'의 특성을 명확하게 이해하는 것이 필요하다. 입말과 구별되는 글말의 특성에 대해서는 노대규(1996)와 Dunkel(1991), Richards(1983), Ur(1984) 등의 설명을 중심으로 살펴본다.

입말의 다양한 특성을 글말과 대비시켜 살핀 노대규(1996)에서는 구어(입말)와 문어(글말)의 차이점을 다음과 같은 기준을 들어 설명하고 있다.

▶ **구어와 문어의 특성 차이**

	구어	문어
①	다양성	단순성
②	즉각성	계획성
③	친교성	제보성
④	표현성	서술성
⑤	포함성	분리성
⑥	구체성	추상성
⑦	순간성	영구성
⑧	동태성	정태성
⑨	모호성	명시성
⑩	비논리성	논리성
⑪	비격식성	격식성
⑫	상황 의존성	문맥 의존성

자료 : 노대규(1996)

노대규(1996)의 설명을 기초로 하여 입말과 글말의 12가지 특성의 차이를 자세히 알아본다.[2)]

2) 노대규(1996), 21∼35쪽 참조.

(1) 다양성과 단순성

의미 전달의 수단이라는 측면에서 볼 때, 입말에서는 정보 전달의 수단이 상당히 다양하다. 즉 의미를 담은 언어음을 사용하는 것은 기본이고 주저음, 모방음, 감탄음, 호칭음 등과 같은 준언어음, 음성의 높낮이와 문말연접으로 이루어지는 어조나 억양, 소리의 세기, 길이 등이 의미 전달에 사용되기도 한다. 비언어적 의사 표현 행위 즉, 화자의 시선, 표정, 손동작, 몸짓, 대화자 사이의 거리나 간격 등의 동작 언어도 의미 전달의 보조적[3] 수단으로 이용된다.

이와 달리 글말에서는 의미 전달의 수단이 단순하여, 문자와 문장 부호만이 의미 전달의 수단으로 사용된다.

(2) 즉각성과 계획성

대화가 이루어지는 상황에서 볼 때, 입말은 계획적이라기보다는 즉각적인 성격이 강하다. 강의나 강연, 연설, 발표와 같은 유형의 입말의 경우에는 사전에 조직적으로 계획될 수 있기는 하다. 그러나 일상적인 대화의 경우에는 대화 흐름에 부응하는 주제와 상황에 따라 즉각적이고 즉흥적으로 수행되는 것이 보통이다. 일상적인 대화 중에 계획을 해서 말을 한다면 상대방에게는 주저하는 것으로 비춰질 수 있기 때문이다. 입말은 즉각적이어서 비문법적 표현이나 반복적 표현, 비논리적 표현이 많이 나타난다.

이와 달리, 글말은 입말에 비해 계획적이다. 글을 쓰기 전에 글을 쓰는 목적과 글을 읽을 독자 등을 염두에 두고 주제를 정하고, 구성과 전개 등에 대해 생각을 하여 집필을 한다. 즉 시간적 여유를 두고 글말을 사용하게 되기 때문에 글말은 계획성이 있다고 할 수 있는 것이다.

(3) 친교성과 제보성

언어의 기능에는 친교적 기능과 제보적 기능이 있다. 친교적 기능이란 사회적 관계를 맺고 유지시켜 주는 기능을 가리키고, 제보적 기능은 정보를 전달하는 기능을

3) 주된 수단이 아니라는 뜻에서 '보조적' 수단이라 할 뿐, 의미 전달력을 볼 때 언어적 표현보다 더 강한 전달력을 가지는 경우가 많다.

가리킨다. 입말이든 글말이든 이 두 가지 기능이 다 있으나, 일반적으로 입말에는 친교적 기능이 제보적 기능보다 우세하고 글말에는 제보적 기능이 친교적 기능보다 우세한 것으로 간주된다.

이와 같은 입말의 친교성과 글말의 제보성에 대해서는 약간의 보충 설명이 필요하다. 입말의 친교성이 우세한 것은 입말이 사용되는 상황이나 장면과 관련이 된다고 보아야 한다. 즉 입말은 일상적인 장면에서 주로 사용되므로 자연스럽게 친교성이 두드러지게 되는 것이다. 일상적인 장면이 아니고 공식적인 상황이라든가 객관적인 진술을 하게 되는 장면에서 사용되는 입말에서는 친교성보다 제보성이 더 두드러질 수 있다.

(4) 표현성과 서술성

언어의 기능 중에는 표현적 기능과 서술적 기능이 있다. 표현적 기능이란 화자가 자신의 감정이나 느낌 등의 내적 정서를 나타내기 위해 언어를 사용할 때 수행되는 기능을 가리킨다. 서술적 기능은 화자가 생각이나 사실을 설명, 묘사하거나 기술하기 위해 언어를 사용할 때 나타나는 기능을 가리킨다. 입말과 글말은 이 두 가지 기능을 다 가지고 있으나 일반적으로 입말에서는 표현적 기능이 서술적 기능보다 더 중시되고, 글말은 서술적 기능이 표현적 기능보다 더 중시 되는 것으로 간주된다.

입말에서 표현적 기능이 더 두드러지는 것은, 입말이 사용되는 상황이나 장면이 일상적이거나 개인적, 정서적인 경우가 많기 때문이며, 표현적 기능을 수행하는 데에 기여할 수 있는 수단들, 예컨대 음성의 크기나 강세, 억양, 동작 언어 등을 사용할 수 있기 때문이다. 이에 비해 글말에서는 위와 같은 수단들의 사용이 불가능하므로 표현적 기능을 효과적으로 드러내기가 더 어렵다.[4]

(5) 포함성과 분리성

입말의 사용에서는 어떤 발화 상황이나 대화 상황에 특정 대화 상대방이 시간적으로나 공간적으로 반드시 포함되어 있으며 대화가 직접적으로 이루어진다. 이러

4) 어려울 뿐 불가능한 것은 아니다. 서정적인 표현 장르의 글이나 편지 등의 글에서는 표현적인 기능이 주로 수행되고 있는 것을 예로 들 수 있다. 다만 입말보다 글말에서 표현적 기능을 드러내기가 어려운 것이다.

한 입말과는 달리 글말은 글쓴이와 독자와의 관계에서 보면 시간적 공간적으로 분리성을 가지고 있으며 그 관계도 간접적이라 하겠다.

즉 발신자와 수신자의 관계에서 볼 때, 입말은 포함성을 띠고 있으면서 둘의 관계가 직접적인 데에 비해, 글말은 분리성을 지니고 있으면서 둘의 관계가 간접적이라 할 수 있다.

이처럼 입말의 사용에서 특정 대화 상대방이 반드시 포함되어 있는 특성은 입말의 상호작용적 특성이 매우 강하다는 것을 나타낸다. 그렇기 때문에 입말 사용 시 대화 상대방과의 상호작용이 의사소통의 성패에 큰 영향을 주게 되는 것이다. 이에 비해 글말의 사용에서는 상대방 즉 독자가 시간적 공간적으로 포함되어 있지 않으므로 입말보다 상호작용적 특성이 약하다고 할 수 있다.

(6) 구체성과 추상성

입말은 일반적으로 정보의 내용이 구체적으로 풀어져 있는 경우가 많고 반복적인 표현도 많아 이해하기가 쉽다. 외국어 교수학습의 측면에서도 구체적이고 반복적인 표현이 많이 사용된다는 것은 청자의 이해를 돕는다는 점에서 유리한 면이기는 하지만 동일한 반복이 아니라 유사 반복이거나 요약 반복과 같은 경우에는 이를 나타내는 표현들에 대한 이해가 선행되어야 한다는 면이 고려되어야 한다. 이에 비해 글말은 정보 내용이 전문적이고 추상적이며 복잡한 특성을 가지고 있는 경우가 많다.

즉 입말은 구체성을 띠는 경향이 있고 글말은 추상성을 나타내는 경향이 있는 것이다.

(7) 순간성과 영구성

앞의 '말하기와 쓰기의 처리 조건'에서도 설명하였듯이, 입말은 일단 한번 사용되면 바로 사라지는 물리적 현상으로, 순간적인 특성을 가지고 있다. 이와 달리 글말은 시간과 공간의 제약을 받지 않는 영구적인 특성을 가지고 있다고 하겠다.

입말의 순간성과 글말의 영구성은 각각 장단점을 가지고 있다. 한번 사용되면 바로 사라지는 순간성을 가지는 입말은 그만큼 화자가 사용에 대한 부담을 덜 느끼게 되는 장점이 있으나 발화의 효력과 힘이라는 측면에서는 떨어지는 단점이 있다. 이에 비해 글말은 한번 사용되면 오랫동안 지속되기 때문에 글을 쓰는 사람이 가지게 되는 부담이 크다는 단점이 있으나, 문서로 작성된 표현의 효력과 힘이라는 측면에서는 장점을 가진다.

(8) 동태성과 정태성

언어의 변화 속도라는 관점에서 보면, 입말은 역동적이며 진보적인 특성을 가지고 있다. 입말은 규범에 얽매이지 않고 사회 변화나 시대적 변화에 따라 빨리 변화하는 특성이 있다. 또 사용자의 사회적 배경에 따라 개인적 차이도 크다. 이와 같은 입말의 동태성은 교육적 관점에서는 가르쳐야 할 내용이 변화를 반영하도록 바로바로 보완되고 수정되어야 한다는 부담을 가중시킨다. 그러나 한편으론 규범과 틀에 얽매이지 않는 다양한 변이형에 대한 교육을 통해 학습자들의 관심과 호기심을 증대할 수 있다는 점에서 긍정적인 면도 있다.

이와 달리 글말은 정태적이고 보수적인 특성을 가지고 있어 규범을 준수하는 경향이 강하여, 그 변화 속도가 느린 특성이 있다. 따라서 글말의 규범성을 확실하게 지켜야 한다는 점이 글말 학습에 대해 학습자들이 어려움을 느끼는 면이 되기도 한다.

(9) 모호성과 명시성

입말에서는 중의적이거나 모호한 표현, 잉여적인 표현이 비교적 많이 사용된다. 다음은 구현정(2003)에서, 대화에서 흔히 나타나는 모호성의 예로 들고 있는 대화문이다.[5)]

> A : 너 그 사람에게 딴 사람이 생겼다는 걸 알고 있었지?
> B : 꼭 그렇게 말할 수 있는 것은 아니야.
> A : 그럼, 몰랐다는 말이야?
> B : 그렇게 말하기는 어려울 것 같고......
> A : 그럼, 도대체 알았다는 거야, 몰랐다는 거야?
> B : 한 마디로 잘라 말할 수는 없는데, 그냥 그래.

5) 구현정(2003), 113쪽 참조.

위의 예에서 알 수 있듯이, 입말의 사용에서는 명확하지 않은 표현들이 흔히 사용되며, 이로 인해 간단명료하게 진행될 수 있는 대화가 잉여적인 표현들을 사용하면서 진행되고 있다.

반면 글말에서는 입말보다 상대적으로 명시적인 문장이 많이 사용되어야 하고 또 사용되는 경향이 있다. 입말에서처럼 모호하거나 잉여적인 표현이 많이 사용된 글은 결코 의미 전달이 잘 이루어지는 좋은 글이라고 할 수 없기 때문이다.

(10) 비논리성과 논리성

입말은 화자가 자기중심적으로 내용을 전개해 나가는 경우가 많아서 주제의 통일성과 논리적 연결성이 결여되어 있는 경우가 많으며, 즉흥적으로 전개되거나 논리적 순서가 지켜지지 않는 경우가 많다. 이와 달리 글말은 전체 내용을 구조화하거나 주제의 통일성, 논리적 연결성 등이 비교적 잘 지켜지는 것으로 간주된다.

그런데 이와 같은 입말의 비논리성과 글말의 논리성은 그 자체의 특성이라기보다는 앞에서 논의한 '즉각성'과 '계획성'의 특성 차이에서 기인하는 것이라고 보아야 한다. 즉, 즉각성을 가진 입말이 비논리적인 표현이 만들어질 가능성이 높은 것이고, 반면에 계획성의 특성을 가진 글말은 상대적으로 논리적인 표현이 만들어질 여건이 갖추어진 것이기 때문이다.

(11) 비격식성과 격식성

입말은 대화 상대방에 따라, 또 대화 상황과 목적에 따라 격식적으로 사용되고 비격식적으로도 사용된다. 그러나 대상이나 범위, 기회 등을 두루 고려해 보면 입말은 비격식적으로 사용되는 경우가 더 많다.

이와 달리 글말은 입말보다는 격식적으로 사용되는 상황이 더 많다.

(12) 상황 의존성과 문맥 의존성

발화 의미의 해석이라는 측면에서 볼 때, 입말은 일반적으로 상황 의존성이 강하고 글말은 문맥 의존성이 강한데, 글말의 문맥 의존성은 입말의 상황 의존성의 정도보다 약하다고 할 수 있다.

지금까지 노대규(1996)에서 제시한 12가지 특성에 대해 구체적인 예를 들어 입말이 가진 특성이 글말과 어떻게 다른지 자세히 살펴보았다. 이와 같은 입말의 특성은 곧 말하기의 특성과 연결되며, 말하기 능력을 가지도록 교육하는 데 있어 입말의 특성을 제대로 이해하는 것이 중요하다는 점을 뜻한다고 하겠다.

한편 Brown(2000)에서는 다음과 같은 입말의 특성 여덟 가지가 말하기를 어렵게 만들 수도 있고 반대로 말하기를 수월하게 만들 수도 있다고 설명하고 있다.

▶ **말하기를 어렵게(또는 수월하게) 만드는 입말(구어)의 특성[Brown(2000)][6]**

1. 무리 짓기	유창한 표현은 단어가 아니라 구 단위로 이루어진다. 학습자는 자신의 표현들을 인지적으로, 물리적으로(한 번에 호흡하는 단위로) 무리 짓기를 활용하여 조직할 수 있다.
2. 중복성	화자는 반복과 부연 설명을 통해 의미를 분명하게 할 수 있다. 학습자들은 구어의 이러한 특성을 이용할 수 있다.
3. 축약형	축약형이나 모음 탈락, 모음 약화와 같은 현상은 말하기를 지도하는 데 문제를 야기시킨다. 구어의 축약형을 배우지 않은 학습자들은 가끔 과장되고 딱딱한 어투를 갖게 되고 그 결과 우스꽝스럽게 비치게 된다.
4. 수행 변인	말을 하면서 화자가 누릴 수 있는 특권 중의 하나는, 말하는 동안 머리 속에서 생각하면서 주저하거나, 잠기 쉬거나, 했던 말을 되새기며, 수정을 할 수 있다는 점이다. 실제로 학습과정에서 쉬거나 주저하는 방법에 관해 배울 수도 있다. 예를 들어, 영어의 경우 '생각하는 시간'에도 화자는 가만히 있는 것이 아니라 uh, um, well, you know, I mean, like 등과 같은 표현으로 그 시간을 채운다. 원어민과 외국어 학습자의 가장 현저한 차이 가운데 하나가 말을 하다가 주저하는 모습이다.
5. 구어체	여러분의 학습자들에게 구어체의 어휘와 관용적 표현, 구를 지도해야 하며 나아가 이러한 표현들을 연습할 기회를 충분히 제공해야 한다.
6. 발화 속도	유창성의 특성 가운데 또 하나 현저하게 드러나는 것이 발화 속도이다. 여러분은 학습자들이 유창성을 구성하는 다른 요소들과 함께 적절한 속도를 기를 수 있도록 지도해야 한다.
7. 강세와 리듬, 억양	강세와 리듬, 억양은, 다음에 설명하듯이, 영어를 발음할 때 나타나는 가장 중요한 특징이다. 영어의 강세박 리듬(stressed-timed rhythm)과 억양 패턴은 메시지를 전달하는 데 중요한 역할을 한다.
8. 상호작용	상호작용 없이 혼자서 일정한 음파 발생을 익히는 것은 말하기에 있어 가장 풍성한 요소라 할 수 있는 창조적 의미 협상을 배제한 활동이다.

6) Brown(2000), 332~333쪽 내용 인용.

2 말하기의 교육의 미시적 기술 : 세부 목표

앞에서 글말과 구별되는 입말의 다양한 특성에 대하여 노대규(1996)의 설명을 중심으로 살펴보았다. 그리고 이와 같은 입말의 특성이 말하기를 어렵게 하는 원인이 되기도 하고, 일부는 말하기를 쉽게 해주기도 한다는 것도 확인하였다.

Brown(2000)에서는 앞에서 살펴 본 여러 가지 입말의 특성에 대한 이해를 바탕으로, 말하기의 미시적 기술을 다음과 같이 제시하고 있다.

▶ 말하기의 미시적 기술[7)]

1. 길이가 서로 다른 덩이구조를 발화하라.
2. 영어 음운과 변이음을 발음하라.
3. 영어의 강세 패턴, 강세 위치와 약세 위치의 어휘, 리듬 구조, 억양 패턴을 발음하라.
4. 어휘와 구의 축약형을 발화하라.
5. 화용적 목적을 달성하기 위해 적당한 수의 어휘를 사용하라.
6. 속도를 달리하여 유창하게 발화하라.
7. 자신의 표현을 모니터링하고, 메시지를 분명하게 하기 위해 다양한 책략인 잠깐 쉼, 군말(filler) 이용, 교정, 되새김을 사용하라.
8. 영어의 품사(명사, 동사 등)와 체제(예를 들어, 시제, 일치, 복수형 등), 어순, 패턴, 규칙, 생략형 등을 사용하라.
9. 자연스럽게 끊어서 발화하라 – 적절한 구, 휴지군(pause group), 호흡군(breath group), 문장으로.
10. 특정 의미를 다양한 문법구조를 이용하여 표현하라.
11. 구어 담화의 결합 장치를 사용하라.
12. 상황과 참여자, 목적에 따라 적절하게 의사소통 기능을 성취하라.
13. 면대면 대화에서 언어 사용역, 함축적 표현, 화용적 관습, 사회 언어학적 규칙을 적절히 활용하라.
14. 사건 간의 관련성을 전달하고, 주제, 부제, 새로운 정보, 기존 정보, 일반화, 예증 등을 이용하여 표현하라.
15. 표정과 동작, 신체 언어 등 비언어적인 단서를 언어와 함께 사용하여 의미를 전달하라.

16. 핵심어 강조하기, 바꿔 말하기, 의미추측의 맥락 제공하기, 도움 요청하기, 상대방의 이해 정도를 정확하게 평가하기 등의 다양한 말하기 책략을 개발하여 활용하라.

– 자료 : Brown(2000)

말하기의 미시적 기술들로 제시된 위의 항목들은 영어 말하기에 해당하는 항목들로, 이를 한국어 말하기에서 사용할 만한 미시적 기술로서 예를 들어 설명해 보고자 한다. 즉 아래에서 제시하는 한국어 말하기의 미시적 기술들은 결국 한국어 말하기 교육에서 세부적인 목표로 삼아야 할 것들이 되는 것이다.

(1) 다양한 길이의 한국어 발화 단위를 사용하도록 한다.

글말을 통한 쓰기에서는 의미 전달의 기본 단위가 주로 문장이라면, 입말을 사용한 말하기에서는 다양한 단위들의 발화로서 의미가 전달된다. 즉 문장과 함께, 이보다 작은 단위인 절, 구, 어절, 단어 하나를 가지고도 충분히 의미를 전달할 수 있다.

그러므로 말하기에서는, 특히 목표 언어의 사용에 익숙하지 않은 학습자들일수록 문장과 같은 복잡하고 긴 단위를 사용하는 데에만 초점을 두어 부담을 가질 것이 아니라, 간단하고 쉽게 만들 수 있는 짧은 발화의 단위를 사용하여 말하기의 부담을 더는 것도 한 가지 방법이라 하겠다. 한국어 말하기에서는 완전한 문장을 구성하여 말하지 않고 많은 부분들을 생략한 후 일부 성분만을 사용하여 표현하는 경우가 매우 흔하다. 아래의 예를 보자.

A : 너는 방학 동안 어디에 갈 계획이니?
B1 : 저는 방학 동안 중국에 갈 계획이에요.
B2 : 중국에 갈 계획이에요.
B3 : 중국에요.

7) Brown(2000), 334쪽 〈표 17－1〉 인용.

위의 예에서 B1은 완전한 문장을 구성하여 말한 것이고, B2와 B3는 일부 성분만을 가지고 말을 한 것인데, 입말에서는 아무런 문제가 없이 사용되는 표현이며, 실제 대화에서는 이와 같은 생략형이 더 많이 사용되기도 한다.

그러므로 입말에서 실제로 사용되는 다양한 발화 단위에 익숙해지는 것이 숙달된 말하기 능력을 가지기 위해 꼭 필요한 일이다.

(2) 한국어의 음소와 변이음을 정확하게 발음하도록 한다.

다른 기능과 달리 말하기를 통해서만 드러나는 학습자의 능력 중 하나가 발음의 정확성의 정도이다. 학습자가 구사하는 발음이 얼마나 정확한가 하는 점은 그 학습자의 목표언어에 대한 숙달도의 정도를 판단하는 매우 중요한 요소 중의 하나가 된다. 그러므로 한국어의 자음과 모음, 그리고 각 음소들의 변이음들을 정확하게 발음하도록 교육하는 것이 필요하다.

한국어 음소의 발음에서 외국인 학습자가 어려워하는 것은 학습자의 모국어에는 없는 소리인 경우가 많으므로 이들에 대한 정확한 발음 교육이 필요하다. 대표적인 것으로 자음에서는 'ㄷ, ㅌ, ㄸ' 'ㄱ, ㅋ, ㄲ' 'ㅂ, ㅍ, ㅃ'와 같은 '평음 – 격음 – 경음'의 구분을 어려워하며, 모음에서는 단모음으로는 'ㅡ, ㅓ', 이중모음에서는 'ㅢ, ㅕ' 등이 외국인 학습자들이 어려워하는 한국어 자음과 모음이라 할 수 있다.

또 음소 규칙의 적용으로 일어나는 음소의 변동이나 변이음에 대한 정확한 발음 교육도 매우 중요하다. 학습자의 모국어에는 없는 한국어 음소 규칙이나, 학습자 모국어에 있는 음소 규칙이지만 그 내용과 적용 범위가 다르면 전혀 다른 발음이 되므로 이들 규칙을 적용하여 정확하게 한국어 발음을 하는 것은 쉬운 일이 아니다.

특히 외국인 학습자에 대한 한국어교육에서는 말하기와 거의 동시에 쓰기 교육이 병행되고 정서법(맞춤법) 교육이 이루어지기 때문에, 표기대로 발음하려는 경향이 있고, 이로 인해 부정확한 발음을 하는 일이 흔하다는 점도 한국어 말하기 교육에서 염두에 두어야 할 것이다.

(3) 한국어의 운소(길이, 억양)를 구분하여 사용하게 한다.

여러 가지 운율적(초분절적) 요소 가운에 한국어에서 운소로서 기능하는 것은 길이(장단)와 억양이다. 길이에는 '말 – 말:', '밤 – 밤:', '눈 – 눈:'과 같은 어휘적 길이와 '멀리 – 멀:리', '너무 – 너:무'와 같은 표현적 길이가 있는데,[8] 어휘적 길이는 한국어 모어 화자들에게서도 점점 그 구별을 잃어가는 만큼 외국인 한국어 학습자에게 지나치게 강조할 필요는 없다.

억양은 학교 문법에서는 운소로 간주하지는 않고 있지만, 실제로는 의미를 구분해 주는 기능을 하는 경우가 매우 많다. 예컨대, '밖에 누가 왔니?'는 '누가'를 미지칭으로 쓸 때와 부정칭으로 쓸 때의 문장의 억양이 다르기 때문에, 그 억양을 정확하게 구분하여 사용하지 않으면 의미의 혼란을 겪을 가능성이 있다. 또 '잘 한다'와 같은 표현도 그 내용이 긍정적일 때와 부정적일 때에 사용되는 억양 패턴이 다르다.

> A1 : 밖에 누가 왔니? – 네, 왔어요./ 아니요, 안 왔어요.
> A2 : 밖에 누가 왔니? – 동생이 왔어요./ 누군지 잘 모르겠어요.
> B1 : 참 잘 한다, 잘 해. 집안 꼴이 잘 돼 간다.
> B2 : 니 동생 축구 참 잘 한다. 프로 선수 같아.

억양은 한국어다운 한국어 발화로 받아들여지기 위해 필요한 요소가 된다. 특히 주의해야 할 예를 한 가지 더 들면, 의문문의 문말 억양을 무조건 높여서는 안 된다는 점을 들 수 있다. 의문문이라고 해서 문말 억양이 모두 높은 것은 아니다. 의문사가 있는 의문문에서는 문말 억양이 높아지지 않는 경우가 많고, 같은 의문문이라고 해도 문말 억양을 올리느냐 올리지 않느냐에 따라 화자의 태도를 다르게 표현하는 기능이 있기 때문이다.

(4) 한국어 말하기에서 사용되는 다양한 축약형을 사용하도록 한다.

글말과는 달리 입말을 사용하는 말하기에서는 축약형이 매우 빈번하게 사용되며, 어떤 경우에는 축약형만이 사용되는 경우도 있다. 따라서 흔히 사용되는 축약형을 사용할 수 있어야 한다. 예컨대, '무엇을'은 입말에서는 '뭘' 또는 '뭐'로 축약된 형태가 사용되며, '것이'는 '게'의 형태로 주로 사용된다. 이와 같은 축약형을 사용하지 않고 본디형을 사용하면 어색한 말하기가 되는 일이 흔하다. 예컨대, 상점에 가

8) 허용 · 김선정(2006)에서는 이를 '어휘적 장음'과 '표현적 장음'으로 구분하였다. 124~125쪽 참조.

서 상점 점원에게 "이것이 무엇입니까?"라고 말한다면 매우 어색한 표현이 될 것이다. 대부분의 한국인들은 "이게 뭐예요?", "이게 뭔가요?"와 같은 축약형을 사용한 표현을 쓰기 때문이다.

이처럼 다양한 축약형의 사용은 실제적 한국어 표현이라는 점에서, 학습자의 수준별 단계별로 적절한 축약형을 사용할 수 있도록 교육해야 할 것이다.

축약형에 대한 교육에서 한 가지 주의해야 할 점은, 입말에서 축약형으로 사용되거나 발음되는 형태가 쓰기에서는 맞춤법에 맞지 않는 형태가 상당수 있다는 사실을 인지해야 한다는 것이다. 예를 들어, 용언 '바뀌다'에 어미 '-어서'가 결합되면 '바뀌어서'로 표기해야 하는데, 입말에서는 '뀌어'가 한 음절로 축약되어 발음되는 경향이 있어서 표기에서도 '바껴서' 등으로 잘못 줄여 쓰는 오류가 일어나기도 한다. 다시 말해, 축약형이 맞춤법에 반영되는 경우와 반영되지 않는 경우를 구별해 주어야 하는 것이다.

(5) 말하기 목적을 달성하기 위해 적당한 수의 어휘를 사용하여 발화하게 한다.

자신의 말하기 목적에 맞게, 너무 길지도 짧지도 않게 말을 해야 하는 것이다. 이는 Grice(1975)에서 제시한 협동의 원리와 네 가지 격률 가운데, 양의 격률과도 연관이 되고 방법의 격률과도 부합하는 내용이라 하겠다. 즉 필요한 만큼의 정보를 제공하라는 양의 격률에도 해당이 되고, 간단하고 명료하게, 이해하기 쉽게 말하라는 방법의 격률에도 해당하는 것이다.

필요한 만큼의 정보를 제공하라는 양의 격률은 단순한 양적 대소를 가리키는 것이 아니라 필요한 만큼의 정보성을 나타내야 한다는 뜻이다. 즉 필요 이상으로 정보가 많아도 안 되고 부족해서는 더더욱 안 된다는 뜻이다. 그러므로 말하고자 하는 바의 목적 달성을 위해 충분히 정보를 담을 수 있도록 어휘 수를 사용하여 발화할 수 있어야 한다는 것이다. 방법의 격률은 정보성에 초점이 있지 않고 간단하고 명료하게 말하는 방법에 초점이 놓인 개념이다.

(6) 속도를 달리하여 유창하게 발화하도록 한다.

말하는 속도는 화자에 따라서 저마다 다르다. 또 같은 화자가 말을 해도 감정 상태나 대화 분위기 등에 따라 발화의 속도가 달라지기도 한다. 그러므로 한국어 학습자가 상황이나 분위기 등에 맞게 다양한 속도로 발화하면서 유창하게 발화할 수 있어야 한다. 발화의 속도를 효율적으로 조정하면 화자가 전달하고자 하는 내용을 보다 효과적으로 전달할 수 있다.

외국인 한국어 학습자로 하여금 다양한 한국어 말하기 속도에 익숙해지도록 하기 위해서는 우선 교사가 교실에서 다양한 속도로 말을 사용해야 한다. 교사에 따라서는 학습자를 배려한다고 하여 지나지게 속도를 느리게 하여 과장되게 말하는 경우가 있는데, 느린 속도에만 익숙해진 학습자가 실제 한국어 사용 현장에서 접하게 되는 다양한 속도에 적응하지 못하게 될 수 있다. 또 단순한 이해의 차원에서만이 아니라 다양한 속도를 사용하여 말하는 것이 훨씬 효과가 높다는 점에서도 이에 대한 관심이 필요하다.

(7) 메시지를 분명하게 하기 위해 다양한 말하기 책략을 사용하여 발화하도록 한다.

모어 화자는 즉각적으로 말할 수 없는 경우에는 머뭇거리거나 주저하면서 잠깐 쉬며 다음 말을 생각한다거나, 군말(filler)을 이용하여 시간을 끌 수 있다. 또 자신의 발화가 정확하지 않으면 수정하고 교정할 수 있다. 그러므로 외국인 한국어 학습자들도 비슷한 상황에서 이와 같은 책략들을 사용할 수 있어야 한다.

(8) 한국어 문법을 정확하게 사용하여 발화하도록 한다.

어순, 시제와 상, 서법, 사동과 피동, 부정법 등 한국어 문법을 정확하게 사용하여 발화하도록 한다. 의사소통 중심 교수법이 언어 교육의 주된 경향이 된 이후 유창성에 초점을 두고 교육이 이루어져 왔는데, 유창성 중심의 말하기 교육이 야기하는 문제점들은 정확성에 대한 교육을 통해서 보완해야만 하는 것이다.

한국어 문법 범주 중에는 정확한 사용이 말하기 목적 달성의 크게 영향을 주는 일이 있다. 대표적인 예가 높임법(경어법)이다. 높임법은 문법 현상이면서 동시에 화용적, 사회언어학적 현상이기도 하다. 그렇기 때문에 높임법에 대한 정확한 이해와 사용이 말하기 능력의 배양에 있어서는 매우 중요하다.

(9) 자연스럽게 끊어서 발화하게 한다.

효과적인 말하기에서 막힘 없이 말하는 것은 쉼 없이 발화하는 것과는 다르다.

긴 발화의 경우에는 적절하고 필요한 곳에서 쉬어 가며 말하는 것이 의미를 효과적으로 전달하는 방법이 된다. 그러므로 한국어 말하기에서 자연스레 쉬거나 끊어서 발화하는 것을 학습해야 한다.

그런데 자연스레 쉬거나 끊어서 발화하기 위해서는 어절, 구, 절 등의 한국어의 문법 단위들에 대한 이해가 있어야 한다. 대개의 경우 이와 같은 문법 단위들을 기준으로 끊어서 발화하게 되기 때문이다.

(10) 같은 의미를 다양한 문법구조를 이용하여 발화하도록 한다.

어떤 의미를 나타낼 수 있는 여러 가지 방법이 있는 경우, 표현에 변화를 주어 발화할 수 있는 능력이 필요하다. 예컨대, 한국어에서 '이유' 혹은 '원인'의 의미를 나타낼 수 있는 문법구조는 다양하다. '-아서/어서'와 '-니까', '-느라고'와 같은 연결어미 외에 '-기 때문에'나 '-ㄴ 덕분에' '-ㄴ 탓에' 등과 같은 복합형태가 있고, 조사 '-(으)로'나 '-에'의 사용으로 '원인'의 의미를 나타낼 수도 있다. 이처럼 같거나 유사한 의미 기능을 가지는 다양한 표현들을 그때그때 가장 적절하게 선택하여 사용할 수 있는 능력이 필요한 것이다.

(11) 구어(입말) 담화의 결합 장치를 이용하도록 한다.

문장과 문장을 논리적으로 연결하는 접속부사를 정확하게 사용할 수 있어야 한다. 접속부사들 중에는 글말에서 주로 쓰이는 것도 있으므로, 입말에서는 그와 같은 접속부사를 쓰지 않도록 해야 한다. 예를 들면, 입말에서는 '그러나'와 같은 접속부사가 여간해서 잘 사용되지 않고 '하지만' '그렇지만' 등이 주로 사용되므로 '그러나'를 입말에서 쓰게 되면 어색한 경우가 많다.

문장과 문장을 결합하는 장치로는 접속부사 외에 접속어미도 사용되는데, '-(으)며'와 같은 접속어미는 글말에서만 사용되고 입말에서는 사용되지 않으므로 이러한 사항에 대해서도 숙지하도록 가르쳐야 한다.

(12) 상황과 참여자, 목적에 따른 적절한 의사소통 기능을 성취하도록 한다.

어디에서 누구와 왜 이야기하는가에 따라 다른 전략을 사용하고 다르게 말할 수 있어야 한다. 같은 내용을 전한다고 해도 상황이 공적인 상황인지 사적인 상황인지에 따라 발화의 방식이나 형식은 달라져야 하는 경우가 많다.

예를 들어, 같은 내용을 전하고자 해도 공적인 장소에서 공식적인 성격을 가진 자리에서와 사적인 성격의 자리에서는 어휘 선택이나 종결어미 선택 등이 달라져야만 한다. 친구에게 말을 하는 경우라 해도 업무회의 때는 존대를 해야 하는 것과 마찬가지이다. 한국어는 이처럼 어휘 뿐 아니라 특히 어미가 상황과 장면에 따라 구별해 사용해야 하는 일이 많다는 점을 외국인 학습자들이 이해할 수 있어야 한다.

(13) 면대면 대화에서 화용적 관습과 사회언어학적 규칙을 적절히 활용하도록 한다.

앞에서도 언급하였듯이 한국어는 대화 상대방이 누구인가에 따라 발화의 형식과 방법이 달라지는 일이 매우 흔하다.

예컨대, 상대방이 화자보다 높은 사람인 경우 적절한 높임법을 사용하여 발화를 생성해야 한다. 반면 상대방이 친한 친구인데 과도한 높임법을 사용하는 것도 적절하지 않다.

또 화용적 관습에 따라 말하는 방법이나 형식이 정해진 경우가 흔하므로 이에 대한 교수 · 학습도 필요하다. 예를 들어 한국에서는 인사말로 식사를 했는지를 묻는 일이 흔하며, 이 때 실제의 식사 여부와 상관없이 먹었다고 하거나 사양하는 다른 말로 대답하는 것이 화용적 관습이다. 또 다른 사람의 집에 초대되어 방문하였을 때 그 집과 식구들에 대해 의례적인 칭찬의 말들을 하는 것이 한국어의 화용적 관습이다.

(14) 표정과 시선, 몸짓, 제스처, 거리 등의 동작 언어를 함께 사용하여 의미를 전달하도록 한다.

입말을 사용한 말하기에서 의미의 전달은 순전히 음성 언어로만 이루어지는 것이 아니다. 동작 언어가 가지는 의미 전달력은 때에 따라서는 음성 언어보다 더 강한 경우가 많다. 또 어떤 동작 언어적 요소들은 의미 자체를 전달하지 않더라도 말하기 상황을 원활하게 하거나 어렵게 만드는 기능을 하기도 한다. 따라서 적절한 동작 언어의 사용은 말하기에서 꼭 필요하다.

그런데 동작 언어는 언어 보편적인 것도 있지만 개별적이고 문화특정적인 것들도 많다. 한국에서 통용되는 적절한 동작 언어들을 사용할 수 있는 능력이 말하기에서는 꼭 필요한 것이다. 동작 언어의 중요성이 한국어에서 더 강조되는 이유 중 하나는, 한국어와 한국 문화가 상황－의존적 특성이 있기 때문이기도 하다. 상황－의존적 언어 문화에서는 대화자들이 상황이 제공하는 문맥에 많이 의존하기 때문에 대화 안에 정보를 많이 포함시키지 않는 경향이 있다. 반면 영어와 같은 상황－비의존적인 언어와 문화에서는 화자가 상황적 문맥에 의존하기보다는 대화 내용에 명확하고 자세한 정보를 포함시키는 경향이 있다. 이 때문에 문화간 오해가 일어나기도 한다는 점에서 한국어 교수 학습에서 동작 언어의 교육이 더 중요하다는 것이다(구현정, 2001 : 309～310).

(15) 강조하기, 바꿔 말하기, 도움 요청하기 등의 다양한 말하기 책략을 개발하여 활용하라.

화자가 말하기를 통해 얻고자 하는 효과를 얻기 위하여 다양한 방법을 이용한다.

위에서 살펴본 15가지 말하기 교육의 미시적 기술들은 곧 말하기 교육을 통해서 이루어야 할 세부적인 목표들이라 할 수 있다. 그러므로 이러한 세부 목표들을 달성하여 적절한 말하기 능력을 가질 수 있도록 말하기 교수 · 학습이 이루어져야 한다.

3 말하기 수업을 설계하는 원리

앞에서 말하기와 쓰기의 차이점, 입말의 특성, 그리고 입말의 특성을 고려한 말하기 교육의 미시적 기술과 세부 목표에 대해 살펴보았다. 말하기 교육의 세부 목표들을 달성하기 위해서는 말하기 수업을 목표 달성에 맞도록 설계하고 구성해야만 한다. 여기에서는 이처럼 교육적 효율성을 높일 수 있는 말하기 수업이 되려면 어떠한 원리와 원칙에 따라 수업을 구성해야 하는지 살펴보고자 한다.

Brown(2001)에서는 말하기 수업을 설계하는 원리로서 다음과 같은 내용들을 제시하고 있다.[9] 이들 원리는 한국어 말하기 수업의 설계에도 그대로 적용할 수 있는 내용이라 하겠다.

(1) 언어를 강조하여 정확성을 다루는 활동에서부터 메시지를 강조하여 상호

작용, 의미, 유창성을 다루는 활동까지 학습자의 다양한 요구를 수렴하는 기법을 사용하라.

언어 교수학습에 있어서 정확성과 유창성이라는 두 가지 목표는 어느 것이 더 중요하거나 덜 중요한 목표가 될 수 없는 동시에 추구되어야 하는 목표라 하겠다.

그런데 과거에는 정확성에 초점을 두고 문법 지식을 학습시키는 데에 치중하는 바람에 상호작용이 충분히 이루어지지 못해 말하기 듣기 등의 의사소통 능력을 향상시키는 데에 어려움을 초래하는 경우가 많았다. 이러한 문제점에 대한 반발이 주창되고 새로운 흐름이 된 의사소통 기능을 강조하는 언어 교육의 흐름 속에서 교사는 내용 중심적, 상호작용적 학습 활동에만 치중하여 문법이나 발음과 관련된 지도 요소를 빠뜨리는 경우도 발생하였다.

정확성과 유창성은 동시에 추구되었을 때 어느 한쪽에 치우쳤을 때에 발생하는 문제점을 극복할 수 있는 것이다. 그러므로 이 두 가지 목표가 동시에 지향될 수 있는 방식으로 수업을 구성하기 위해 노력해야 한다. 퍼즐 맞추기와 같은 소집단 활동이나 게임을 할 때, 또는 환경 문제에 대한 토론 활동을 할 때에도 학습자들이 언어의 기초 단위를 인지하고 사용할 수 있게 만드는 과업을 활용해야 한다. 형태에 관심을 갖도록 기울이도록 유도하는 과업을 구성해야 한다. 하지만 그렇다고 하여 기계적 연습을 자꾸 반복하여 학습자들이 따분하고 지루하게 만들어서는 안 된다. 앞서 언급한 것처럼 반복 훈련도 가능한 한 의미 있는 활동으로 만들어야 한다.

(2) 내적 동기를 부여하는 기법을 적용하라.

학습에 있어 동기 부여의 정도가 학습 효과나 성취도에 미치는 영향이 큰 것은 언어 교육에만 해당되는 것만은 아니다. 그렇기 때문에 학습자 스스로 동기 부여가 확실한 경우 학습에 임하는 자세도 다르고 학습 효과도 높다. 그런데 모든 학습자가 스스로 동기 부여에 성공적인 것은 아니다. 그러므로 교사는 학습자에게 적절하게 동기 부여를 해 줄 필요가 있다.

교사는 항상 학습자의 궁극적인 목적과 흥미, 지식과 사회적 지위에 대한 요구, 자율적 언어 사용에 대한 요구, '최대 자아 구현'에 대한 요구에 호소해야 한다. 즉

9) Brown(2001), 338~340쪽 참조.

겁지 않은 학습 활동을 하게 될 때는 그것이 학습자에게 어떤 도움을 주는지 인식시킬 수 있도록 각별히 신경 써야 한다. 학습자들은 교사가 왜 특정 활동을 하도록 요구하는지 이해하지 못할 때가 있다. 학습자들에게 그 이유를 말해 주면 대개의 경우 효과가 있다.

(3) 유의적 맥락 속에서 실제적 표현을 사용하도록 권장하라.

유의적 상호작용 활동을 지속적으로 고안하여 제공하기는 쉬운 일이 아니다. 교사는 자칫하면 교실을 돌아다니며 학습자를 한 명씩 호명하여 상호 관련성이 없는 문법 문제들을 답하게 만들기 쉽다. 언어 사용의 실제 맥락과 유의적 상호작용을 고안하는 데는 엄청난 노력과 창의력이 요구되지만 참고 자료를 활용하면 해결책을 찾을 수 있다. 반복 훈련도 유의적 활동으로 조직할 수가 있다.

(4) 교정과 피드백을 적절히 제공하라.

외국어로서의 한국어가 사용되지 않는 국가에서 한국어를 배울 때, 자신의 발화가 적절한지 알 수 없는 상황에서 외국인학습자들이 유익한 피드백을 받을 수 있는 곳은 교사밖에 없다. 그러므로 교사는 자신의 언어 지식과 기능을 최대한 활용하여 꼭 필요한 순간에 학습자들에게 피드백을 제공해 주어야 한다. 이 때 꼭 필요한 순간 그리고 교정과 피드백이 이루어져야 하는 순간을 판단하는 것은 간단하지 않다.

(5) 말하기와 듣기는 불가분의 관계임을 이용하라.

말하기와 관련된 상호작용 기법은 듣기와도 밀접하게 관련되어 있다. 교사는 이러한 두 기능을 통합할 기회를 놓쳐서는 안 된다. 말하기 활동 목표에 집중하다 보면 자연스럽게 듣기 목표와 일치하는 부분을 발견하게 되고, 따라서 두 기능은 서로 강화 작용을 한다고 할 수 있다. 언어를 표현하는 기능은 많은 경우 이해 기능으로부터 비롯되기 때문이다.

(6) 학습자에게 의사소통을 시작할 기회를 제공하라.

교실에서 이루어지는 상호작용은 대부분 교사가 주도하고 있다. 먼저 질문하고 지시하며 정보를 제공하는 것은 교사이고, 학습자들은 '시킬 때만 말하도록', 길들

여져 왔다. 말하기 능력의 일부는 대화를 시작하고, 화제를 정하고, 질문을 하고, 대화를 통제하고, 화제를 변경하는 것이다. 교사는 말하기 기법을 설계하고 적용할 때, 학습자들이 말을 시작할 수 있도록 유의해야 한다.

(7) 말하기 책략을 개발하도록 권장하라.

초급 학습자들은 거의 대부분 책략적 능력이라는 개념을 인식하지 못하고 있다. 입말을 사용한 의사소통의 목표를 달성하기 위해 개인적인 책략 개발이 필요하다는 생각조차 못하고 있다. 교사는 수업시간을 통해 학습자들로 하여금 다음과 같은 책략을 인식하고 연습할 기회를 갖도록 할 수 있다.

① 분명히 해주도록 요구하기
② 반복해서 말해주도록 요구하기
③ 생각할 시간을 벌기 위해 군말 사용하기
④ 대화 유지를 위한 표현 활용하기
⑤ 청자의 주의를 요구하기
⑥ 표현하기 어려운 구조를 쉽게 바꿔 말하기
⑦ 상대방에게 (생각이 나지 않는 단어나 구를 묻기 위해) 도움을 요청하기
⑧ (기본 단계에서) 정형화된 표현 사용하기
⑨ 의미를 전달하기 위해 몸짓이나 비언어적 표현을 사용하기

(8) 소집단 활동을 충분히 활용하라.

말하기 수업에서 가장 중요한 것은 학습자들로 하여금 최대한 목표언어를 많이 사용하게끔 하는 것이다. 이를 위해서는 교사 주도의 수업이 되기보다는 학습자 중심의 수업이 되도록 설계해야 한다. 이 때 학습자들로 하여금 가장 쉽게 주도적인 역할을 가지도록 하는 방법이 소집단 활동을 가지는 것이다. 소집단별로 활동을 하도록 하면 학습자들은 목표언어를 적극적으로 사용하게 된다. 이 때 교사는 소집단 활동이 매끄럽게 진행될 수 있도록 통제자와 촉진자로서의 역할을 해야 한다.

(9) 과제 중심적 학습을 하라.

말하기 수업에서 학습자들의 활동을 더 활발하게 촉진할 수 있는 방법이 과제 수행 중심으로 활동을 이끌어가는 것이다. 해결해야 할 과제적 상황을 제시하고 학습자가 이 과제를 해결하기 위한 목표 언어 사용을 시도하도록 하는 것이다. 과제 수행 중심 수업은 학습자로 하여금 주어진 시간을 최대한 활용하여 과제 수행을 위한 의사소통 수단으로 목표어를 사용하게 함으로써 좀 더 실제적인 말하기 능력을 가지도록 하는 데 기여할 수 있다.

그렇지만 과제 중심적 학습이 효과적이라 하여 충분한 검토 없이 사용된다면 산만하기만 하여 효과를 얻지 못할 수도 있다. 그러므로 학습자의 숙달도에 맞고 교수 목적에 맞는 적절한 과제 선정이 중요하다(김미옥, 2001 : 49).

4 말하기 교육에서 교사의 역할

언어 교육에서 교재와 교사의 중요성은 새삼 강조하지 않아도 누구나 인식하고 있는 사실이다. 말하기 교육에서는 특히 교사의 역할이 매우 중요하다. 말하기 교육에서는 교사와 학습자 사이의 상호작용이 절대적으로 필요하기 때문이다.

여기에서는 말하기 수업에서 한국어 교사가 담당해야 할 역할에 대해 허용(2003)[10]과 한상미 · 황인교(2005)[11], 허용 외(2005)[12]의 내용을 중심으로 '교사의 발화'와 '말하기 수업에서 교사의 역할'이라는 두 가지 측면에서 살펴본다.

4.1 말하기 수업에서 교사의 발화

효과적인 말하기 교육을 위해서 교사의 발화는 매우 중요하다. 말하기 수업에서

10) 허용(2003)에서는 말하기 능력 향상을 위한 교사의 역할을 '교사의 발화', '기다리는 시간', '교실 운영', '오류 처리 문제'의 네 가지 측면에서 살피고 있다. 264~266쪽 내용 참조.

11) 한상미 · 황인교(2005)에서는 '교사의 발화 기술'을 중심으로 말하기 수업에서의 교사의 역할을 논하고 있다. 129~132쪽 내용 참조.

12) 허용 외(2005)에서는 교사의 역할을 '통제자로서의 역할', '촉진자로서의 역할', '상담자로서의 역할', '관찰자로서의 역할', '참여자로서의 역할', '평가자로서의 역할'로 구분하여 제시하고 있다. 373~374쪽 내용 참조.

교사의 발화는 그 자체가 교재의 기능을 수행한다. 그렇기 때문에 교사의 발화는 학습자에게 미치는 영향이 지대하며, 교육적 영향력을 고려할 때 다음과 같은 조건을 갖추어야 한다.

(1) 교사는 되도록 표준어로 발화해야 한다.

기본적으로 교육은 표준어로 이루어진다. 한국어교육에서도 이러한 원칙은 크게 다르지 않다. 다만 최근에는 여성결혼이민자가 급증하고 있고, 이들에게 시급한 한국어는 표준어보다는 해당 지역의 방언인 경우가 많기 때문에 이런 경우에는 해당 지역 방언으로 수업을 진행하는 일이 있으므로, 여성결혼이민자에 대한 한국어교육이라는 한정된 역할을 담당하는 교사의 경우라면 표준어 구사 능력이 필수적 조건이 되지 않는다고 하겠다.

(2) 교사는 정확한 표준 발음으로 발화해야 한다.

학습자는 교사의 발음을 무조건 따라하거나 흉내 내게 된다. 많은 부문 교사의 발음을 듣고 따라함으로써 한국어 발음을 익히게 된다. 그러므로 교사는 말하기 수업에서 표준 발음을 정확하게 사용해야 하며, 늘 일정하게 발음하도록 해야 한다.

최근 활동하는 한국어 교사 중 상대적으로 나이가 적고 경험이 많지 않은 이들 중에는 표준 발음을 구사하지 못하는 일이 있다. 예컨대, 모음 'ㅔ'와 'ㅐ'를 구분하여 발음하는 데 어려움을 겪는 교사는 매우 많으며, '가려고'를 [갈려고]와 같이 'ㄹ'을 첨가하여 발음하는 식으로 발음하는 교사도 많다. 또 경음화를 적용할 이유가 없는 '작은형' '과사무실' 등의 표현을 [짝은형] [꽈사무실]과 같이 발음하는 교사도 흔하다.

(3) 교사는 그 날의 학습 내용보다 더 어려운 어휘나 문장 구조를 선택하여 발화하지 말아야 한다.

그 날 학습시키고자 하는 교과서 내용이나 학습 내용보다 더 어려운 어휘나 구조로 발화하는 교사의 발화는 학습자에게 크게 부담이 된다. 따라서 학습 내용의 수준에 적합한 어휘나 문장 구조를 선택하여 발화해야 한다.

(4) 교사의 발화는 학습자의 수준을 고려하여 적절하여야 한다.

교사의 발화가 무조건 쉬워야 하는 것은 아니다. 초급 학습자에게는 이해하기 쉬운 어휘와 문장 구조로 발화해야 하겠지만 중 · 고급 학습자에게는 그 수준에 해당하는 어휘와 문장 구조를 사용해야 한다.

(5) 교사가 너무 많이 발화하지 말아야 한다.

교사는 학습자에게 발음을 시범 보이거나 할 경우가 아니라면, 학습자보다 더 많이 말을 해서는 안 된다. 교사의 발화는 학습자를 수업 상황에 적극적으로 뛰어들어 상호작용을 하도록 유도하고 자극하는 것에 머물러야 한다.

(6) 교사는 모호한 질문을 해서 학습자로 하여금 대답을 하기 곤란하게 해서는 안 된다.

명료하지 않은 교사의 질문은 학습자의 적극적인 상호작용을 저해하는 원인이 된다. 그러므로 학습자가 대답하기 곤란하지 않도록 해야 한다.

(7) 교사는 학습자에게 '기다리는 시간'을 적절히 제공해야 한다.

'기다리는 시간'은 교사가 학습자에게 질문을 한 뒤 학습자가 대답하거나, 교사가 질문을 반복하거나, 다른 학생에게 질문을 다시 하거나, 교사가 대답을 주거나 하기 전에 기다려 주는 시간의 길이를 말한다. 일반적으로 교사들은 학습자가 반응을 보일 때까지 충분히 기다려 주지 않는 경향이 있다. 그런데, 기다리는 시간을 늘렸을 때, 학습자의 대화 참여가 양적인 측면에서뿐만 아니라 질적인 측면에서도 향상을 보인다는 실험 결과가 있다. 그러므로 말하기 수업에서 교사가 학습자에게 기다리는 시간을 적절하게 주는 것은 학습자의 발화량 뿐만 아니라 발화의 질에도 영향을 미쳐 더욱 효과적인 말하기 수업을 이끌게 한다.[13)]

(8) 교사는 학습자에게 적절한 질문을 함으로써 상호작용을 촉진시켜야 한다.

질문을 하는 것은 학습자로 하여금 수업에 적극적으로 뛰어들어 상호작용을 하

13) 한상미 · 황인교(2005), 130~131쪽 내용 참조.

게 만드는 가장 손쉬운 방법이라 하겠다. 이와 같은 기능을 하는 질문에는 '닫힌 질문'과 '열린 질문'이 있다. 닫힌 질문이란 '예', '아니요'와 같은 간단한 대답만 하면 되는 질문을 가리키는 것으로, 상호작용을 촉진시키지 못한다. 반면 '예', '아니요'로 대답할 수 없고 길게 설명하는 형식으로 대답할 수밖에 없는 질문을 열린 질문이라고 하는데, 열린 질문이 학습자의 상호작용을 촉진시키는 데에 유리하다.

교사의 질문은 학습자들 사이에 자연스런 순서 교대를 이루게 한다는 점에서도 기능이 있다.

(9) 교사는 학습자의 발화에 대해 적절한 피드백을 제공해야 한다.

'피드백'은 학습자가 자신의 중간언어를 교정하는 데에 사용할 수 있도록 주어지는 정보를 의미한다. 피드백은 학습자에게 자신의 목표어 발화와 목표어 지식에 대한 정확도를 알려줄 중요한 기회가 된다.

(10) 교사가 중간언어를 발화하지 않도록 유의해야 한다.

입문이나 초급 단계의 수업만을 담당해 온 교사들 중에는 간혹 학습자의 한국어 즉 완전하지 않은 중간언어와 같은 한국어를 학습자에게 말하는 경우가 있다. 예컨대, 수준 낮은 학습자들을 지나치게 배려함으로써 학습자들이 어려워하는 조사를 다 빼고 체언만 말하거나, 지나치게 느리고 어색한 억양으로 한국어를 사용하는 경우가 있다. 교사가 학습자에게 모범이 되지 못하는 발화를 구사하는 것은 옳지 않다.

4.2 말하기 수업에서 교사의 역할

교사는 수업 상황에 따라 여러 가지 역할을 수행해야 한다. 그런데 특히 말하기 수업에서 교사는 중요하고 특별한 역할을 가지게 된다. 허용 외(2005)에서는 말하기 지도에서의 교사의 역할을 다음과 같이 제시하고 있다.[14]

14) 허용 외(2005), 373~374쪽 내용 참조.

(1) 통제자로서의 역할

교사는 수업 시간과 내용을 현명하게 통제할 수 있는 통제력을 가져야 한다. 언어 교실은 편안한 분위기 속에서 학습자들이 부담 없이 자유롭게 목표 언어를 사용하는 시도를 할 수 있어야만 한다. 하지만 학습자들이 지나치게 산만해지거나 수업에 집중하지 못하는 경우 교사는 이를 적절하게 통제함으로써 목표 언어 학습에 학습자들이 집중할 수 있도록 해야 한다.

(2) 촉진자로서의 역할

언어 교실에서 학습과 활동의 주체는 학습자들이다. 학습자들이 중심이 되어 스스로 주어진 과제를 수행하도록 해야 한다. 그러나 경우에 따라서는 학습자들이 스스로 과제를 수행하지 못하고 어려움에 부딪치는 일이 있는데, 이 때 교사는 학습자들이 어려움을 극복하면서 과제 수행을 해 나갈 수 있도록 실마리를 제공하는 등의 역할을 해야 한다.

(3) 상담자로서의 역할

외국어 학습은 극복해야 할 난관과 어려움이 많은 일이다. 학습자들이 겪게 되는 어려움과 심리적 부담감이나 두려움을 이겨나갈 수 있도록 교사는 학습자와 수시로 이야기를 나누고 상담자의 역할을 담당해야 한다. 특히 한국에 와서 한국어를 배우는 외국인 학습자들이 한국어 교사에게 기대는 의존성의 정도는 매우 크다고 하겠다.

(4) 관찰자로서의 역할

언어 교실에서 학습자는 단계별로, 수준별로 유사한 오류를 일으키는 경우가 많다. 또 개인적 특성에 따라 수업에 임하는 방식이나 유형이 다른 경우가 많다. 교사는 이와 같은 학습자의 오류 및 습관 등에 대해 늘 관심을 기울이면서 관찰해 둠으로써 필요할 때 적절한 조언을 제공할 수 있어야 한다.

(5) 참여자로서의 역할

교사가 촉진자로서의 역할만 하게 되는 것은 아니다. 토론 수업이라든가 역할극 활동 같은 시간에는 교사도 직접 참여함으로써 학습자들에게 필요한 정보나 실마리를 제공해야 하는 경우도 있고, 교사와 학습자가 유대감을 강화하는 기회로 활용할 수도 있어야 한다. 다만, 지나치게 교사가 활동의 중심이 되는 것은 피해야 한다.

(6) 평가자로서의 역할

학습자들의 활동이나 과제 수행에 방해가 되는 조언이나 피드백은 삼가야 할 것이나, 활동이나 과제 수행이 끝날 때마다 적절한 평가를 해 줌으로써 학습자에게 어떤 점이 잘 되었고 어떤 점이 부족한지를 알 수 있게 해야 한다.

5 말하기 오류 수정

말하기 수업에서 학습자는 무수히 많은 잘못된 발화를 만들어낸다. 이 때 이러한 잘못된 발화를 어떻게 처리할 것인가 하는 것은 말하기 교육에서 고민해야 하는 문제 중 하나이다.

학습자의 잘못된 발화를 확인했을 때 우선 판단해야 할 것은 그것이 구조적인 오류인가 아니면 단순한 실수인가를 구분하는 것이다. 단순한 실수일 경우에는 그냥 넘어가는 것으로 충분하지만 단순한 실수가 아니고 반복적이고 구조적인 오류로 판단될 경우에는 적절하게 대처해야 하기 때문이다.

오류를 처치하는 방식은 여러 가지로 분류될 수 있는데, 그 가운데 유용한 대표적인 것이 Kathleen Bailey(1985)의 분류법이다. 학습자의 오류에 대한 '기본 선택 항목' 7가지와 이를 보완하는 '가능한 특징' 8가지로 이루어져 있다.[15)]

또 Brown(2000)에서는 교실에서의 비정상적 발화를 처리하는 과정을 다음의 10가지 요소에 대한 검증과 확인을 거쳐야 함을 보여주고 있다.

① 오류의 유형 : 어휘, 문법, 발음, 담화 화용, 사회 문화

② 원인 : 모국어, 목표어, 교사, 다른 학습자 외부로부터 들은 목표어 입력 등

15) Brown(2000), 356쪽에서 인용.

기본 선택 항목	가능한 특징
1. 오류를 처치할 것인가 말 것인가	1. 오류사실 지적
2. 즉시 할 것인가 천천히 할 것인가	2. 오류의 위치 지적
3. 오류 처치를 (다른 학습자에게) 전이시킬 것인가 말 것인가	3. 재시도 기회 제공
4. 전이시켜 처치한다면 대상이 개인, 소집단, 전체 학습 중 어느 곳인가	4. 모델 제시 5. 오류 유형 지적
5. 오류 처치 후 오류 발생자에게 돌아갈 것인가 말 것인가	6. 교정법 제시
6. 다른 학습자가 오류 처치를 주도하도록 허용할 것인가	7. 개선 지적
7. 처치의 효과를 평가할 것인가	8. 보상 제시

③ 언어의 복잡성 : 처치가 복잡한가, 간단한가

④ 국소적 오류인가 총체적 오류인가

⑤ 단순한 오류인가 실수인가

⑥ 학습자의 정서 상태 : 언어적 자아가 강한가 약한가, 불안감 자신감은 어떠한가, 수용적인가 그렇지 않은가

⑦ 학습자의 언어 단계 : 언어가 체계화되기 이전인가 진행 단계인가, 이후인가

⑧ 교육 목표 : 과제의 목표, 수업 목표, 과정의 목표

⑨ 의사소통 전략 : 대화의 흐름에 관련이 있는가, 개인 활동인가 집단 혹은 전체 활동인가, 학습자간 상호작용인가 학습자와 교사간의 상호작용인가

⑩ 교사 유형 : 직접적 유형, 간접적 유형, 간섭적 유형, 방임적 유형

즉 위와 같은 10단계 과정을 거쳐 오류를 수정할 것인지 아닌지를 판단하고 결정한 후에, 수정하기로 결정하기로 했을 경우 적절한 방법으로 오류 수정을 시도해야 하는 것이다.

오류를 수정하는 방법으로 Harmer(2001)에서는 다음과 같은 6가지 방법을 제시하고 있다.[16]

① **반복 요구** : 학습자의 오류 부분을 다시 한 번 되물음으로써 오류가 있음을 암시한다.

16) 허용 외(2005), 372쪽 참조.

② **모방** : 학습자의 오류 부분을 그대로 따라함으로써 오류 사실을 지적한다.
③ **지적 또는 질문** : 틀렸음을 말해 주거나 질문을 통해 지적한다.
④ **표정** : 표정이나 몸짓으로 틀렸음을 암시한다.
⑤ **힌트** : 힌트가 될 만한 단서를 제공하여 스스로 고치도록 한다.
⑥ **직접 고쳐주기** : 올바른 문장으로 고쳐서 말해준다.

위의 여섯 가지 오류 수정의 방법들은 되도록 교사가 직접 학습자의 오류를 수정하지 않는 것이 최선이라는 태도를 보여주고 있다. 즉 오류에 대한 암시만으로도 학습자가 이를 인지하고 스스로 오류를 수정할 수 있다면 그것이 가장 효과적인 오류 수정의 방법임을 보여주고 있는 것이다. 학습자가 스스로 오류를 수정할 능력이 되지 않을 경우에만 교사가 직접 고쳐주는 것이 낫다는 것이다.

한편 허용 외(2005)에서는 원인별 오류와 그에 대한 대처 방법을 다음과 같이 설명하고 있다.

① 학습자가 올바로 사용된 형태를 볼 기회가 거의 없었거나 언어 체계에 대한 충분한 지식의 발달이 덜 되어서 나타나는 오류인 경우는 고쳐주기보다는 모델을 자꾸 제시해 보여주고 관찰할 기회를 만들어준다.
② 신경과민, 겁, 소심증으로 인한 오류는 오히려 고쳐주기보다는 편안하고 덜 위협적이며 긴장을 주지 않는 활동을 하게 배려한다.
③ 활동이 너무 어려워 인지적으로 과부하가 걸려 생각할 게 너무 많아 저지르는 오류는 고쳐주지 말고 좀 더 활동을 쉽게 해 준다.
④ 활동이 너무 복잡하고 헷갈려서 오류를 범하는 경우나 발음 등이 너무 어려워 혀가 꼬이는 경우도 고쳐주지 않는다.
⑤ 모국어로 인한 간섭으로 오류를 범할 때는 정정해주고 모국어와 목표어 간의 차이점을 알려준다.
⑥ 잘못된 모델을 따라하면서 생긴 이유, 주로 교포 학습자들에게 많이 볼 수 있는 오류는 정정해주고 좋은 모델을 제시해준다.
⑦ 틀린 경우나 특히 발달이 잘못된 경우 직접 고쳐주기보다 재차 확인 질문을 함으로써 스스로 다시 생각해 보고 고쳐보도록 시도하게 한다.

오류 수정 방법과 관련한 대부분의 선행 연구들에서는 공통적으로 오류에 대한 즉각적인 수정을 권하지 않음을 할 수 있다. 학습자의 성향에 따라 즉각적 수정이 학습 의욕을 떨어뜨리거나 수업 진행에 방해가 되며, 무엇보다도 학습자의 대다수가 이러한 즉각적인 수정을 원하지 않는다는 것이다. 그러나 이와 다른 조사 결과를 보여주고 있는 연구도 있다. 권미정(2001)에서는 교사와 학습자의 학습 방법 선호도를 설문조사 분석을 통해 비교하였는데, 말하기 오류 수정 방법과 관련한 조사에서 교사는 '나중에 활동이 끝난 후에 모든 사람들 앞에서' 수정하거나 '나중에 개인적으로' 수정하는 것을 선호하는 반면, 학습자들은 '즉시 모든 사람들 앞에서' 오류를 수정 받기 원하는 것으로 조사되었다. 이는 교사가 생각하는 효율적인 오류 수정 방식과 학습자들이 원하는 방식이 차이를 보이고 있음을 나타내는 것이다.

제5장 말하기 평가

이 장에서는 학습자의 한국어 말하기 능력에 대한 수행의 수준을 알기 위한 작업으로서의 과정을 살펴보고자 한다. 먼저 말하기 평가의 원리를 말하기 평가 구인, 말하기 과제의 실제성, 말하기 시험의 타당도, 말하기 시험의 신뢰도 측면에서 각각 설명하기로 한다. 특히 교수와 학습에 미치게 되는 시험의 영향을 뜻하는 세환효과에 대해서도 다룸으로써 시험이 유발하는 다양한 효과에 대한 독자들의 이해를 돕게 될 것이다. 다음은 시험의 유형을 평가의 목적과 방식으로 나누어 살펴본다. 한국어 말하기 평가의 실제 부분에서는 교실에서 활용 가능한 말하기 성취도 문항의 예를 살펴본다. 또한 말하기 숙달도 시험으로는 현재 미국의 말하기 표준시험인 ACTFL OPI와 국내에서 개발 중인 두 시험을 평가 체계, 평가 범주, 절차의 측면에서 차례로 검토하기로 한다. 마지막으로 한국어 말하기 시험의 문제 유형 개발 방안을 제시하는데, 이는 교실 내 말하기 활동을 위한 유용한 자료가 될 것으로 생각된다.

1 말하기 평가의 원리

우리는 대화를 할 때 자동적으로 상대방과 그 사람의 말에 주목하게 된다. 대화에서 오가는 말을 중심으로 그 사람의 인성, 태도, 직업, 출신 지역, 모어 화자의 여부를 일시적이고 주관적이기는 하나 무의식적으로 판단하게 된다. 그렇다면 우리는 말하기의 어떤 측면을 관찰해야 하는지, 말하기 평가를 위한 기준은 무엇인지에 대해 살펴보자. 다음의 원리들에서 한국어 말하기 능력 평가를 위한 이론적 단서를 탐구해 보기로 한다.

(1) 말하기 평가 구인

말하기 능력 평가는 구어 표현 영역에 속하는 수행 평가(performance test)이다. 따라서 말하기 평가는 그 특성 상 듣기나 쓰기, 읽기 영역과는 달리 지필고사의 형태로 이루어질 수 없는 영역이다(김정숙 외, 2006).

말하기 능력 평가에서는 구사력의 검증을 위한 자료들이 요구되는데, 이 때 구인(construct)의 개념이 도입되어야 한다. 구인은 넓은 의미로 우리의 보편적 인식에서 관찰되는 현상을 설명하려는 어떤 이론, 가설, 혹은 모형이라고 할 수 있다(Brown, 2006). 학습자의 말하기 능력을 이루는 구성 요소들에 대한 정의와 평가 내용이 말하기 평가의 구인이 되는 것이다. 즉 말하기 평가에 있어서 구인은 학습자의 말하기 능력을 구체적인 목록으로 만든 것으로 이해할 수 있다. 예를 들면 의사소통 능력은 언어적 구인이 되는 것이다. 또한 외국어 학습에 있어서 학습자의 동기나 태도는 심리적인 구인이 될 수 있다.

외국어 평가 분야의 연구자들은 학습자의 말하기 능력을 규정하고 그에 토대를 둔 구인을 제시해 왔다. 김정숙 · 원진숙(1993)은 이러한 점에서 한국어 말하기 평가의 효시가 되는 연구이다. 이 연구에서는 Canale & Swain(1980)의 의사소통 능력 이론에 기반하여 구인을 제안하였다. Canale & Swain 모델이 제시한 문법적 언어 능력, 담화 구성 능력, 사회언어적 능력, 전략적 언어 능력의 분류에 근거하여 문법적 언어 능력, 담화 구성 능력, 사회언어적 능력으로 나누고, 이 세 가지 언어 능력의 요소를 다시 다음과 같은 하위 요소들로 구성하였다.

① 문법적 언어 능력

- 한국어의 발음 규칙
- 구체어, 추상어, 전문어 등의 어휘 사용 능력
- 형태 · 통사적 문법 지식에 기초한 문장 생성 능력

② 담화 구성 능력

- 발화 내용의 논리적 구성
- 실제 상황에서의 말하기 기능 수행도
- 이야기 구성을 위한 응집 장치 및 수사적 표현의 사용
- 유창성

③ 사회언어적 능력
- 공식적 · 비공식적 발화 상황에 맞는 언어 형태 및 어휘의 선택
- 대화상대자와의 사회관계에 맞는 경어법의 사용
- 문화적 지시어(속담/관용어/축약어/고사성어/사자성어)의 이해와 사용

또한 이 연구는 언어 습득 단계에 있어서 이들 구인들 간의 상대적 비중을 제시하면서 초, 중, 고급으로 갈수록 담화 구성 능력과 사회언어적 능력의 비중이 높아지므로 이에 따른 평가 기준의 필요성을 강조하였다.

지현숙(2006)이나 김정숙 외(2006)에서도 구인은 시험 설계 단계에서는 '무엇을 평가할 것인가'라는 의문에서 출발해야 하며, 시험의 시행 후에는 과연 '이 말하기 시험은 정의된 이론적 구인이 잘 구현 되었는가'라는 의문에 답할 수 있어야 한다는 점을 설명하고 있다. 말하자면 구인은 시험 점수를 통해 학습자의 말하기 능력을 추론할 수 있는 근거가 되는 것이다. 김정숙 외(2006)에서는 Chomsky(1965), Hymes(1972), Canale & Swain(1980), Bachman(1990), Bachman & Palmer(1996)의 기존 언어 능력 모델의 비판적 수용을 통해 한국어 말하기 시험의 구인으로 다음의 평가 기준을 제시하였다.

① **과제 수행 :** 과제 수행은 요구되는 기능이나 과제의 수행도를 측정하는 것이다. 예를 들어 두 장의 사진을 제시하며 차이점을 비교, 설명하라는 문항의 경우에 비교와 설명의 기능 수행력을 평가하는 것이다.

② **주제 :** 주제는 학습자에게 요구되는 내용에 대한 체계적인 범주의 처리 능력을 평가하는 기준이다. 예를 들면 수험자에게 가족 관계를 소개해 달라는 문항에 대해 학습자가 가족 소개에 필요한 내용 범주를 얼마나 포괄적으로 다루는가를 측정하는 것이다.

③ **내용 구성 :** 내용 구성은 적절한 발화 단위로 결속성 · 응집성을 충족시키는 담화를 구성하는지에 대한 기준이다.

④ **어휘 · 문법 :** 어휘 · 문법은 어휘와 문법의 정확한 사용을 측정하는 기준이다.

⑤ **발음 :** 발음은 정확하고 자연스러운 발음과 억양 및 어조를 구사하는지에 대한 기준이다.

⑥ **유창성 :** 유창성은 자연스러운 속도로 얼마나 풍부하고 정교한 발화를 산출하

는지에 대한 기준이다.

⑦ **사회언어적 능력** : 사회언어적 능력은 담화의 장르와 특징에 부합하는 언역(register)을 구사하는지에 대한 평가 기준이다.

그러나 이러한 구인들은 모든 수준의 학습자들을 대상으로 동일하게 적용되는 것은 아니며, 수준에 따른 변별력 있는 평가 기준의 결정이 중요하다고 볼 수 있다. 이러한 변별적 차별화를 위해서는 각 수준에 있어서 평가 기준의 배점을 달리하는 방안이 있다.

(2) 말하기 과제의 실제성

교실 수업에서의 과제는 언어 연습의 차원을 넘어 학습자가 목표어로 상호작용을 하는 교실 활동이며, 의미에 초점을 둔 의사소통 행위로서 완결성을 갖게 되는 활동이다.

김정숙(1998)에서는 Long(1985)에서의 과제의 개념이 지나치게 일반적이어서 언어 교육의 틀에 맞지 않다는 점을 들어 Nunan(1988)과 Breen(1987)에 동의한다. 즉 과제란 학습자가 의사소통을 목적으로 형태가 아닌 의미에 중점을 두고 언어를 이해, 처리, 생산하는 모든 활동을 말하며, 특별한 목적, 적절한 내용, 구체적 활동 절차와 일련의 결과들을 포함하는 구조화된 언어 학습 노력이라고 정의하였다.

이처럼 학습자 말하기 능력의 수행 면으로서 과제의 개념을 근간으로 한다면 말하기 능력 평가에서 과제의 개념은 매우 실제적이고 구체적으로 정의될 필요가 있을 것이다. 따라서 말하기 평가에서의 과제는 수험자가 부여 받은 목표를 달성하기 위해 다양한 실제적 상황에서 대화상대자와 역동적으로 상호작용하는 활동으로 정의할 수 있을 것이다.

이제 이를 바탕으로 학습자의 말하기 능력을 측정하고자 한다면 언어 숙달도에 따라 과제의 난이도나 복잡성을 고려하여야 할 것이다. 학습자들이 실생활의 말하기에서 어떤 주제와 기능으로 상호작용을 해 나가는지, 어떤 주제와 기능에 대한 요구가 있는지에 대한 학습자와 학습자 주변의 관계자들을 대상으로 하는 요구분석도 과제의 설계에 중요한 열쇠가 될 수 있다.

김정숙 외(2006)에서 조사한 학습자 요구분석의 결과는 이를 뒷받침한다. 학습자들은 초, 중, 고급의 한국어 등급을 막론하고 공히 쇼핑이나 한국인 친구와의 교제, 음식 주문 등이 한국인과의 상호작용에서 가장 큰 비중을 차지한다는 응답을 하 바 있다. 우리는 이를 통해 학습자들이 동일한 주제로 숙달도에 따라 다른 내용의 상호작용을 이어 간다는 것을 알 수 있다.

예를 들면 날씨에 대해 대화를 할 때 초급에서는 "날씨가 어때요?", "어떤 날씨를 좋아해요?" 등의 선호에 관련한 질문과 이 질문에 맞는 응답이 나올 것이다. 중급의 경우 "일기예보 봤어요?", "비가 안 왔으면 좋겠는데요." 등의 정보 요구 질문이나 예측이나 희망 등의 기능이 나타나며, 고급에서는 "요즘 비가 안 와서 큰일이에요.", "중부지방에 가뭄이 심각하대요." 등의 상황 묘사나 염려 등의 기능으로 확장된다는 것이다. OPI[1]에서도 문항 개발에 있어서 하나의 주제로 숙달도에 따른 나선형 심화질문(spiralling)을 추구하는데 이 역시 시험에서의 과제의 난이도나 복잡성에 따른 평가 원리를 뒷받침한다고 할 수 있다.

(3) 말하기 시험의 타당도(Validity)

타당도는 시험이 효과적으로 치러지기 위한 원리이다. 시험이 설계된 평가 목적과 내용을 잘 구현했는가를 판단할 수 있는 것으로, Gronlund(1998)는 타당도를 '평가 결과로부터 만들어진 추론이 적절하고 유의미하며, 평가의 목적 면에서 유용한가에 대한 수준'이라고 하였다.

대부분의 시험을 주관하는 기관들은 타당도 검사를 위해 많은 노력을 기울이고 있는데, 표준 시험인 경우 평가 전문가들에게 의뢰를 하고, 성취도 시험인 경우에는 주로 담당했던 교사들 간의 교차 검토가 이루어지고 있다. 말하기 시험에서 가장 일반적인 면대면 인터뷰 시험에서는 녹음, 녹화, 전사나 디지털화 등의 다양한 방법으로 수험자의 기록을 확보한다.

그렇다면 말하기 시험의 타당도를 제고하기 위한 기준을 살펴보자. 내용 타당도는 시험 내용과 관련된 증거가 충분해야 한다는 것을 말하는데, 구인이 정확하게 결정되었는가에 따라 타당도를 따져 볼 수 있다. 성취도 시험의 경우에는 교육과정

1) ACTFL은 American Council on the Teaching of Foreign Languages의 약어로 외국어 시험 시행을 주관하는 민영 기관이며, 현재 37개 외국어에 대한 숙달도 평가가 이루어지고 있다. OPI는 Oral Proficiency Interview의 약어로 구어 숙달도를 측정하기 위한 인터뷰 형식의 시험이다.

을 합리적인 방법으로 반영해야 하는데, 수업에서 다루지 않은 과제의 수행을 요구하는 것은 타당도에 문제가 있는 것이다. 또한 인터뷰 평가에서 학습자에게 많은 양의 듣기나 쓰기가 요구되는 질문은 내용 타당도를 떨어뜨리게 될 것이다.

내용 타당도를 높이기 위한 방안으로 최근 많은 한국어 연구자와 교육자들이 한국어 말하기 시험의 담화를 수집하여 분석하는 연구 방법을 택하고 있다. 시험관의 화행이나 질문 유형에 따라 수험자의 응답이 사뭇 달라질 수 있고 이같이 질문의 핵심을 벗어난 응답은 수험자의 정확한 말하기 능력을 측정하려는 의도와는 어긋날 수 있는 것이다.

예를 들어 중급 숙달도의 학습자에게 "한국의 젊은이들의 결혼관에 대해 어떻게 생각합니까?"라는 질문은 학습자에게는 이중질문이 될 수 있다. 이 때 학습자는 시험관이 한국의 젊은이들의 결혼에 대한 사고방식 자체를 요구하는 것인지 아니면 그에 대한 본인의 생각을 요구하는 것인지 응답의 초점이 흐려질 수 있는 것이다. 따라서 수험자와 시험관 간의 구체적인 담화의 상황과 내용은 보다 높은 내용 타당도를 위한 기반을 제공해 줄 수 있다.

(4) 말하기 시험의 신뢰도(Reliability)

시험의 신뢰도 문제는 시험의 모든 관계자들에게 신뢰할 만한 일관된 믿음을 주어야 한다는 것이다. 이제 수험자, 채점자, 시험 자체, 그리고 시험 시행에 있어서의 신뢰도를 중심으로 살펴보도록 하자.

수험자 관련 신뢰도는 시험에서 가장 일반적으로 자주 제기되는 문제로 수험자의 신체적, 심리적 요인을 고려해야 한다는 것이다. 또한 여기에는 수험자가 말하기 시험 중에 구사하는 다양한 전략도 포함된다. 예를 들어 수험자가 "잘 모르겠어요"라는 응답을 반복한다면 어려운 질문을 회피하려는 전략일 수 있다는 것이다. 교사나 시험관은 이러한 수험자 요인들을 잘 파악하여 시험을 설계하고 실시해야 할 것이다.

채점자 관련 신뢰도는 채점자의 주관성이나 편견 혹은 실수가 시험이나 채점 과정에 개입될 수 있다는 것이다. 면대면 인터뷰 시험의 경우 공격적인 질문으로 학습자를 지나치게 긴장하게 해서 실력을 발휘하는 것을 어렵게 한다든지, 반대로 너무 비공식적인 상황으로 끌고 간다든지, 혹은 학습자의 응답을 즉각적으로 교정하거나 가르치려고 하는 것은 시험관들이 주의해야 할 사항들이다.

실제로 채점자 신뢰도를 높이기 위한 예로 미국의 국방외국어대학교(Defense Language Institute)에서 치러지는 시험에는 두 명의 채점자가 교차 질문 감독을 하게 되어 있다. 또한 OPI의 경우에도 전화 인터뷰의 경우 한 명의 감독관(proctor)이 수험자와 함께 시험장에 반드시 동석하도록 되어 있다.

시험 신뢰도는 시험 자체의 속성과 관계되는 요인이다. 시험 내용에 적합한 시험 시간 배정은 학습자의 말하기 점수에 직접적인 영향을 준다. 예를 들어 초급의 수험자에게 20분 이상의 시험 시간이 주어진다면 수험자의 기능 수행의 결과에 대한 신뢰도가 낮아질 것이다. 따라서 인터뷰 시험의 경우 시험 문항에 대한 학습자의 응답이 적절한 시간 내에 평가할 만한 수준으로 충분히 확보되었는가가 매우 중요하다.

시험 시행 신뢰도는 시험이 시행되는 여건 상 발생할 수 있는 요인으로 말하기 평가의 경우에는 역할 카드나 시각 자료 등 각종 시험을 위한 자료의 준비 상태나 시험장 내 환경의 상태를 들 수 있다.

(5) 세환효과(Washback effect)

세환효과는 외국어 시험이 외국어 교육의 관련자들에게 유발되는 효과를 말하는 것으로 언어 시험의 타당도나 표준화를 거론할 때 자주 등장하는 용어이다. Shohamy, D-Schhmidt & Ferman(1996)에서는 '시험이 교수와 학습에 미치게 되는 영향'이라고 규정하고 있다. 언어 교사나 학습자들은 일련의 시험 과정이나 결과에 주시하면서 수업 내용과 학습자에 대한 끊임없는 반성과 피드백을 제공해 왔다. 이 같은 시험의 활용은 교실 수업을 비롯한 언어 학습의 내용과 방향에 영향을 주는 것은 물론 학습 자체를 촉진시키기도 하는데 이러한 현상은 다시 시험에 중대한 영향을 줄 수 있다.

Shohamy(1992)는 이러한 시험 결과에 따른 교육과정의 수정 및 보완이나 교사 재교육의 필요성을 측정 지향 교수(measurement-driven instruction)라는 개념으로 설명하고 있다. 이는 외국어 교육의 관계자들인 교사, 학습자, 시험 시행 행정가들이 시험 결과를 어떻게 활용하는가를 파악하기 위한 설문조사를 통해 추구할 수 있다. 그래서 외국어의 인식도라든가 시험의 활용과 같은 많은 변인들에 의해 시간의 흐름에 따른 긍정적 세환효과가 발생한다는 것이다(Luoma, 2004; Brown, 2004).

이와 맥을 같이 하여 김정숙 외(2006)에서도 말하기 능력 시험의 기초 연구의 의의를 다음 세 가지로 기술하고 있다.

첫째, 한국어 말하기 능력 평가를 위한 모형을 개발하고 제시함으로써 한국어교육 현장에 말하기 능력 평가의 지침으로 활용할 수 있다.

둘째, 개발된 한국어 말하기 능력 평가 모형은 후속 사업인 한국어 말하기 평가자 양성을 위한 교육 과정 개발의 기초 연구로 활용할 수 있다.

셋째, 한국어 말하기 능력 평가 모형은 교육 현장에서 한국어 말하기 교육을 위한 교수 및 학습 자료로 응용할 수 있다. 필요성은 시험 모형을 개발하고, 말하기 평가자 양성을 위한 교육과정 개발은 물론 한국어 수업 현장에서의 말하기 교육이나 평가로의 활용을 제공하는 데 있다고 하였다.

이처럼 세환효과는 교실 수업에서의 말하기 활동에 몇 가지 시사점을 준다. 교실 수업에서는 말하기 수업의 목표와 주제를 근간으로 관련 문법이나 어휘의 습득이 교사－학습자, 혹은 학습자－학습자 간의 활동이나 과제 수행으로 이루어진다. 이때 학습자는 수업에서 목표하는 구어 담화 능력을 습득하게 되는데, 다양한 대화 상대자의 담화 전략을 파악하고 이에 대응하여 적절한 담화를 구사하지 못한다면 정확한 평가를 받지 못할 것이다. 예를 들면 중급으로 추정되는 학습자가 "가족 관계가 어떻게 되세요?"라는 질문에 "제 가족은 관계가 좋아요. 즐겁게 지내요"라고 기대에 못미치게 대답한다면 시험관이 수준 점검(level check)을 위한 다음 질문을 준비하는 데 혼동을 줄 수 있다.

또한 Ross(2007)나 Brown(2003)은 OPI에서의 시험관의 담화전략이 수준 점검에 결정적으로 작용할 수 있다고 보았다. 더욱이 본격적인 질문을 위한 정보를 수집하는 시작 질문(ice-breaking questions)의 경우에 시험관의 담화 전략이 개입되면 학습자의 시험 대처에 있어서 부담을 주게 되고 다음 단계인 수준 점검에서 학습자에게 훨씬 불리하게 진행될 수 있다는 것이다. 이는 결국 말하기 숙달도에 대한 타당도를 하락시키는 결과를 가지고 올 수 있다.

따라서 의미적으로 적절한 해석을 통해 학습자의 비계 설정을 촉진시킬 수 있는 상호작용이야말로 교실 수업에서 지향해야 할 말하기 활동의 지침이 될 것으로 본다. 말하기 시험은 학습자의 능력을 평가하는 기초적이고 작은 영역이라기보다는 말하기 교육의 과정 속에서 학습 동기 부여, 학습자의 문제점 진단 및 처방 등 교수적 측면에서도 그 기여도를 찾을 수 있는 분야이다.

2 말하기 평가의 유형

말하기 평가는 평가하고자 하는 목적과 방법에 따라 분류할 수 있다.[2] 우선 평가의 목적에 따른 평가 유형을 살펴보자.

(1) 평가의 목적에 따른 말하기 시험의 유형

말하기 평가는 그 목적에 따라 성취도 평가, 진단 평가, 배치 평가, 숙달도 평가의 넷으로 나눌 수 있다.

① 성취도 평가(Achievement test) : 성취도 평가는 말하기 교육과정에 근거하여 이루어지는 교실 내의 말하기 수업에서 가장 널리 사용되는 평가이다. 말하기 수업 시간마다 계획된 세부 목표들을 포함한 일정 기간 동안의 이루어진 학습에 대한 총괄 평가라고 할 수 있다. 원칙적으로 교육과정의 목표에 도달하기 위해 말하기 수업에서 다룬 다양한 주제와 기능의 과제를 다양한 평가의 방식으로 평가한다.

② 진단 평가(Diagnostic test) : 진단 평가는 수업 후에 학습자들의 말하기 기능에 있어서의 강점과 약점을 파악하기 위해 실시하는 평가이다. 진단 평가는 학습자들이 잘 배운 부분과 그렇지 않은 부분을 진단해서 교육 내용이나 방법을 수정하기 위한 목적으로 쓰인다고 할 수 있다. 따라서 진단 평가의 효과는 언어 기능 간의 균형을 맞출 수 있고 학습자의 학습 과정 전반에 대한 합리적인 진행에 있다고 볼 수 있다.

③ 배치 평가(Placement test) : 배치 평가는 학습자들이 평가 시점에서 보유하고 있는 언어 능력을 평가하기 위한 것이다. 한국어 교육과정이 시작되기 전

2) 김정숙 외(2006)의 "한국어 말하기 능력 평가를 위한 기초 연구 및 평가 모형 개발" 최종 보고서를 참고하였다.

에 수준별로 구성된 질문의 평가를 통해 비슷한 수준의 학습자들을 한 반에 배치하여 학습자의 학습 과정을 효율적으로 이루어지게 한다. 대개 말하기 능력은 인터뷰의 형식으로 이루어지는데, 학습자의 현재 말하기 숙달도를 파악하는 것이 주목적이기 때문에 질문의 내용 면에서 다음에 나오는 숙달도 평가와 비슷한 점이 많다.

④ 숙달도 평가(Proficiency test) : 숙달도 평가는 학습자가 보유한 전반적인 언어 능력을 측정하려는 평가이다. 과제중심 교수 학계에서도 언어 학습은 비단선적으로 누적된다는 견해를 제시했듯이, 숙달도 평가는 특정 교육과정이나 교육 내용과는 상관없이 학습자가 특정한 목적을 수행하기에 적절한 수준의 언어 숙달도에 이르렀는지, 등급별로 갖추어야 할 기준에 도달했는지를 측정한다. 또한 한 학습자의 말하기 능력의 하한선과 상한선을 가늠할 수 있다는 강점이 있다.

현재 대표적인 한국어 말하기 숙달도 평가로는 미국의 ACTFL OPI, FSI OPT, DLPT 등의 표준 시험이 있다. 각각에 대한 간략한 소개는 다음과 같다.

ACTFL OPI(American Council on the Teaching of Foreign Languages) : 미국의 민영 기관인 미국 외국어교육협의회에서 주관하는 인터뷰 형식의 말하기 숙달도 시험

FSI OPT(Foreign Service Institute Oral Proficiency Test) : 미국 국무부에서 주관하며 주로 외교관과 공무원의 외국어 능력을 평가하는 시험

DLPT(Defense Language Proficiency Test) : 미국의 국방외국어대학교(Defense Language Institute)가 개발, 시행하는 외국어 숙달도 시험

반면에 국내의 한국어능력시험(TOPIK)이나 세계한국말인증시험(KLPT) 같은 대표적 한국어 숙달도 시험에서는 아직 말하기 평가가 실시되고 있지 않다. 그러나 한국어 말하기 숙달도 표준 시험을 위한 프로젝트 차원의 연구와 개발은 김정숙 외(2006)에서 진행된 바 있고, 그 외에 미약하기는 하나 기관 차원의 연구들[3]이 이루어지고 있다.

3) 전나영 외(2007)에서는 교육기관 내부용의 말하기 능력 평가 도구의 개발을 위한 연구를 실시한 바 있다.

(2) 평가 방식에 따른 말하기 평가의 유형

말하기 평가의 방식에 따른 유형은 크게 직접 평가(direct test), 준직접 평가(semi-direct test), 컴퓨터 기반 평가(computer-based test)의 셋으로 나눌 수 있다.

① **직접 평가** : 직접 평가는 자연스럽고 실제적인 의사소통 상황에서 말하기 능력을 직접적으로 평가하는 방식을 말한다. 즉, 실제로 구어를 사용하기 위한 상황과 조건을 조성한 다음 수험자가 구어를 사용하는 방식을 면대면으로 평가하는 방식이다. ACTFL OPI나 영어 말하기 시험인 IELTS[4]가 그 예가 될 것이다.

직접 평가에서 평가자가 고려해야 할 사항을 ACTFL OPI를 기준으로 살펴보면 다음과 같다. 먼저 본격적인 면접에 앞서, 수험자가 긴장을 풀도록 준비 단계(warm-up)로 초반의 어색함을 깨기 위한 시작 질문을 시작한다. 이 질문은 본격적으로 수험자의 수준을 확인하기 위한 기초 자료로 쓰이기도 한다. 다음은 수험자의 말하기 능력이 어느 수준인지를 확인하기 위한 수준 점검 단계로 여러 질문으로 대화를 진행한다. 이는 학습자의 최저 수준을 결정하거나 이 수준에 의거하여 수험자의 과제 수행 수준을 예측하는 데 중요하게 작용한다. 또한 이 단계에서는 수험자가 완결할 수 있는 과제를 자신 있게 보여줄 수 있다. 이어서 시험관은 수험자의 최고점을 찾고 결정하기 위한 탐색 단계(probe)의 질문들을 하게 된다. 이 단계에서 시험관은 수험자의 등급을 결정하고 인접한 등급을 오가는 과제를 부여하며 최종적으로 확정짓는다. 이 때 역할놀이가 주요 과제로 사용되는데 이때의 역할놀이 과제는 마지막 등급 확인 기능을 가지며, 질문만으로는 쉽게 추출되지 않는 말하기 기능의 숙달도를 확인하게 해준다. 마지막으로 마무리 단계(wind-down)에서는 다시 일상적 질문을 통해 수험자가 편안한 언어를 구사하게 함으로써 인터뷰를 마무리한다.

직접 평가는 시험의 조건상 실제의 대화 상황과 닮아 있다는 점에서 준직접 평가나 컴퓨터 기반 평가보다는 자연스럽다는 점이 있다. 그러나 앞의 말하기

---

4) IELTS(International English Language Testing System)는 호주대학연합과 영국문화원이 공동개발, 주관하는 시험으로 말하기, 듣기, 읽기, 쓰기의 네 영역이 평가되며, 대학 진학이나 취업을 위한 영어 능력 시험이다.

시험의 평가 원리에서 살펴본 것처럼 채점자 신뢰도에 관한 문제가 발생할 수도 있다. 즉 직접 평가는 인터뷰 시험의 기록 확보나 워크숍이나 시험관 훈련 등의 프로그램을 통해 시험관의 신뢰도[5]를 확보해야 한다는 제약을 받는다.

② **준직접 평가** : 대부분의 말하기 평가는 학습자를 평가해야 한다는 명분과 형식이라는 본질적인 인위성 때문에 직접성이나 실제성보다는 경제성과 실용성 등을 더 우선시하는 경향이 있다(이완기, 2003). 그래서 많은 경우에 직접 평가의 바람직한 대안으로 최대한 인위성을 줄이면서 직접성을 추구하는 준직접 평가가 행해진다.

준직접 평가는 주로 시청각 기자재가 완비된 어학 실험실에서 수험자의 담화를 테이프에 녹음하여 평가하는 방식이 선호되고 있다.

준직접평가는 시험관의 요인에 영향을 받는 직접 평가와는 달리 모든 수험자가 동일한 상황에서 동일한 과제를 수행하며, 직접 평가에서 인터뷰 당시에 다분히 작용하게 되는 인상적인 평가보다는 녹음한 내용을 같은 채점자가 분석적으로 평가한다는 점에서 더 공정할 수 있다. 그러나 역시 자연스러운 상호작용적 의사소통이 아니어서 실제성이 떨어진다는 약점이 있다.

③ **컴퓨터 기반 평가** : 컴퓨터 기반 평가는 컴퓨터 평가 프로그램을 이용하여 평가하는 방식이다. 수험자들은 컴퓨터 앞에 앉아서 미리 설치, 실행되는 평가 프로그램의 절차에 적절하게 반응하게 된다. 그러나 학습자에 따라 면대면 상호작용이 아닌 기계 앞에서 평가를 받는다는 사실에 민감할 수 있어서 숙달도가 제대로 발휘되지 않는 경우가 있다. 물론 컴퓨터 자체의 속도나 성능 등 기술적 문제도 시험의 결과에 영향을 줄 수 있다. 이 방식의 장점으로는 많은 수의 시험관을 교육하지 않아도 된다는 점이 있으며, 숙달도 판정 및 분석을 좀 더 신중하게 할 수 있다는 점 등이 있다.

5) ACTFL에서는 시험관의 높은 신뢰도를 유지하기 위하여 OPI의 시험관 자격을 4년마다 갱신하도록 요구하고 있다.

3 말하기 평가의 실제[6)]

이 장에서는 한국어 말하기 숙달도 시험을 살펴보면서 이를 과제 수행의 측면에서 살펴보도록 한다.

3.1 ACTFL OPI

ACTFL에서는 OPI 시험관들을 위한 지침서[7)]에서 OPI란 말하기 능력의 총체적 평가를 위한 표준화된 과정[8)]이라고 규정하고 있다. OPI는 준거 지향 평가(Criterion-Referenced Assessment)이며 시험관과의 인터뷰 상호작용을 통해 이루어지는 학습자 중심의 평가이다.

(1) 평가 체계

ACTFL OPI(1999)의 주요 등급은 초급, 중급, 상급, 최상급 4등급으로 분류되어 있으며, 이것이 다시 상, 중, 하의 세부 등급으로 분류되어 모두 10등급으로 제시되어 있다. 인터뷰 절차는 언어 숙달 지침에 따라 고안되었으며 이 등급은 외국어 학습자가 현실적으로 도달할 수 있는 언어 능력의 단계를 계층적으로 나눈 것으로 실제 언어생활에서 얼마나 '유용하게 쓰일 수 있는가'의 수준을 기술한 것이라고 할 수 있다.

(2) 평가 범주

ACTFL의 평가 범주는 총체적 과제(global task)와 기능(function), 맥락(context)과

---

6) 이 절은 김정숙 외(2006)과 이동은(2009)을 참조하도록 한다.

7) ACTFL Oral Proficiency Interview Tester Training Manual이며, 시험관 교육을 위한 워크숍에서 사용되는 지침서이다 (http://www.actfl.org/files/public/Guidelines.pdf 참고).

8) "The ACTFL OPI, as it is often called, is a standardized procedure for the global assessment of functional speaking ability; i.e., it measures language production holistically by determining patterns of strengths and weaknesses. It also establishes a speaker's level of consistent functional ability as well as clear upper limitations of that ability."

내용(content), 정확성(accuracy), 텍스트 유형(text type) 등 아래의 4가지가 있다.

① **총체적 과제와 기능** : 수험자가 언어를 사용하여 실생활에서 무엇을 할 수 있는가를 의미한다. 등급에 따라 나열하거나 열거와 같은 단순한 과제에서부터 설명, 서술, 의견 지지나 가설처럼 치밀하게 구성된 토론에서 나온 정보나 지식 등 수준 높은 표현을 전개할 수 있다.

② **맥락과 내용** : 맥락은 해당 언어가 사용되는 상황과 장소를 의미한다. 등급이 낮은 경우에는 암기하거나 배운 자료만을 사용하여야 하는 상황이 제시된다. 내용은 대화의 주제나 화제를 말한다. 낮은 등급에서는 주로 개인에 관한 신상을 말할 수 있어야 한다. 높은 등급에서는 구체적이고 추상적인 주제까지 말할 수 있어야 한다.

③ **정확성** : 의사 전달의 용인성, 질과 정밀성을 의미한다. 정확성의 하위 범주로는 유창성, 문법, 화용 능력, 발음, 사회 언어적 능력, 어휘 등이 있다. 이 중에서도 문법, 어휘, 발음이 주로 인용되긴 하나 사회 언어학적인 규범이나 유창성도 중요한 판단 기준이 된다. 정확성은 단계에 따라 비모어 화자의 언어에 친숙한 사람도 이해할 수 없는 수준에서부터 의사소통에 지장을 주는 오류를 범하지 않을 정도의 수준까지 단계적으로 나뉜다. 그러나 정확성은 문법적인 오류의 빈도를 측정하여 채점하는 것이 아니다.

④ **텍스트 유형** : 수험자가 산출해 내는 발화의 양과 구성 면을 의미한다. 텍스트 유형은 기초 단계의 고립적인 단어나 구에서부터 중급에서는 문장을, 고급에서 단락을 산출할 수 있어야 한다. 그리고 최상급에서는 조직적이고 연결성이 있는 확장된 담화를 산출할 수 있어야 한다.

앞의 평가 범주를 등급별로 제시하면 다음의 표와 같다.

▶ **ACTFL OPI 등급별 평가 범주**

	총체적 과제	맥락/내용	정확성	텍스트 유형
최상급 (Superior)	광범위한 주제에 대해 의견을 제시하고 가정할 수 있다. 또한 언어적으로 친숙하지 않은 상황에서 논의를 할 수 있다.	격식, 비격식적 상황에서 다양한 일반적인 주제뿐 아니라 관심이 있고 전문적인 특정 주제 모두를 다룰 수 있다.	기본 구조에 있어 오류의 반복 패턴이 없다. 실수가 있어도 대화에 지장을 주거나 모어 화자의 메시지를 받는 데 지장이 없다.	확장된 담화
상급 (Advanced)	예상치 못한 복잡한 내용을 주어진 시간과 틀에서 적당하게 서술하고 묘사할 수 있다.	격식, 비격식적 상황에서 개인적이고 일반적 관심사과 같은 주제를 다룬다.	비모어 화자와의 익숙하지 않은 대화도 어려움 없이 이해할 수 있다.	단락
중급 (Intermediate)	간단한 질문과 응답으로 간단한 대화를 이끌어 갈 수 있다.	비격식적 상황과 제한적 의사소통 상황에서 일상적 활동과 친숙하고 예측 가능한 주제를 다룬다.	비모어 화자의 익숙한 대화를 몇 번의 반복을 통해 이해할 수 있다.	개별 문장
초급 (Novice)	암기한 어휘나 어구를 사용하여 최소한의 의사소통을 할 수 있다.	비격식적, 일반적 상황에서 일상생활 관련 주제를 다룬다.	비모어 화자가 익숙한 대화를 해도 이해하기 어렵다.	개별 단어, 구절

이제 ACTFL 등급[9]과 ILR[10]의 수준 기술을 상호 비교해 보기로 한다. ILR의 척도 기술에서는 사실상 Level 3 이상의 수준은 전문적인 영역의 대화에까지 효율적으로 참여할 수 있을 만큼의 높은 숙달도를 나타내고 있다. 따라서 이는 ACTFL 등급의 최상급에 해당한다.

9) 1986년 처음 ACTFL Guidelines을 펴 낼 때에는 9단계였으나 1999년 현재의 10단계로 수정되었다. 달라진 부분은 1986년에 Advanced-Advanced High였던 것이 1999년에는 Advanced Low-Advanced Mid-Advanced High로 세분되었다.

10) 미국 내 외국어 상용 정부 기관의 협의체인 연방 기구 언어 협의체(Federal Interagency Language Roundtable)

▶ **ACTFL 등급과 ILR Scale의 상호 비교**

<table>
<tr><th>ACTFL 등급</th><th>ILR 척도</th></tr>
<tr><td>Novice – Low</td><td rowspan="2">0</td></tr>
<tr><td>Novice – Mid</td></tr>
<tr><td>Novice – High</td><td>0+</td></tr>
<tr><td>Intermediate – Low</td><td rowspan="2">1</td></tr>
<tr><td>Intermediate – Mid</td></tr>
<tr><td>Intermediate – High</td><td>1+</td></tr>
<tr><td>Advanced – Low</td><td rowspan="2">2</td></tr>
<tr><td>Advanced – Mid</td></tr>
<tr><td>Advanced – High</td><td>2+</td></tr>
<tr><td rowspan="5">Superior</td><td>3</td></tr>
<tr><td>3+</td></tr>
<tr><td>4</td></tr>
<tr><td>4+</td></tr>
<tr><td>5</td></tr>
</table>

(3) 평가 절차

ACTFL OPI는 최단 10분에서 최장 30분 동안 시험관과의 인터뷰를 통해서 말하기 능력을 평가받는 방식으로 진행된다. 인터뷰는 가능한 한 자연스러운 대화로 진행된다. 전문적으로 훈련을 받은 시험관은 준비 단계, 수준 점검 단계, 탐색 단계, 마무리 단계로 인터뷰의 단계를 거치면서 수험자를 평가한다. 점수는 인터뷰가 진행되는 과정에서 일차로 매겨지지만, 인터뷰가 끝난 후 녹음된 오디오 테이프나 음성 파일의 청취를 통해 확정된다.

이제 현재 연구 개발 중인 국내의 한국어 말하기 시험들을 숙달도 등급 기술과 문항을 중심으로 검토하여 한국어 말하기 시험과 말하기 수업과의 긴밀성을 모색하고자 한다.

3.2 국내의 한국어 말하기 숙달도 시험들

국내의 표준 한국어 말하기 숙달도 시험은 아직 시행되지 않고 있으나 관련 연구로는 김정숙 외(2006)의 "한국어 말하기 능력 평가를 위한 기초 연구 및 평가 모형 개발"이 대표적이다. 이 연구는 한국어 학습자의 구어 능력을 정확히 평가할 수 있는 척도를 개발하여 표준화된 한국어 말하기 도구를 개발하고 시행하려는 목적에서 출발했다. 아래에서는 이 연구의 결과로 도출된 1급부터 6급에 이르는 말하기 등급 기술을 제시한다.

1급	• 기본적인 문장 구조를 이용해 최소한의 의사소통을 할 수 있다. • 생존에 필요한 기초적인 말하기 기능을 수행할 수 있다. • 매우 친숙한 주제에 대해 간단한 질문을 하고 대답을 하거나 짧은 이야기를 할 수 있다. • 문법과 발음이 많이 부정확할 수 있다.
2급	• 일상적 맥락에서 요구되는 간단한 언어 기능을 수행할 수 있다. • 친숙한 주제에 관해 질문하고 대답하거나 짧은 이야기를 할 수 있다. • 우체국, 은행 등 기본적인 공공시설을 이용할 수 있다. • 자주 사용되는 조사와 연결 어미를 사용해 이야기할 수 있으나 문법과 발음이 부정확할 수 있다.
3급	• 일상생활과 관련된 주제나 기능을 정확하고 유창하게 말하거나 수행할 수 있다. • 사회적 맥락에서 요구되는 언어 기능을 부분적이나마 수행할 수 있다. • 친숙한 사회적 · 추상적 주제에 대해 간단한 질문을 하고 대답하거나 짧은 이야기를 구성할 수 있다. • 격식적 맥락과 비격식적 맥락을 구분해 말할 수 있다. • 개별 음소의 발음에 오류가 나타날 수 있으며, 억양이 부자연스러운 경우가 많다.
4급	• 친숙한 사회적 · 추상적 주제에 대해 유창하고 정확하게 말할 수 있다. • 사회적 맥락에서 요구되는 일반적 언어 기능을 수행할 수 있다. • 일반적 업무 · 학업 맥락에서 요구되는 기본적 말하기 기능을 수행할 수 있다. • 발화 상황과 대화 상대자에 따라 구분되는 발화의 격식을 적절히 사용할 수 있다.
5급	• 격식적 맥락에서 요구되는 언어 기능을 어느 정도 수행할 수 있다. • 친숙하지 않은 사회적 · 추상적 주제나 자신의 전문 분야의 주제에 대해 어느 정도 말할 수 있다. • 업무 · 학업 맥락에서 요구되는 말하기 기능을 어느 정도 수행할 수 있다. • 논리적으로 설명하거나 자신의 견해를 주장할 수 있다. • 억양 등 발음에서 모국어의 영향이 나타나나 의사소통에 지장을 주지 않는다.

6급	• 격식적 맥락에서 요구되는 언어 기능을 적절히 수행할 수 있다. • 친숙하지 않은 사회적 · 추상적 주제나 자신의 전문 분야의 주제에 대해 어느 정도 정확하고 유창하게 말할 수 있다. • 업무 · 학업 맥락에서 요구되는 말하기 기능을 대체로 수행할 수 있다. • 공식적 맥락과 비공식적 맥락에 따른 언어의 차이를 분명히 인식해 사용하며, 가장 적절한 언어 형태를 선택해 사용할 수 있다.

전나영 외(2007)의 연구는 한국어 교육기관 내부용으로 연구 개발된 시험이다. 이 시험은 평가 범주의 틀로 학습자의 언어적 능력과 화용 능력을 들고 있으며, 언어적 능력으로는 음운, 문법, 어휘, 담화를, 화용 능력으로는 기능과 사회 · 문화적 능력으로 구분하여 규정하고 있다. 아래에서 표로 정리해 본다.

<table>
<tr><th colspan="4">평가 범주</th><th>범주 측정 기제(①~⑤)</th></tr>
<tr><td rowspan="10">언어적 능력</td><td rowspan="3">음운</td><td>발음</td><td>정확성</td><td rowspan="13">① 최상점(정확함, 자연스러움 등)
② 상점(정확한 편, 자연스러운 편 등)
③ 중간점(부정확한 경우가 있어 의사소통에 영향을 줌 등)
④ 하점(부자연스러워 의사소통에 방해가 됨 등)
⑤ 최하점(부자연스러워 의사소통이 어려움 등)</td></tr>
<tr><td>억양</td><td>자연스러움</td></tr>
<tr><td>띄어 말하기</td><td>자연스러움</td></tr>
<tr><td colspan="2" rowspan="2">문법</td><td>정확성</td></tr>
<tr><td>다양성</td></tr>
<tr><td colspan="2" rowspan="2">어휘</td><td>정확성</td></tr>
<tr><td>다양성</td></tr>
<tr><td colspan="2" rowspan="3">담화</td><td>결속성(형식)</td></tr>
<tr><td>응집성(내용)</td></tr>
<tr><td>유창성</td></tr>
<tr><td rowspan="3">화용적 능력</td><td colspan="2">기능</td><td>적절성</td></tr>
<tr><td rowspan="2">사회 · 문화적 능력</td><td>공손법</td><td>적절성</td></tr>
<tr><td>사용역</td><td>적절성</td></tr>
</table>

4 말하기 시험의 문제 유형

이제 한국어 말하기 성취도 시험 문항과 숙달도 시험 문항을 차례로 소개한다. 이러한 문제 유형의 검토는 수업 내 말하기 활동의 개발에 유용할 것이다.

4.1 한국어 말하기 성취도 시험 문항[11)]

(1) 초급

① 인터뷰

▶ **기본 질문 : 자기 소개**

1. 이름이 뭐예요?
2. 어디에서 왔어요?/어느 나라 사람이에요?/고향이 어디예요?
3. 직업이 뭐예요?
4. 생일이 언제예요?
5. 한국에 처음 왔어요? 어땠어요?
6. 언제 한국에 왔어요?
7. 한국 친구가 있어요?
8. 취미가 뭐예요?

▶ **질문 : 〈주말 활동/주말 계획〉**

1. 주말에 보통 뭘 해요?/어디에서 해요?/왜 해요?
2. 지난 주말은 어땠어요?
3. 다음 주말에는 뭘 할 거예요?/어디에 갈 거예요?/누구하고 갈 거예요?

② 역할놀이

▶ **물건 사기 : 가격/수량(물건 그림 카드 준비)**

A	B
뭘 드릴까요? 네. 있어요./아니요. 없어요. 모두 얼마예요?	(물건) 있어요? (그러면/그럼) ______ 개/병하고 ______ 개/병 주세요. ____________ 원이에요.

11) 고려대학교 한국어문화교육센터의 「재미있는 한국어」의 내용을 참조해 구성한 것이다.

③ 그룹 토의하기(3～4명)

▶ 여행 계획 세우기

여러분이 함께 여행을 가요. 함께 재미있는 여행 계획을 이야기해 보세요.

1. 어디에 가요?	
2. 언제 가요?	
3. 얼마 동안 가요?	
4. 어디에서 자요?	
5. 뭘 타고 가요?	
6. 돈은 얼마나 가지고 가요?	
7. 무엇을 해요?	
8. 무엇을 먹어요?	
9. 무엇을 가지고 가요?	
10. 그 밖에 뭐가 필요해요?	

(2) 중급

① 인터뷰

▶ 직업 선택

1. 직장 생활 경험에 대해 말하기
- ○○ 씨는 직장 생활을 해 본 적이 있습니까? 그때 직장 생활은 어땠어요?
- (경험이 있다면) 어떤 점이 좋았어요?
  어떤 점이 어렵고 힘들었어요?
  ○○ 씨와 함께 일한 사람들은 어떻게 생각했어요?

(경험이 없다면 2번으로 간다.)

2. 자신이 갖고 싶은 직업
- ○○ 씨는 앞으로 어떤 직업을 가지고 싶습니까? 이유가 무엇입니까?
- ○○ 씨 가족은 어떤 직업을 가지라고 하세요? 이유가 무엇입니까?
- ○○ 씨는 직업을 선택할 때 꼭 부모님이나 주위 사람들의 의견을 들어야 한다고 생각합니까?

3. 직업 선택 기준 말하기
- 어떤 직업이 좋다고 생각합니까?
- ○○ 씨는 직업을 선택할 때 가장 중요하다고 생각하는 기준이 무엇입니까? 그 이유는 무엇입니까?(급여, 분위기, 안정성, 휴가, 적성, 출퇴근 시간 등)
- 직장 생활을 하게 된다면 앞으로 어떤 일을 하고 싶어요?(희망 회사, 부서)

▶ 다양한 주제에 대해 말하기

학창시절(학습자끼리 인터뷰)
- ○○ 씨는 학창시절에 어떤 학생이었습니까? 왜 그렇게 생각합니까?
- 가장 좋아하는 놀이는 무엇이었습니까? 그 놀이는 어떻게 하는 놀이입니까? 왜 좋아했습니까?
- 가장 자주 가던 곳은 어디였습니까? 그 곳은 어떤 곳이었습니까?
- 가장 기억에 남는 선생님은 누구입니까? 기억에 남는 이유는 무엇입니까?
- 가장 친한 친구는 누구였습니까? 어떤 친구였습니까? 지금도 서로 연락을 합니까? 그렇지 않다면 그 이유는 무엇입니까?
- 학창시절 중 가장 기억에 남는 일은 무엇입니까? 그 이유는 무엇입니까?
- 다시 학창시절로 돌아간다면 언제로 돌아가고 싶습니까? 그 이유는 무엇입니까?

② 역할놀이

▶ 휴대전화 수리 문의

학습자 A	학습자 B
손님이 휴대전화가 고장 나서 수리 센터에 맡기려고 전화를 했습니다. 고장 난 이유를 묻고 어떻게 하면 되는지 대답해 주세요. (수리비용, 수리 기간, 수리 센터 위치 등)	휴대전화가 고장 나서 수리 센터에 맡기려고 수리 센터에 전화했습니다. 고장 난 이유를 말하고 어떻게 하면 되는지 문의해 보세요. (수리비용, 수리 기간, 수리 센터 위치 등)

▶ 불평/변명

학습자 A	학습자 B
인터넷이 되지 않아 하숙집 주인에게 요청했는데, 한 달이 지나도 인터넷을 설치해 주지 않습니다. 하숙집 주인에게 항의해 보세요.	학생들 방에서 인터넷을 할 수 있도록 설치해 주기로 했는데 아직 설치하지 못했습니다. 왜 못했는지 해명이나 설득을 해 보세요.

③ 주제 발표

1. 자기 나라의 유명한 장소(위치, 특징, 그 장소가 유명한 이유)
2. 한국 사회의 고정관념과 그에 대한 자신의 의견

(3) 고급

① 인터뷰

▶ 미디어

- 최근 관심 있게 본 신문 기사나 뉴스가 있습니까?
  (어떤 내용인지 간략히 말하고, 그에 대한 의견 말하기)
- 아동성범죄자에 대한 처벌의 수준에 대해 생각해 적이 있습니까?
  (여론을 어떻게 파악하는지와 처벌의 수준에 대한 의견 말하기)

▶ 교육

- 현재 한국 교육의 문제점이 무엇이라고 생각합니까? 왜 문제라고 생각합니까? 해결책으로는 어떤 것들이 있다고 생각합니까?
- 여러분의 나라의 교육 분야의 문제점은 무엇이라고 생각합니까? 여러분 나라에서는 어떻게 해결 방안을 마련하고 있습니까?

- 한국 사회에 넓게 자리잡고 있는 학력주의, 학벌주의를 해결할 수 있는 방안에 대해 이야기해 보십시오.
- 1999년 도입된 한국 교육의 삼불정책에서 말하는 3가지 금지 조항은 무엇입니까? 아는 대로 이야기하고, 그에 대한 자신의 생각을 이야기해 보십시오.

② 토론

- 3~4명씩 조를 구성한다.
- 조원이 협의해서 토론 주제를 선택하도록 한다.
- 조별로 찬반 비율을 적절히 나눈다.
- 3분 정도 준비하게 하고 약 15분 내외로 토론하도록 한다.

▶ 개발과 보전의 차이

최근 개발도상국을 중심으로 경제 개발을 위한 환경의 오염과 파괴가 심각성을 더해 가는 가운데 각국의 시민단체를 중심으로 한 환경 보전을 위한 목소리도 높습니다. 개발을 위한 환경오염이나 파괴로 인해 우리들에게 나타나고 있는 현상은 무엇인지 구체적으로 이야기해 보십시오. 또한 이를 예방하거나 늦추기 위해 시민 차원에서 해야 할 일은 무엇이라고 생각합니까? 개발을 통한 경제 발전과 환경 보전은 상충되는 개념이라고 볼 수 있는데, 과연 두 마리의 토끼를 잡는 것이 가능한지에 대해 토론해 봅시다. 구체적인 사례를 들어 개발의 심각성을 부각시킴과 동시에 환경을 보호할 수 있는 방안에 대해서도 생각해 봅시다.

4.2 한국어 말하기 숙달도 시험 문항

(1) OPI 시험 문항

① 초급 과제 : 단어 구절로 이루어진 암기 수준의 대화

- 판정 질문 : 형제가 있어요?
- 부가 의문 : 대학생이에요, 대학원생이에요?
- 사실 /정보 질문 : 이번 학기에 무슨 수업을 들어요?

② 중급 과제

• 간단한 일상 대화

예) 친구와 영화를 보러 가려고 해요. 약속을 해보세요.

• 수험자가 질문하기

예) 신문기자가 되어서 유명한 야구선수에게 인터뷰 질문을 해보세요.

• 기본적 생존 상황

예) 안경이 깨어졌어요. 안경점에 가서 빨리 고쳐 달라고 해보세요.

③ 고급 과제

• 이야기하기

예) 취미가 농구라고 하셨어요. 가장 기억에 남는 경기에 대해서 들려주십시오.

• 묘사하기

예) 택시를 탔다가 접촉사고를 당했어요. 경찰관에게 사고경위를 설명해 보십시오.

• 복잡한 상황 해결하기

예) 혼자 사무실에 늦게 남아 일을 하다가 물을 마시러 밖으로 나갔어요. 그런데 문이 자동적으로 잠겼어요. 경비실에 가서 상황을 설명하고 문을 열어 달라고 요청해 보십시오.

④ 최상급 과제

• 의견 피력하기

예) 사형제도의 존폐 논의

• 가정하기

예) 우루과이협상이 체결되지 않았다면 한미 FTA의 현재 진행 상황은 어떻게 달라졌겠습니까?

• 추상적 주제에 대해 토론하기

예) 독서 토론 동아리에서 토론을 하게 되었습니다. 최근에 읽은 책의 중요성을 사회적 차원에서 토론해 보십시오.

• 친숙하지 않은 상황에서 말하기

예) 올해의 외국인상을 수상하셨습니다. 소감을 부탁드립니다.

OPI의 문항 유형을 개발하는 중요한 방향 중 하나는 하나의 주제에 대한 다양한 난이도의 기능을 요구하는 질문으로 심화시키는 것이다. 다음에서 숙달도별 나선형 심화질문의 구성의 예를 보자.

▶ **숙달도별 나선형 심화질문의 예**

숙달도	질문
중급	부모님이 지금 나고야에 사신다고 하셨어요. 유키 씨도 나고야에서 오래 살았습니까?
고급	나고야에는 관광객이 많다고 들었습니다. 가장 유명한 곳에 대해서 자세히 설명해 주시겠습니까?
최상급	유키 씨가 나고야 지역에서 기념품 매장을 운영하고 있다고 합시다. 최근 시의회는 주민들의 쾌적한 삶을 보장하기 위해 관광지 주변의 매장의 영업시간을 제한하는 법을 통과시키려고 합니다. 유키 씨, 상인들의 입장을 옹호하는 의견을 피력해 주십시오.

OPI의 역할놀이에서는 진행 중인 인터뷰에서 수험자의 등급을 판정하고 이에 기대어 다양한 기능의 역할놀이를 부과한다. 아래는 최상급의 역할놀이 질문 중의 하나로 자신의 견해를 피력하는 기능을 보여주는 실제의 예이다. 아래 수험자의 경우에는 어휘표현에 있어서는 다소 어색한 곳이 있으나 용인 가능한 것으로 보이며, 공식성의 측면에서는 고급 화자로서 적절한 과제 수행 수준을 보여주고 있다.

교사 : 핵가족과 대가족 형태에 대한 견해를 좀 말씀해 주십시오.

학습자 : 제가 아무래도 미국에서 왔기 때문에 핵가족을 선호합니다. Well, 일단 익숙해졌기 때문에요, 할아버지, 할머니 다 함께 산다면 뿔난 호덕집처럼 난리가 아닌 상태가 됩니다. 그런데 세 명, 네 명이 사는 집은 조용하고 환경이 될 거라고 생각합니다.

교사 : ○○○ 씨, 제 경우에는요, 양면적인 것 같아요. 따뜻한 가족 분위기를 위해서는 할아버지, 할머니가 계셨으면 하지만, 주말에는 가족끼리 오붓하게 지내는 것도 좋다고 생각합니다. ○○○ 씨, 나중에 가정을 꾸리신다면 부모님들과 어떻게 의사소통을 하실 겁니까?

학습자 : 불확실한 미래를 가지는 제가 답을 내리기는 어려울 텐데요. 부모님과 의사소통을 지키는 것이 중요합니다. 같은 지역에서 살면 좋다고 생각합니다. 모시고 오기도 편하고 여행도 같이 갈 수 있습니다. 그것이 안 되면 전화로 의사소통을 지키는 것이 최선이라고 생각합니다.

다음은 ACTFL OPI 인터뷰 시험 시 최상급 수준의 수험자를 평가할 때 예상되는 질문의 예[12]이다.

▶ **ACTFL OPI 최상급 판정을 위한 질문의 예**

주제	최상급 기준선 (Baseline Superior)	명확한 최상급 (Distinguished Superior)
최근의 자료에 따르면 미국에서는 한부모 가정이 그 어느 때보다 높은 수치를 보인다.	이러한 현상이 생기는 원인에는 어떤 것이 있다고 생각합니까? 새로운 가족 구성 방식에 대한 당신은 의견을 말해 주십시오.	사회의 조직은 1960년대에 개발된 모델에 기초해 있습니다. 이러한 모델이 21세기 현재에도 유효하다고 생각합니까? 그 조직, 공동체, 제도가 이러한 변화에 적응하기 위해서 사회가 어떻게 변화해야 할까요?

평가자는 위와 같은 질문의 예처럼 수험자가 관심과 흥미를 가지고 있는 주제에 대해 수준에 따른 질문을 한다. 평가자는 인터뷰 과정에서 끊임없이 수험자의 수준을 확인하며 수험자가 최상급이라고 생각되면 위의 질문을 통해 수험자가 그에 대해 안정적으로 대답을 하는가를 확인하여 수준을 판단한다.

(2) 김정숙 외(2006)의 실험 문항

이 실험 문항 개발진에서는 각 등급의 능력을 나타내는 전형적인 언어 기능과 내용으로 평가 문항을 구성하였다.

초급에서는 일상적이고 개인적인 주제에 대해 대화하거나 간단히 설명하는 내용을 중심으로 평가 문항을 구성하였다. 중급에서는 친숙한 사회적 · 추상적 주제에 대해 대화하거나 설명 · 기술 · 비교하는 내용으로 평가 문항을 구성하였다. 고급에서는 일반적인 사회적 · 추상적 주제나 전문 영역의 주제에 대해 설명하거나 주장하는 내용으로 평가 문항을 구성한다. 더불어 발화 산출을 위한 자료로 사진이나 그림 등이 제시되기도 하고, 중 · 고급에서는 도표나 그래프 등이 제시되기도 한다.

기본적으로 인터뷰 방식의 시험에서는 첫 단계로 수험자들을 시험에 적응하게

12) 이는 2006년 ACTFL OPI 평가자 훈련을 위한 자료에서 일부를 발췌한 것이다.

하는 단계가 필요하므로 한국어 말하기 평가의 첫 유형은 간단한 질문에 대해 응답하는 문항이 될 것이다.[13] 이후에 각 등급의 수준에 적절한 4개의 문항을 제시해 응답하도록 한다.

다음은 각 등급별 평가 문항의 유형이다. 또한 평가 문항은 수험자의 말하기 능력을 측정하는 데 가장 경제적인 수로 구성하는 것이 좋다. 일반적으로 외국어 말하기 평가는 20분 내외의 시간에 3~6문항에 응답하는 내용으로 구성되어 있다.

▶ **등급별 평가 문항의 유형**

구분	문항	기능	주제
초급	1	웜업	자기소개
	2	간단한 주제 설명하기	주말 활동
	3	그림 보고 간단한 정보 설명하기	교통 수단
	4	그림 보고 묘사하기	공원
	5	간단한 자료 보고 선택해 이야기하기	여행
중급	1	웜업	한국 생활
	2	추천하기	여행, 유학
	3	표나 그래프 설명하기	결혼
	4	사진 보고 설명하기	한국의 명절
	5	계획 이야기하기	직업, 미래 계획
고급	1	웜업	한국 생활
	2	객관적 정보 제공하기	학교, 기관, 제도
	3	표나 그래프 설명하고 분석하기	자산 운용
	4	전문 분야에 대해 설명하기	전공, 전문 분야
	5	사회적 이슈에 대한 견해 이야기하기	저출산, 노령화 사회

(3) 말하기 시험 문항의 담화분석적 접근

이제 말하기 시험 문항 개발을 위한 제안으로 이 장을 마무리하고자 한다. 말하

13) 수험자의 이름을 확인하고 초급 혹은 초급에서 중급 수준의 가벼운 질문을 던져 이후의 본격적인 평가 문항에 응시자가 적응하게 하는 문항 유형이다. 이 문항 유형은 수험자의 심리적 안정을 돕기 위해 초 · 중급 수준의 질문을 제시하기 때문에 고급 단계에서는 평가 범위에 포함시키지 않는다.

기 시험 담화의 거시적 미시적 분석은 시험 상황에서의 잠재적 차별성을 파악할 수 있을 뿐 아니라 수험자와 시험관 사이의 상호작용이 학습자들의 숙달도 향상에 얼마나 긴밀하게 작용하는지를 알 수 있다. 따라서 말하기 시험 담화의 분석적 접근은 적절하고 합리적인 수준의 과제 개발을 위한 바람직한 방향을 제시할 것이다.

제6장 말하기 교육의 실제

앞서 3장에서는 한국어 수업에서 활용할 수 있는 다양한 말하기 활동들을 살펴보았다. 이 장에서는 실제 수업을 어떻게 구성할 것인지를 살펴보고자 한다. 말하기 활동을 살펴본 것이 다양한 활동을 횡적으로 나열하고 알아본 것이라면, 수업 구성 방법을 살펴보는 것은 하나의 활동을 어떻게 구성할 것인지 종적으로 살펴보는 것이다. 즉, 어떻게 수업을 시작하고 끝내며 이 수업에서 학습자와 교사는 어떤 활동을 해 나갈 것인지를 살펴보게 된다. 수업 구성은 숙달도에 따른 구체적인 예를 살펴보는 것으로 진행하고자 한다.

1 초급 과정 말하기 수업의 실제

초급 학습자는 알고 있는 어휘와 문법이 제한적이라서 어휘와 문법(표현)을 정확하게 익힌 후에 실제적인 말하기 활동을 유도하는 PPP모형이 자주 활용된다. 특히 성인 학습자들은 인지 능력을 활용하여 문법을 이해하고자 하는 욕구가 강하므로, 먼저 목표 문법(표현)을 익히고 점차 사용 능력을 길러줌으로써, '지식에서 사용'으로 전환해 가도록 수업을 설계하는 것이 유용하다. 초급 말하기 수업 구성의 실례로 PPP모형에 따라 설계된 여성결혼이민자를 위한 말하기 수업과 일반 어학연수생을 위한 말하기 수업의 두 사례를 살펴보겠다.

1.1 초급 PPP모형의 수업 1

▶ 길 찾기[1)]
- 단원 주제 : 길찾기
- 기능 : 길 찾기, 정보 구하기

• 문법 : -다가, -(으)면
• 어휘 : 방향 관련 어휘, 교통 관련 어휘

(1) 도입 단계

① 주제로 도입하기

한국에서 길을 몰라서 사람들에게 길을 물은 경험이 있는지 이야기하게 하여 주제로 도입한다.

② 학습할 어휘, 문법 노출하기

교사와 학습자가 경험을 이야기하는 과정에서 '길을 모르다, 길을 찾다, 오른쪽으로 가다, 맞은편 등' 오늘 학습할 어휘, 표현을 자연스럽게 노출시킨다.

③ 수업 목표 제시하기

오늘은 한국 사람에게 길을 묻고 찾아가는 대화를 해 보자고 하면서 수업 목표를 알려 준다.

(2) 제시 단계

① 문법(표현)의 의미와 쓰임을 이해시키기

• 목표 문법인 '-(으)면'을 제시하고 의미와 쓰임을 전달한다. 이때 상황이 있는 대화문, 삽화나 사진, 교사의 설명(한국어 또는 학습자 모국어) 등을 사용하여 의미를 이해시킨다. 교재에 있는 다음 예문들을 활용할 수 있다.

• 오늘 시간이 있어요? 시간이 있으면 영화를 보러 가요.
오늘 시간이 없으면 주말에 만나요.
• 아이스크림을 많이 먹지 마세요.
아이스크림을 많이 먹으면 배가 아파요.
• 은행이 어디에 있어요?
-사거리에서 오른쪽으로 가면 은행이 있어요.

1) 『여성결혼이민자와 함께하는 한국어 2』(2009)의 제4과(쭉 가면 사거리가 나와요)를 활용하여 수업 구성 방법을 제시한 것이다.

- '-(으)면'의 의미와 기능을 정리하여 설명한다. 이때 가능하면 쉽고 이해 가능한 용어로 의미를 전달한다.

② 문법(표현)의 형태 정보를 제시하기

'-(으)면'의 형태 정보나 통사적인 제약에 대해 이해시킨다. 형태 정보는 다음과 같이 교재의 자료를 활용하여 명시적으로 제시할 수 있다.

받침 O ⇒ -으면		받침 X ⇒ -면	
작다	작으면	크다	크면
먹다	먹으면	요리하다	요리하면
입다	입으면	쓰다	쓰면

③ 문법(표현)의 이해 정도를 확인하기

간단한 질문을 통해 이해 정도를 확인한다. 연습 단계로 넘어가기 위해서 목표 문법이나 표현을 정확하게 이해했는지 간략하게 점검하는 것이 필요하다. 만일 학습자가 이해하지 못했다면 추가 설명을 해야 한다.

(3) 연습 단계

① 다양한 연습 실시하기

- 간단한 문장 단위의 통제된 연습으로 정확한 언어 사용을 익힌다. 다음의 예는 교재에 제시된 것으로 선후행절의 의미를 고려하여 연결하는 문제이다.

※ 다음 표현을 연결하고 '-(으)면'을 사용하여 말해 보세요.

〈보기〉

1. 비가 오다 •	• 노래를 부르다
2. 스트레스가 쌓이다 •	• 울다
3. 기분이 좋다 •	• 돈을 안 받다
4. 겨울이 되다 •	• 등산을 안 가다
5. 주문한 음식이 맛없다 •	• 감기에 자주 걸리다

• 대화 단위의 통제된 연습을 한다. 그리고 가능하면 단원의 주제에 맞는 활동을 유도해간다.

길 묻고 답하기

※ 〈보기〉와 같이 길을 묻고 답해 보세요.

〈보기〉

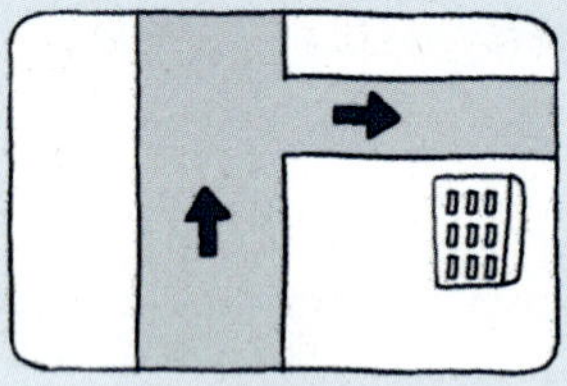

가 : 은행이 어디에 있어요?
나 : 똑바로 가다가 오른쪽으로 가면 은행이 있어요.

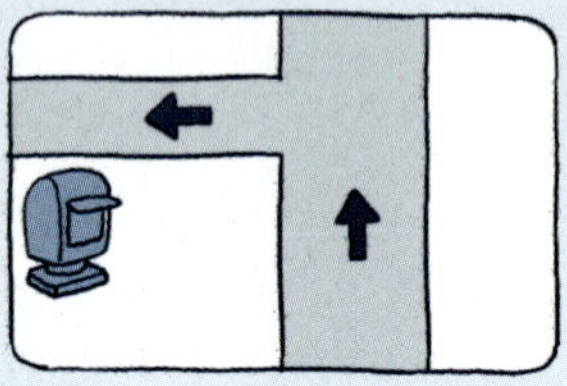

가 : 우체국이 어디에 있어요?
나 : ______________________________
우체국이 있어요.

가 : 서점이 어디에 있어요?
나 : ______________________________
서점이 있어요.

② 연습 내용을 발표시키고, 오류 교정하기

(4) 활용 단계

① 실제적인 과제를 제시하고 역할극 하기

길 안내 역할극 하기

※ 길을 가다가 길을 몰라서 다른 사람에게 길을 묻습니다. 한 사람은 한국 사람, 한 사람은 외국 사람이 되어서 길을 가르쳐 주는 대화를 해 보세요.

〈보기〉

수진 : 말씀 좀 묻겠습니다. 근처에 영화관이 있어요?
행인 : 영화관요? 아~, 있어요.
수진 : 여기서 어떻게 가요?
행인 : 사거리에서 왼쪽으로 가면 있어요. 병원 옆에 있어요.
수진 : 그래요? 감사합니다.

② 활동 내용을 발표시키고 오류 교정하기

학습자 활동이 끝나면 발표를 시키거나 질문에 답하게 하여 활동을 정리한다.

(5) 마무리 단계

① 수업 내용을 정리하기

오늘의 수업 내용을 정리해 주며 적절하게 격려하고 주의를 준다. 그리고 수업 목표를 달성했다고 보는지 학습자 스스로 평가해 보게 한다.

② 과제물 부여하기

수업 중 학습한 내용을 강화시킬 수 있도록 과제물을 부과한다. 교실 내에서 말하기 활동을 했으나 문장이나 대화를 쓸 시간적인 여유는 없었으므로, 이미 연습한 내용을 써 오게 하여 정확성을 높이도록 할 수 있다. 또한 교실 내 연습의 확장 활동으로 다시 대화문으로 구성해 오도록 해도 좋다. 본 수업에서는 '역할극으로 말한 내용을 대화문으로 써보기', '자신의 집 주변 지도를 그리고 길 찾는 대화문 구성하기' 등을 과제물로 부과할 수 있을 것이다.

1.2 초급 PPP모형의 수업 2

▶ 기숙사 시설들의 위치 알려 주기[2)]
- 단원 주제 : 집
- 기능 : 사물과 장소의 위치 말하기
- 문법 : 에, 와/과
- 어휘 : 집의 구조, 사물, 위치

(1) 도입 단계

① 주제로 도입하기

학생들에게 지금 기숙사에 사는지 하숙집에 사는지 물으면서 '집'이라는 단원의 주제로 유도한다.

② 학습할 어휘, 문법 노출하기

자기 방에 무엇이 있는지 말해 보게 한다. 그리고 책상 위에 시계, 컴퓨터가 있는지 등을 물으면서 선 학습한 '에'와 오늘 학습할 '와/과'를 사용하여 수업 내용을 노출시킨다.

③ 수업 목표 제시하기

오늘은 자기 방이나 학교에 어떤 물건들이 있는지, 조사 '와/과'를 사용해서 말해 보자고 하면서 학습 목표를 전달한다.

2) 「이화한국어 1-1」(2010년 발간 예정)의 제4과(집)를 활용하여 수업 구성 방법을 제시한 것이다.

(2) 제시 단계

① 문법(표현)의 의미와 쓰임을 이해시키기

목표 문법인 '와/과'를 삽화와 상황이 있는 대화문을 통해 제시하고 의미를 이해시킨다. 그리고 '와/과'의 의미와 기능을 정리하여 설명한다.

탁자 위에 시계와 연필이 있어요.
그리고 소파 위에 책과 전자 사전이 있어요.

② 문법(표현)의 형태 정보를 제시하기

'와/과' 의 사용 환경을 명시적으로 제시하고, '하고' 와 연계하여 이해시킨다.

자음 + 과	모음 + 와
책과 의자	의자와 책
책하고 의자, 의자하고 책	

③ 문법(표현)의 이해 정도를 확인하기

교실에 무엇이 있는지를 함께 말해보면서 목표 문법의 의미와 형태 정보를 제대로 이해했는지 확인한다. 그리고 이해가 부족한 부분이 있으면 추가 설명을 한다.

(3) 연습 단계

① 다양한 연습 실시하기

- 그림을 제시하고 사물을 열거하여 말하는 대화 연습을 하도록 한다.
- 교실에 있는 사물에 대해 위치를 묻고 답하는 대화 연습을 한다.

사물 위치 묻고 답하기

※ 방에 무엇이 있는지, 어디에 있는지를 묻고 답해 보세요.

〈보기〉

A : 방에 전화가 있어요?
B : 네, 있어요. 탁자 위에 있어요.
A : 탁자 위에 뭐가 있어요?
B : 전화와 신문이 있어요.

② 연습 내용을 발표시키고, 오류 교정하기

(4) 활용 단계

① 실제적인 과제를 제시하고 역할극 하기

- 실제적인 과제를 선정하여 역할극 형태로 수행하도록 하여 실제적인 활용 연습을 시킨다.

기숙사 시설 위치 알려주기

※ 여러분은 기숙사에 처음 이사 온 친구를 만났습니다. 그 친구에게 기숙사 시설들의 위치를 알려 주세요.

2층 : 휴게실, 컴퓨터실 / 지하1층 : 세탁실, 매점

앞선 사례 1에서는 모범 대화를 따라 대화를 구성해 보는 활동을 살펴보았다. 사례 2에서는 모범 대화를 보지 않고 스스로 대화를 시도해 보는 방법으로 활동을 구성하는 예를 살펴보고자 한다. 이러한 방법은 학습자가 주도적으로 대화를 구성해 나가는 능력과 창의적으로 말하는 능력을 길러줄 수 있다.

학습자가 대화를 스스로 구성해 보도록 이끌기 위해서는 무엇을 말해야 하는지, 어떻게 말해야 하는지를 친절하게 이끌어 줘야 한다. 그리고 목표한 내용(표현)을 최대로 발화하도록 이끄는 보조장치(말풍선 등)가 필요하다. 구체적으로 다음과 같은 방법으로 진행할 수 있다.

① 삽화를 보면서 기숙사에 무엇이 있는지 알아보게 한다.
② 시설물의 위치를 물을 때 사용하는 표현들을 학습한다.
  • (세탁실)이 어디에 있습니까?
  • (지하)에 있습니다.
③ 역할극을 수행하기 위해 필요한 내용을 다양한 자료(말풍선, 도표 등)로 제시한다.
④ 다음의 말풍선을 보면서 두 사람이 같이 대화를 구성해 보도록 한다.[3)]

수업 예시

② 활동 내용을 발표시키고 오류 교정하기

말풍선을 따라 연습한 것을 발표시켜서 적절하게 활동을 했는지 확인한다. 그리고 부족한 부분에 대해서는 보충하여 지도한다.

③ 모범 대화 읽고 자신의 대화와 비교하고 문법 확인하기[4)]

완벽하게 구성된 모범 대화문을 읽으면서 문법이나 표현을 정리하고 확장한다.

3) 이때 말풍선으로 통제하지 않은 부분에 대해서는 학습자가 창의적으로 구성할 수 있으며, 이미 학습한 많은 표현들을 최대로 활용할 수 있다.

4) 경우에 따라 모범 대화문을 확인한 후에 대화 구성을 발표시키는 방법도 있다.

이 단계에서 교사는 강조할 내용, 설명이 필요한 부분을 다시 확인한다.

모범 대화

수진 : 미셸 씨, 안녕하세요?
미셸 : 안녕하세요? 이 방이 수진 씨 방입니까?
수진 : 아니요, 제 방은 2층에 있습니다. 이 방은 마사코 씨 방입니다.
미셸 : 세탁실이 어디에 있습니까?
수진 : 지하 1층에 있습니다. 매점 옆에 있습니다.
미셸 : 휴게실이 어디에 있습니까?
수진 : 2층에 있습니다. 2층에 휴게실하고 컴퓨터실이 있습니다.
미셸 : 고맙습니다.

(5) 마무리 단계

① 수업 내용을 정리하기

오늘의 수업 내용을 정리해 주며 격려하고 주의를 준다. 그리고 수업 목표를 달성했다고 보는지 학습자 스스로 평가해 보게 한다.

② 과제물 부여하기

수업 중 학습한 내용을 강화시킬 수 있도록 과제물을 부과한다. 교실에서 학습한 대화의 확장 연습으로 '자기 하숙집이나 기숙사에 온 새로운 친구에게 시설물의 위치를 알려주는 대화를 구성하여 써 오기'를 과제물로 부과한다. 또한 대화문을 반복해서 읽도록 하는 것도 좋은 방법이다.

2 중급 과정 말하기 수업의 실제

중급이나 고급에서도 PPP모형이 자주 활용되지만 다양한 모형의 수업 사례를 살펴보기 위하여 중급에서는 다음의 두 가지 수업 구성에 대해 살펴보고자 한다. 첫 번째는 TBLT(Task-based Language Teaching)에 근거한 TTT모형의 예이다. TTT모형은 특수 목적의 한국어 수업에서 특정한 과제를 설정하고 수업을 진행할 때 자주 활용되며, 이미 학습한 다양한 표현을 종합적으로 활용하면서 부족한 문법을 정리하거나 확인할 때 유용하다. 두 번째는 유학생을 위한 학문 목적의 한국어 수업에서 유용하게 활용되는 발표 수업의 예이다.

2.1 중급 TTT모형의 수업

▶ 사건 전달하기
- 단원 주제 : 사건과 사고
- 기능 : 정보 전달하기, 사고 설명하기
- 문법 : -다고 하다/-대요
- 어휘 : 교통사고 관련 어휘

(1) 과제 전 단계

① 과제 부여하기

- 최근의 주요 사건 기사에 대해 이야기하면서 단원의 주제인 '사건과 사고'로 학습자의 관심을 이끈다. 그리고 교통사고 관련 어휘들을 일부 노출한다.
- '사건, 사고에 대한 기사를 읽고 다른 사람에게 전달하기'라는 과제를 해보자고 하면서 학습 목표를 제시한다.

② 과제 준비하기

- 과제를 어떤 방법으로 수행할지 내용과 방법을 알아보도록 한다. 형태 초점 교육(Focus on Form)에서는 이 단계에서 과제를 수행하기 전에 문법에 대한 다양한 의식 상승 활동을 통해 문법적인 정확성을 유도할 수 있다. 그리고 필요한 경우에는 문법에 대한 간략한 연습 활동을 겸할 수 있다.

사건 전달하기

※ 다음은 교통사고 현장의 그림입니다. 이 사건에 대해 다른 사람에게 설명하는 대화를 들으면서 사건을 전달할 때 어떤 표현을 사용했는지 알아보세요.

▶ 듣기 지문

A : 수진 씨 교통사고 뉴스 들었어요?

B : 아니요. 어떤 사고인데요?

A : 고속도로에서 트럭이 중앙선을 넘어 버스와 충돌했대요.

B : 그래요? 언제, 어디에서요?

A : 17일 오후에 경부고속도로 천안 근처에서 그랬대요.

B : 그래서 어떻게 됐대요? 사람이 죽었대요?

A : 트럭 운전사는 의식을 잃어 병원으로 옮겨졌고, 버스에 타고 있던 수행여행 중인 고등학생 20여 명이 부상당해서 근처 병원으로 옮겨졌대요.

B : 사고 원인이 뭐래요?

A : 지금 조사 중이래요. 아마도 음주운전 때문인 것 같대요.

• 문법에 대한 의식 상승을 유도하기 위해서는 목표 문법을 반복 사용한 자료를 활용하는 것이 좋다. 그리고 필요한 경우에는 목표 문법인 '-다고 해요/-대요' 에 주목할 수 있도록 만든 자료를 보여주면서 문법에 집중하도록 할 수 있다.

(2) 과제 수행 단계

① 과제 수행하기

소그룹으로 나누어서 기사문을 주고 기사 내용을 파악한 후에 각각 다른 그룹의 학생들에게 기사 내용을 전달해 주는 활동을 하게 한다.

② 발표하기

들은 내용을 요약하여 전체 학생들 앞에서 간략하게 발표하도록 한다. 발표하기 전에는 먼저 무엇을 어떻게 말할지 계획한 후에 발표하게 한다. 필요한 경우에는 개인적으로, 조별로 발표 연습을 해보고 발표하도록 할 수 있다.

(3) 과제 후 단계

① 문법(표현) 등을 설명하기

학생들의 발표에 대해 정리, 평가해 주며, 정보를 전달하는 데 사용했던 '-대요' 의 정확한 용법과 형태 변화도 정리하여 설명한다. 그리고 추가 연습이 필요한 경우, '-대요' 를 사용하는 다른 연습을 실시할 수 있다.

② 과제물 부과하기

자신이 알게 된 사건, 사고 내용을 '-대요' 를 사용하여 써 오는 숙제를 부과한다.

2.2 중급 발표하기 수업

▶ 한국인의 결혼관을 조사하여 발표하기[5)]

• 단원 주제 : 결혼관
• 기능 : 조사하기, 조사 내용을 발표하기
• 문법 : 조사 발표 표현
• 어휘 : 결혼관 관련 어휘

5) 『유학생을 위한 대학 한국어 1』(말하기 · 듣기)(2008)의 제2과(인간관계)를 근거로 하여 재구성한 자료이다. 중상급(한국어 능력시험 4급) 정도의 유학생 한국어 학습자를 대상으로 한 내용이다.

(1) 주제에 대한 생각 나누기

• 한국인은 어떤 결혼관을 가지고 있다고 생각하는지, 한국 드라마, 영화 등을 통해 알 수 있는 한국인의 결혼관이 어떠한지 이야기해 보게 한다.

※ 다음 중 자신의 생각과 일치하는 것에 ∨표 하고 결혼관에 대해 이야기해 보십시오.

□ 연애와 결혼은 별개이다.
□ 결혼은 빨리 할수록 좋다.
□ 배우자의 나이가 중요하다.
□ 결혼 전에 동거할 수도 있다.
□ 국제결혼에 대해 긍정적이다.
□ 결혼은 해도 아이는 안 낳겠다.
□ 결혼은 선택이지 필수가 아니다.
□ 가족이 반대하는 결혼은 하지 않겠다.
□ 사랑한다면 다른 조건은 문제가 되지 않는다.
□ 배우자를 선택할 때 가장 중요한 것은 경제력이다.

(2) 발표에 필요한 표현 익히기

• 조사 발표 시에 사용하는 표현들을 익힌다.

▶ 자료의 출처를 제시하는 표현

• 에 따르면(의하면)
보건복지부 자료에 따르면(의하면) 올해 출산율은 1.25명이라고 한다.

• A에서 B를 대상으로 조사한 결과
보건복지부에서 여성 2000명을 대상으로 조사한 결과 결혼 희망 연령은 29세라고 한다.

▶ 조사 결과(객관적 수치)를 설명하는 표현

• 을/를 차지하다
'괜찮다' 고 응답한 비율이 60% 이상을 차지했다.

• A, B, C의 순이다/순으로 나타나다
여성이 선호하는 직업을 조사한 결과 교사, 공무원, 간호사 순으로 나타났다.

▶ 발표의 시작과 마무리에 사용하는 표현

- 저는 A에 대해 발표하겠습니다.
- 저는 A에 대해 말씀 드리겠습니다.
- 저희 조에서는 A에 대해 조사한 것을 발표하겠습니다.
- 제 발표는 여기까지입니다.
- 이상으로 발표를 마무리 하겠습니다.
- 이상으로 저의 발표를 모두 마치겠습니다.

자료 보고 발표하기

※ 다음 자료를 보고 조사 기관과 조사 결과에 대해서 말해 보십시오.

조사 내용	조사 기관	조사 결과
한국인 평균 수명	통계청	78.6세
한국 여성 취업률	4월 24일 자 한국 신문	56%
한국 1일 교통사고 사망자 수	교통협회	21명
최근 3년간 국제결혼 증가율	통계청	25% 증가

가 : 한국인의 평균 수명은 몇 세입니까?
나 : 통계청 자료에 따르면 한국인 남녀의 평균 수명은 78.6세라고 합니다.

※ 다음 자료를 보고 조사 결과에 대해서 말해 보십시오.

조사 내용	조사 결과
국제결혼에 대한 의식 조사	상관없다 74.5%
중매결혼에 대한 선호도 조사	찬성 19%
연하 남자와의 결혼에 대한 선호도 조사	긍정적인 응답 45%
여성 배우자 선호 직업에 대한 조사	공무원 44%

A : 국제결혼에 대한 의식 조사를 했다면서요?
B : 네. 이번에 국제결혼에 대한 의식 조사를 실시한 결과 '상관없다' 고 대답한 응답자가 전체의 74.5%를 차지했습니다.

(3) 한국인의 결혼관에 대해 발표하기

조사 결과 발표하기

※ 한국의 20~30대 남녀들은 배우자의 직업으로 어떤 직업을 선호할까요? 다음은 한국인이 선호하는 배우자의 직업에 대한 조사 결과입니다. 조사 결과 자료를 이용해서 발표해 보세요.

- 조사 기관 : 결혼문화연구소
- 조사 대상 : 전국 20~30대 미혼 남녀 2000명

남성 응답자		순위	여성 응답자	
52.8%	교사	1	공무원, 공사 직원	42.2%
33.4%	공무원, 공사 직원	2	교사	22.4%
28.0%	일반 사무직	3	금융직	20.5%
27.8%	금융직	4	일반 사무직	18.4%
15.2%	서비스직	5	엔지니어, 정보통신직	13.3%

(4) 마무리 단계

- 조사 결과, 결과에 대한 생각을 글로 정리하도록 과제물을 부과한다.
- 조사 활동에 대해 스스로 평가해 보도록 한다.

3 고급 과정 말하기 수업의 실제

고급 단계에서는 특정한 주제에 대한 토의, 토론 수업이 자주 실시되므로 본 자료에서도 말하기 수업으로 토론 수업의 실례를 보이고자 한다. 다음은 읽기 자료를 통해 주제를 제시하고, 토론 표현을 연습하는 단계, 토론 진행 단계, 토론 평가 단계를 거치는 수업의 예[6]이다. 효과적인 토론 수업을 위해서는 과정 중심으로 토론 수업을 이끌며, 토론에 필요한 전략, 표현을 익히도록 유도하는 것이 필요하다.

6) 이미혜(2006 : 327~332)에서 일부 수정하여 인용하였다.

3.1 고급 토론 수업

▶ 생명과학 연구에 대한 찬반 토론하기
• 단원 주제 : 과학과 미래
• 기능 : 찬반 토론하기
• 토론 전략, 표현 : 동의하기, 반박하기, 주장에 대한 근거 대기

(1) 토론 주제 제시하기

① '생명과학 연구와 생명 윤리' 라는 주제를 제시하고 지금까지 이와 관련된 연구는 어떤 것이 있는지, 미래에는 어떤 연구가 있을지 추측하여 이야기해보도록 한다.

1953년 1978년

영국의 제임스 왓슨 등
DNA이중나선구조 발견

세계최초의 시험관 아기 탄생

1997년 2020년

복제양 돌리 탄생

② 주제와 관련된 읽기 자료를 읽고 '생명과학의 발전과 생명 윤리 문제'에 대하여 알아보도록 한다. 그리고 읽은 내용을 바탕으로 중요한 개념을 파악했는지 확인한다.

읽기 자료

과학의 발전과 생명 윤리

과학의 발달은 생활을 편리하게 하고, 전 세계의 거리를 좁혔으며, 의학의 발달을 가져왔다. 특히 의학의 발달은 인간의 수명을 연장시키고, 난치병을 치료하는 열쇠를 찾는 등 놀라운 발전을 계속해 왔다. 그러나 한편에서는 이러한 노력들이 도덕적, 윤리적으로 올바르지 않다고 지적하고 있다. 가장 대표적인 예로 동물 복제, 인간을 대상으로 한 실험을 들 수 있다.

1997년 영국의 이언 윌머트(Ian Willmut)는 6년생 양의 유전자(DNA)를 다른 양의 난자와 결합시켰다. 그리고 이로부터 복제양 '돌리'를 탄생시켰다. 복제양 '돌리'의 탄생 이후, 인간 복제의 가능성과 이를 이용한 난치병 치료에 관심이 모아졌다. 그리고 최근에는 인간 복제를 통하지 않고도 줄기세포를 이용해 장기를 복제하여 난치병을 치료할 수 있다는 가능성을 발견하게 되었다. 그리하여 줄기세포 연구가 생명과학자들의 중요한 과제가 되었다.

줄기세포 연구는 인간의 난치병을 치료할 수 있는 가능성을 연다는 점에서 높이 평가된다. 그러나 난자를 실험대상으로 삼는 줄기세포 연구에 대해서 생명 윤리 논의가 거세게 일고 있다. 생명 윤리 문제를 지적하는 입장에서는 줄기세포가 인간 복제로 악용될 수 있다는 점, 생명을 연구 대상으로 삼으며, 생명을 창조하려고 시도한다는 점 등이 윤리적으로 옳지 않다는 주장이다.

인간의 난치병을 치료하기 위한 연구는 끊임없이 계속되어 놀라운 발전을 보이고 있다. 그리고 한편에서는 이와 관련된 생명 윤리 문제가 지속적으로 논란의 대상이 되고 있다.

- 인간 복제, 줄기세포 연구는 무엇입니까?
- 생명 윤리 문제를 지적하는 입장에서의 의견은 무엇입니까?
- 과학의 발전과 생명 윤리 문제는 어떤 관계에 있습니까?
- 생명과학자와 생명 윤리론자의 논쟁의 구체적인 예로 어떤 것이 있겠는지 이야기해 보십시오.

(2) 토론 방식 및 역할 결정하기

토론의 방식은 생명과학 연구에 대한 찬반 토론임을 알려 주고, 다음 역할 중 자신에게 적절한 역할이 무엇인지 생각하여 정하도록 한다.

- 역할 : 사회자, 생명과학 연구 찬성론자(생명과학자, 일반인), 생명윤리론자(종교인, 일반인)

(3) 토론 계획하기/자신의 의견 정리하기

① 인터넷에서 생명과학자의 최근 연구 중 생명윤리 문제에 대한 논쟁을 불러일으킨 것이 무엇인지 알아보도록 한다.
- 검색어 : 생명과학 연구, 줄기세포 연구, 복제, 난자 실험 등

② 생명 윤리를 보호하기 위한 방법으로는 무엇이 있는지 알아보도록 한다.
- 검색어 : 생명윤리법, 생명윤리 보호 단체 등

③ 생명과학자의 연구에 대한 찬성 또는 반대하는 일반인들의 생각은 어떠한지 알아보도록 한다.

④ 조사 내용을 바탕으로 다음에 대해서 생각해보게 한다.[7)]
- 여러분은 생명과학자의 연구에 찬성합니까? 아니면 생명윤리론자의 입장에 찬성합니까? 자신의 입장을 정리해 보십시오.
- 자신의 주장과 근거를 바탕으로 토론 계획서를 작성하십시오.

날짜:	작성자 :
토론 주제	
나의 주장(의견)	
근거 및 이유	1. 2.
반대 주장	
예상 질문이나 반박 내용	1. 2.
나의 대답이나 반론	

7) 토론에서의 역할이 찬성 입장, 반대 입장으로 미리 고정된 경우에는 자신의 역할에서 주장할 내용을 정리하도록 한다.

(4) 토론 전략과 표현 연습하기

① 동의하기, 반박하기, 근거 대기에 필요한 표현을 익히도록 한다.

▶ 동의하기
- 제임스 씨의 주장에 동의합니다.
- (생명과학 연구는 인간에게 반드시 필요하)다는 의견에 전적으로 동의하는 바입니다.
- 저도 (인간을 위한 연구가 인간에게 해를 주어서는 안 된)다는 입장입니다.

▶ 반박하기
- 저는 그 의견에 조금도 동의할 수 없습니다.
- (그 연구가 인간의 정신생활에 부정적인 영향을 준다는 점)에 대해서는 어떻게 답변하시겠습니까?
- 반대로 (인간을 위한 연구는 인간에게 해를 주어서는 안 된다는 점)을 기억해야 하지 않을까요?

▶ 주장에 대한 근거 대기
- (인간을 대상으로 한 연구)라는 점에서 저는 (비윤리적)이라고 생각합니다.
- (그 연구가 인간에게 미치는 영향) 면에서 볼 때, 저는 긍정적으로 평가합니다.
- 제가 그렇게 생각하는 이유는 (그 실험이 난자를 사용하)기 때문입니다.
- (난치병에 괴로워하는 사람들)을 생각할 때, 저는 이 의견에 찬성할 수밖에 없습니다.

② 자신의 주장에 대해 근거를 대는 표현을 사용하여 자신의 주장을 한두 가지씩 이야기해 보도록 한다.

의견 예시[8]

저는 과학의 발전이 인간 생활에 긍정적인 영향을 미친다는 것을 잘 알고 있습니다. 그러나 과학 발전을 위한 실험은 비인간적이고 비윤리적이라고 생각합니다. 제가 그렇게 생각하는 이유는 최근의 그 실험도 인간의 난자를 사용하기 때문입니다.

8) 이때 의견의 예시를 제공하는 것이 학습자의 발화를 효율적으로 이끌어내는 방법이다.

(5) 토론하기

생명 과학자의 연구에 대한 찬반 토론을 하게 한다. 토론을 할 때는 다음 순서로 진행하게 한다.

▶토론 순서

찬성 입장 의견 ⇨ 반대 측 논박 ⇨ 반대 입장 의견 ⇨ 찬성 측 논박
⇨ (반대 측 방어 주장) ⇨ (찬성 측 방어 주장) ⇨ 의견 정리 및 결론

(6) 토론 내용 정리하고 평가하기

- 토론의 내용을 요약해 정리하고 자신의 의견을 글로 써 보도록 한다.
- 오늘의 토론에 대해 평가표를 작성하여 평가해 보도록 한다.

▶평가표

1. 토론은 얼마나 잘 이루어졌습니까?

□ 매우 잘 이루어졌다　□ 잘 이루어졌다　□ 보통이다
□ 조금 부족하다　□ 매우 부족하다

2. 다음 각 사항에 대해 평가하십시오.

	매우 우수	우수	보통	부족	매우 부족
(1) 주제 선정	□	□	□	□	□
(2) 토론 전략 및 표현의 사용	□	□	□	□	□
(3) 학습자 간의 상호작용	□	□	□	□	□
(4) 토론의 진행 과정	□	□	□	□	□
(5) 학습자의 적극적인 참여	□	□	□	□	□
(6) 사회자의 역할	□	□	□	□	□
(7) 역동적인 진행	□	□	□	□	□

MEMO

한 · 국 · 어 · 표 · 현 · 교 · 육 · 론

제2부

쓰기 교육론

제7장 쓰기 교육론 개괄

말하기를 잘하는 외국인 학습자들도 쓰기 활동을 어려워하고 기피하는 경우가 많다. 그러나 쓰기는 말하기 등 다른 언어 능력을 향상시킬 뿐만 아니라 쓰기만이 갖는 독자적인 역할과 기능이 있다. 이러한 특징과 필요성을 정확히 안다면 쓰기 능력을 더욱 향상시킬 수 있다.

쓰기를 지도하는 교사들도 마찬가지다. 활을 쏘는 사람이 과녁을 잘 조준해야 표적에 근접할 수 있는 것처럼, 쓰기의 개념과 범위, 특성, 목표 등을 잘 이해해야 수업 시간에 무엇을, 어떻게 가르칠 것인지를 가늠할 수 있다. 이 장에서는 이러한 문제를 다루면서 쓰기 교육을 개괄해 보기로 하겠다.

1 쓰기의 정의

인간은 다른 사람과 의사소통을 하기 위해 언어를 사용한다. 언어는 말소리를 형식으로 하고 의미를 내용으로 하는 기호의 체계이다. 그런데 때로는 말소리 대신에 문자가 쓰이기도 한다. 전자의 경우를 입말이라 하고 후자를 글말이라 한다. 의사소통이라는 측면에서 언어활동은 '쓰기, 읽기, 말하기, 듣기'의 네 가지 영역으로 나눌 수 있다. 이를 바탕으로 '쓰기'를 정의하면, '쓰기'란 글말을 사용하여 의사소통을 하는 행위를 말한다. 좀더 구체적으로 표현하면, '쓰기'란 문자 기호를 이용하여 자신의 생각이나 정보, 느낌 등을 글로 표현하여 독자에게 전달하는 의사소통의 과정이다

글말의 표현기능으로서의 '쓰기'라는 용어는 글쓰기와 글씨 쓰기를 포함하는 개념이다. 따라서 쓰기는 자모를 정확하게 쓰는 것에서부터 궁극적으로 자신의 느낌이나 정보, 생각 등을 문자로 자유롭게 표현하는 것까지를 포함한다. 이를 위해서

는 어휘력, 구문력, 표현력, 맞춤법에 관한 지식, 그 언어문화에 대한 지식 등을 고루 갖출 수 있어야 하며, 입말에 대한 이해를 바탕으로 이를 정확히 표현할 수도 있어야 한다.

이 외에도 쓰기에 대한 정의를 제시한 글이 많은데 강승혜(2002 : 163)을 참고하면 다음과 같다.

▶ 국내 학자들이 밝힌 쓰기의 개념

학자	개념
염창권 (1997)	필자가 생각과 느낌을 상황, 목적, 대상을 고려하여 문자 언어로 표현하는 행위로서 쓰기(writing)와 작문(composition)은 동일하게 쓰인다. 대체로 쓰기(writing)는 시작에서부터 끝날 때까지의 과정 즉, 행위적인 측면을 말하고 작문(composition)은 표면에 나타날 때까지의 정신적, 인지적 활동을 포괄한다.
김유정 외 (1998)	쓰기는 한국어 자모의 올바른 사용과 어휘와 문법적 지식을 사용해서 자신의 생각(메시지)을 표현하는 의사소통 기술로 그 범위는 단순한 '전사'에서 좀 더 복잡한 '작문' 모두를 포함시킨다.
김정숙 (1999)	쓰기는 형태에 초점을 둔 발화의 전사로부터 자신의 생각과 감정을 효과적으로 전개하고 전달하고자 창조적으로 글을 쓰는 작문 활동을 포함한다.
정현경 (1999)	종이 위의 글자 같은 의미 없는 쓰기, 즉 단순한 전사 활동은 배제하고, 의사소통 능력 향상을 위한 언어 기능 습득 단계에서의 쓰기와 논리적 구성을 가지고 있는 창의적인 글쓰기의 유의미적 활동이다.
김민성 (2000)	쓰기는 크게 철자법이나 문법적인 요소를 강조하는 발화의 전사로서의 쓰기(writing)와 창의적으로 자유로운 글쓰기인 작문(composition)의 두 가지로 나누어진다.
김정애 (2000)	문자 언어를 통하여 자신의 의사를 표현하고 다른 사람들과 의사를 소통하며 의미를 발견하고 창조하는 활동이다.
여순민 (2002)	자신이 알고 있는 지식을 단순히 나열하는 것이 아니라, 글쓰기 과제를 해결하기 위해 글을 조직, 표현하는 과정이다.
이재승 (2002)	머리 속에서 생각하는 행위와 그것을 종이 위에 옮겨 적는 행위가 함께 이루어진 것이다.

2 쓰기의 범위와 내용

진대연(2003)에서는 쓰기(writing)가 글말을 사용한 표현 활동인 점을 강조하고 있는데, 음성 언어의 단순한 표기에서부터 학위 논문의 작성이나 예술 작품의 창작에 이르기까지 그 범위를 아주 넓게 보고 있다. 한편, 쓰기를 글짓기(composing) 또는 작문(composition)과 동일시하기도 하는데, 이는 쓰기를 사고 표현의 '수단'이나 의사소통의 '수단'으로 국한해서 보기도 한다. 쓰기의 범위를 이렇게 제한하면 모어 습득이나 외국어 학습에서 보이는 문자 익히기, 언어 능력의 신장을 문자로 확인하기, 이해 기능에 따른 기록·정리하기 등 일반적으로 쓰기와 관련되는 많은 활동들이 쓰기의 영역 안에 들지 못하게 된다. 쓰기는 글말을 사용해 표현하는 인간의 모든 활동이나 행위를 말하며, 글짓기나 작문보다 더 넓은 의미로 사용해야 한다. 따라서 쓰기는 자모를 정확하게 쓰는 것에서부터 궁극적으로 자신의 느낌이나 정보, 생각 등을 문자로 자유롭게 표현하는 것까지를 모두 포함한다.

다음은 쓰기의 내용에 대해 살펴보기로 한다.

Hyland(2003)는 쓰기 활동을 기계적인 활동(mechanics), 언어(language) 활동, 작문(composition) 활동의 세 가지로 나누고 있다. 여기서 기계적 활동은 문자소 기술을 개발하는 활동으로 손으로 쓰기, 구두점, 문단나누기 등을 포함하고 있으며, 언어 활동은 특정 쓰기 유형을 이해하고 참여하는 데 필요한 언어적 그리고 수사적 기술을 익히고 발달시키는 활동으로 언어 익히기(비교, 빈칸 채우기, 언어 구조 확인), 모델 작문 분석과 조작(재-배열, 변형시키기, 결합하기), 모델 작문에 기초한 통제 작문(작문 완성하기, 평행 작문), 유도 작문(그림, 표, 핵심단어 제시) 등이 포함되어 있다. 작문 활동은 실제 글쓰기 기술을 발달시키고 연습시키는 활동으로 작문 기술, 확장 쓰기 등을 포함한다.

Cooper(1993)는 쓰기를 크게 4가지 영역으로 분류하였다. 이는 일기, 편지 등 감정이나 느낌이 담긴 서술체(sensory/descriptive) 영역과, 배경, 문체, 행위, 해결 등의 이야기 구성 요소를 이해하여 글을 쓸 수 있는 상상적 혹은 이야기체(imaginative/narrative) 영역, 실제적 정보 전달을 목적으로 한 실질적 혹은 정보(practical/

informative) 영역, 설명 · 분석 · 설득 등의 내용을 담고 있는 분석 서술형(analytical/expository) 영역 등이다. 위의 쓰기 영역은 독자적 쓰기, 공동으로 쓰기, 공유할 수 있는 쓰기 활동 등으로 지도할 수 있다고 하였다.

3 쓰기의 특성

(1) 글말은 입말과는 구별되는 특성을 가지는데 Brown(1994)은 글말이 가지는 특성을 다음과 같이 설명하고 있다.

① **영구성** : 입말은 말을 함과 동시에 사라져 버리고 만다. 따라서 청자도 즉각적으로 인식하고 즉각적으로 저장해야 한다. 글말은 이에 비해 영속성을 갖는다. 독자는 필요하다면 얼마든지 반복해서 단어 또는 문구, 문장 심지어 글 전체를 읽고 또 읽을 수가 있다.

② **처리 시간** : 글말은 입말과는 달리 속도에 크게 구애받지 않는다. 입말이라면 전달 시간에 어느 정도 부담을 갖게도 되지만 글말은 자신의 속도로 쓰고 읽을 수 있다.

③ **거리** : 글말은 메시지가 전달되는 데 있어서 두 가지의 거리를 갖는다. 하나는 물리적 거리이고 다른 하나는 시간적 거리이다. 즉 입말과는 달리 직접 얼굴을 보고 의사소통을 하는 것이 아니므로 공간적으로 글쓴이와 독자는 거리를 갖게 되며, 입말처럼 바로 같은 시간에 의사를 주고받는 것이 아니라 짧게는 글을 쓴 바로 직후부터 멀게는 몇 십 년, 몇 백 년, 그 이상까지도 문자를 통해 의미가 전달된다. 이러한 거리는 입말과 달리 글말을 더 이해하기 어렵게 만드는 요인이 되기도 한다.

④ **철자법** : 입말에서는 강세와 리듬, 억양, 말 멈춤, 소리의 크기, 목소리의 질, 그리고 비언어적 단서들이 의미의 전달에 도움을 준다. 그러나 글에서는 가끔 그림이나 도표 같은 것을 이용할 수 있기는 하지만 대체로 문자, 철자에 의존해 의사를 전달해야 하는 경우가 많다. 이런 것 때문에 독자는 이해하기가 애매하고 때로는 행간의 숨은 뜻을 찾기 위해 더 많은 노력을 기울인다.

⑤ **복잡성** : 어떤 사람들은 말보다 글이 어렵다고 생각하고 또 어떤 사람은 글이 말보다 더 어렵다고도 한다. 이렇게 사람에 따라 다르게 느끼는 이유는 글과 말이 서로 다른 특성을 갖기 때문이다. 글이 어렵다고 느끼는 이유 중의 하나는 문장의 복잡성 때문이다. 말은 대개 짧은 구를 많이 사용하는 반면, 글은 길고 복잡한 절이 많다. 따라서 글을 쓰려면 말을 할 때와는 달리 인지적 지각을 재조직해야 한다. 글과 말의 이러한 언어적 차이는 학습자에게 어려움을 주는 또 하나의 중요한 원인이다.

⑥ **어휘** : 글은 말에 비해 훨씬 다양하고 많은 수의 어휘를 사용한다. 가족이나 친구, 동료들과 일상생활에서 대화할 때 우리가 사용하는 어휘는 매우 한정적이다.

그러나 글은 말보다 더 많은 시간을 허용하고 좀 더 정확하게 표현하고 싶은 욕구와 글의 형식적인 규칙들 때문에 일상생활에서는 사용 빈도가 떨어지는 어휘들이 심심치 않게 등장한다.

(2) Beaugrande(1984)는 다음과 같은 것들도 글말의 특성으로 설명하였다.

① **비잉여성과 일관성** : 정상적인 말하기에서는 말하기가 계속 유지되어야 한다. 말하기를 멈추게 되면 자신이 표현하고자 하는 언어 내용을 잊어버릴 수가 있고, 다른 사람에게 말하기의 차례가 넘어갈 수도 있다. 말하기에서는 이를 해소하기 위해 불필요한 말을 중간에 삽입하는 경우가 많다. 그러나 쓰기는 좀더 정확한 표현을 만들기 위해서 쓰기 활동을 잠시 늦출 수 있으며, 이 때에도 쓰기 활동이 다른 사람에게 넘어갈 염려도 없다. 따라서 불필요한 삽입어를 사용할 필요가 없다. 또, 입말에서는 말하기의 결과가 보존되지 않기 때문에 앞뒤 내용 사이에 일관성을 유지하기가 어렵다. 그러나 쓰기는 이러한 문제를 해소할 수 있으므로 훨씬 일관성을 유지할 수 있다.

② **명시성** : 말하기에서 화자는 사용하고 있는 개별적인 단어뿐만 아니라 몸짓, 어조나 발화 상황과 같은 비언어적인 요인을 통해서도 의미를 전달할 수 있다. 이와 함께 불확실하거나 잘못 전달된 말은 이를 자세히 설명하거나 수정할 수 있다. 그러나 쓰기에서는 필자와 독자 사이에 직접적으로 공유되는 맥락이 없으며, 쓰인 말을 수정하기도 어렵다. 따라서 글은 심사숙고하며 의미를 보다 분명하게 표현한다.

(3) Bygate(2003)에서는 글말의 특징으로 일방향성을 들고 있다.

말하기는 상호교환 활동이다. 화자가 말을 하면 청자는 이에 동의하거나 동의하지 않거나 이해하거나 이해하지 못하는 것을 즉각 나타낼 수 있다. 글쓰기는 이러한 상호 작용을 할 수가 없다.

따라서 글쓰기에서는 독자의 수준이나 대상, 관심 정도 등을 예측하여 일방적으로 전달할 수밖에 없다.

이 외에도 글은 말보다 형식성이 더 강하다. 글은 지켜야 할 어떤 규정된 형식이 많다. 수사학적 형식이나 글을 조직하고 구성하는 형식 등이 여기에 속하는데, 글을 시작하고 끝내는 형식이라든가 논리적 순서, 같은 표현을 반복해서 쓰지 않는다든가 절을 종속시킨다든가 하는 형식들이 있어서 이에 익숙해지기까지는 많은 연습이 필요하다.

4 쓰기 교육의 목표

국가나 체제 수준에서 거시적, 장기적으로 제시한 것을 교육 목적(aims of education)이라고 하며, 이는 일반적이고 광범위한 진술 형태를 띤다. 이러한 차원에서 쓰기 교육의 목적을 말하면 '의사소통'이다. 글을 쓰는 것은 자신의 생각이나 지식, 혹은 느낌을 표현하며, 이러한 표현 과정을 통하여 다른 사람에게도 그 뜻을 전달하는 것이 목적이다.

▶쓰기의 구체적인 목적

D'angelo(1980)에서는 쓰기의 구체적인 목적을 다음과 같이 제시하고 있다.

1. 알리기 위한 것 또는 가르치기 위한 것(예 : 설명서)
2. 확신시키기 위한 것 또는 설득하기 위한 것(예 : 광고)
3. 즐거움을 주기 위한 것(예 : 시)
4. 강한 감정을 표현하기 위한 것(예 : 사랑의 편지)

교육 목표란 교육을 통해서 학습자가 성취하기를 기대하는 결과를 말한다. 최현섭 외(2005 : 380)에서 "쓰기 교육의 목표는 글의 구성원리를 이해하고, 목적, 대상, 상황 및 사고 전개의 유형에 맞도록 생각과 느낌을 효율적으로 선정, 조직, 표현할 수 있게 하는 것이다."라고 하였다. 또 진대연(2003 : 323)에서는 "텍스트 생산 능력의 신장이다."라고 하였다. 그런데 이러한 쓰기 목표는 어느 수준에서 쓰이는가에 따라 일반적인 수준에서부터 구체적인 수준까지 다양하다. 이 중, 개별 학교의 교사 수준에서 만들어지는 것은 수업 목표(instructional objectives)에 해당하며, 이는 구체적이면서 학습자의 행동을 드러내는 진술 형태로 나타난다. 교육 목표(goals of education)는 교육 목적과 수업 목표 사이에 놓이게 된다.

쓰기 교육의 목표는 그 대상이 모국어 학습자인가 외국어 학습자인가에 따라 다를 수 있다. 모국어 학습자의 경우에는 언어 발달과 인지 발달이 거의 동시에 이루어지고 있기 때문에 쓰기를 통해 작문 능력의 향상과 사고력, 통찰력 등 인지 능력을 기르는 데 초점이 맞춰져 있다. 대부분이 성인인 외국인 학습자의 경우에는 이미 모국어를 습득했기 때문에 그 과정에서 작문 능력과 인지 능력도 습득된 상태이다. 따라서 외국어 학습자의 경우에는 쓰기 능력 향상에 목표를 두되, 모국어 쓰기에서 강조하고 있는 인지 발달보다는 이미 가지고 있는 세계관과 사고력, 인지 능력 등을 목표어로 활용하고 전이시키는 것을 주요 목표로 삼아야 한다.

외국어로서 쓰기의 목표는 다양하다. 개인적인 목표에서부터 사회적인 목표에 이르기까지 다양한 형태의 쓰기가 있으며 이러한 모든 형태의 쓰기는 교실 수업의 목표가 된다. 박영순 편(2002 : 173)에서는 Hedge(1988 : 95~96)의 유형분류를 참고하여 쓰기 유형에 따른 쓰기 목표를 아래의 표와 같이 정리하고 있다.

▶ **유형에 따른 쓰기의 목표**

분류쓰기	유형쓰기	목표
개인적인 목적	개인적 내용의 쓰기	개인에 관한 내용을 작성하도록 함으로써 흥미를 유발할 수 있다. 간단한 정보의 전달을 위해 기록적인 성격을 띤다.
	탐구적 내용의 쓰기	개인적인 목적의 글로써 탐구목적의 글을 작성하는 기술을 습득할 수 있다.
*	창의적인 내용의 쓰기	필자 자신을 위한 것이지만 다른 사람과 공유하기 위한 형태의 글쓰기로 주관적인 창의성을 키울 수 있다.
사회적인 목적	공적인 내용의 쓰기	기관이나 조직에 대응하는 공식적인 형태의 글을 작성할 수 있다.
	사회적 내용의 쓰기	사회적인 관계형성과 유지를 위해 쓰는 형태이며 형식적인 틀에 맞추어 쓸 수 있다.
	전문적 내용의 쓰기	전문적인 역할에 관련되는 형태의 쓰기로 전문화된 텍스트를 작성해 낼 수 있다.

'개인적 내용의 쓰기', '탐구적 내용의 쓰기' 유형은 주로 개인적인 목적으로 작성되는 쓰기의 형태들이며, '창의적 내용의 쓰기'는 자기 자신을 표현하려는 개인적인 목적과 다른 사람들과 공유하고자 하는 목적이 함께 포함되어 있다. '공적인 내용의 쓰기', '사회적 내용의 쓰기', '전문적 내용의 쓰기' 유형은 사회성을 전제로 작성되는 쓰기의 형태이다. 이들은 사회적인 관계를 위해 작성되는 쓰기의 형태들이므로 어느 정도의 형식성이 강조된다. 사회적인 목적의 글쓰기에서는 제2언어 학습자들이 반드시 알아야 하는 제2언어의 사회 · 문화적 요소를 반영한 쓰기 교육도 이루어져야 한다.

현재 한국어교육은 대개의 경우 개별 기관 중심으로 이루어지고 있어서 한국어 교육과정의 교육 목적이나 목표도 기관 중심으로 각기 다르게 설정되고 있다. 따라서 쓰기 교육의 목표도 개별 기관의 특성에 따라 달리 제시되고 있다. 현재 국내 한국어 교육기관에서 일반적으로 도달하고자 하는 한국어 쓰기 교육의 목표를 초급, 중급, 고급으로 나누어 정리해 보면 다음과 같다.

▶ **한국어 쓰기 교육의 단계별 목표**

초급	중급	고급
• 맞춤법의 기본 원리에 맞게 글자를 쓸 수 있다. • 기본적 형태의 어형변화의 구사가 가능하다. • 서류나 서식에 기입할 수 있고 짧은 메시지나 전화 메모, 실용문을 쓸 수 있다. • 어휘, 문법을 재구성해서 친숙한 주제로 단순한 문장을 구성할 수 있다. • 학습 주제와 관계있는 구어체 문장과 편지 일기와 같은 문어체 문장 표현이 가능하다.	• 맞춤법과 문법에 맞게 문장을 구성하는 데 크게 어려움을 느끼지 않는다. • 문장을 만드는 데 문법적인 오류가 보이기는 하나 비교적 정확한 문장을 구사한다. • 생활과 밀접한 관련이 있는 사회적 소재에 대해서도 어느 정도 글을 쓸 수 있다. • 주어진 텍스트를 요약하고 그에 대한 자신의 주장을 논리적으로 구성할 수 있다.	• 구두법이나 철자 등에 약간의 오류가 있을 수 있으나 문장 구조를 이해하며 친숙한 주제에 대해서는 꽤 긴 글을 쓸 수 있다. • 묘사, 서술, 요약 및 의견 주장 등의 내용을 적절하게 표현할 수 있다. • 정치, 경제, 사회, 문화 전반에 걸친 친숙하지 않은 주제에 관해 쓸 수 있다. • 연대기적 서술, 논리적 서술, 논술, 묘사 등의 문장을 구성할 수 있다.

5 쓰기와 다른 기능의 통합 활동

의사소통 활동은 본질적으로 기술 통합적이다. 통합교육을 강조하는 사람들은 인간의 언어발달 과정에서 모든 언어기능은 동시에 습득된다고 본다. 듣고 말하면서 읽기와 쓰기를 배우며, 읽기를 통해서 쓰기를 배우고, 또 쓰기를 통해서 읽기를 배우는 상호 관계 속에서 언어를 습득한다고 하였다. 따라서 쓰기 활동도 다른 언어활동과 연계시켜 교육하면 쓰기 기능을 보다 효율적으로 신장시킬 수 있다.

다음은 다른 언어 기능과의 관련성, 이들 사이의 연계교육의 필요성을 살펴보기로 하겠다.

5.1 쓰기와 읽기의 통합 활동

쓰기능력은 실제로 읽기를 함으로써 향상될 수 있다. Krashen(1993)은 쓰기는 읽기를 통해서 발달된다고 하였다. Smith(1988 a, b)도 읽고 글을 쓰는 것에 대해서 알고 싶은 것이 있다면 그 모든 것들을 책의 저자를 통하여 배울 수 있다고 하였다. 책을 읽는 동안에 다양한 어휘들을 습득할 수 있으며 문장 구조, 표현 방식 등을 익힐 수 있다. 이러한 경험은 글을 쓸 때 고스란히 활용될 수 있다.

유명한 작가들은 독서를 생활처럼 여기는 경우가 많다. 처음부터 창조적인 글쓰기를 하는 경우는 쉽지 않기 때문에 많은 사람들의 글을 읽고 표현 기법이나 배경지식, 참신한 소재 등을 얻는다.

Tierney & Shanahan(1991)은 읽기와 쓰기 지도가 동시에 이루어져야 하는 이유를 다음의 다섯 가지로 설명하고 있다.

첫째, 읽기와 쓰기 두 영역 모두 의미를 구성하는 과정이다.

둘째, 읽기와 쓰기에 필요한 지식 및 읽고 쓰는 과정은 둘 다 유사하다.

셋째, 읽기와 쓰기를 동시에 지도했을 때 두 기능이 모두 향상된다.

넷째, 읽기와 쓰기 모두 의사 소통능력을 길러준다.

다섯째, 읽기와 쓰기의 통합 교수는 각각 분리해서 교수했을 때는 얻을 수 없는 특별한 효과를 얻을 수 있다.

읽기와 연계된 쓰기는 학생들이 스스로 생각하고 의미를 구성하는 능력을 증진시킨다(Tierney & Shanahan, 1991). 그러므로 학생들이 스스로 책을 읽도록 유도하고 자기 주도적 쓰기활동을 하도록 한다. 학습자들은 읽기를 통해서 풍부한 언어를 접하게 되어 어휘력이 향상되는데 읽기에서 배운 어휘를 적용하여 실제적인 쓰기 활동을 해봄으로써 학습자 자신의 언어를 소유할 수 있게 된다. 이와 같이 읽기와 쓰기 활동은 서로 밀접하게 연결되어 상호보완적이므로 외국어교육에서 기능별로 분리해서 가르치는 것이 아니라 읽기와 쓰기를 통합해서 교수하도록 한다.

쓰기와 읽기의 통합 활동으로는 모범 글을 읽고 모방해서 써 보기, 글 읽고 요약해서 쓰기 등이 있는데 이 또한 말하기와의 통합교육을 꾀할 수 있다.

5.2 쓰기와 말하기의 통합 활동

말하기와 쓰기는 표현 활동에 속한다. 의사소통 과정에서 자신의 생각과 느낌을 능동적으로 다른 사람에게 전달한다는 공통점이 있다. 이와 함께 말하기는 입말에 의해서, 쓰기는 글말에 의해서 전달된다는 차이점도 있다. 따라서 이 두 가지의 기능이 가진 공통점과 차이점을 잘 익혀야 능숙한 표현가가 될 수 있다.

말하기와 쓰기는 발화나 완성된 형태의 쓰기 이전에 '계획하기'가 있고 이를 음성이나 문자를 통해 '표현하기'의 과정으로 이어진다. 그리고 이들은 표현 활동을 통해 의도하는 바를 효과적으로 드러내기 위해 다양한 전략을 구사하며, 적절한 언어 구조나 사용에 관한 지식은 물론이고 표현 활동의 환경이나 사회적 맥락 등을 잘 고려할 수 있어야 한다. 이와 함께 표현 활동의 변수가 되는 청자나 필자에 대해서도 많은 이해가 필요하다. 즉, 이해자의 배경 지식이나 주된 관심 등을 파악하여 쉽게 이해할 수 있도록 해 주면서 지속적으로 흥미를 끌 수 있도록 해 주어야 한다는 점에서 이 두 기능은 공통점이 많다. 일반적으로 쓰기에 앞서 말하기를 먼저 배우게 되는데, 이러한 말하기는 쓰기 기능을 촉진시키기도 하고 방해하기도 한다. 덜 숙달된 글에서 나타나는 여러 가지 문제점은 그가 가진 말하기 기능상의 특성이나 습관에 의해 영향을 받는 경우가 많다. 따라서 이 두 기능을 잘 연계시켜 지도할 필요가 있다.

그런데, 일반적으로 쓰기의 경우, 말하기와는 다른 습득 경로를 통하게 된다. 말하기는 태어나면서 자연스럽게 주변 환경을 통하여 접하게 되지만, 쓰기는 형식적 교육을 통하여 접하게 되는 것이 일반적이다. 또 이들이 맡는 기능도 차이가 있다. 사회적 기능의 관점에서 볼 때, 말하기 언어 기능은 일차적으로 대인관계를 형성하는 반면에, 쓰기 언어 기능은 정보를 기록하고 과제를 완수하고 사상과 논의를 발전시키는 데 좀더 기여한다.

Trible(2003)에서도 문자 경험 능력을 달리하는 일 – 예를 들면, 다만 읽는 사람으로만 되는 일 또는 동시에 읽는 사람과 쓰는 사람으로 되는 일 – 은 특정한 사회에서 직접적으로 사람들이 떠맡는 역할이나 사람들에게 부과된 역할을 다르게 한다고 하였다. 글쓰기를 배우는 일은, 오직 기계적인 맞춤법 기술들을 향상시키는 문제만이 아니다. 이는 또한 새로운 인지적 · 사회적 관계들을 학습하는 일을 포함한다. 크리스(1986 : 46)는 글쓰기 능력은 특정한 인지적 · 개념적 · 사회적 · 정치적 영역에 접근하는 능력을 부여한다고 하였다.

쓰기 활동에서 이루어지는 수필 쓰기, 연구 발표문 쓰기는 논리적 사고와 지식, 창의적 활동에 기초하여 쓰기 활동이 이루어지며 발표의 시간을 갖도록 하여 말하기와의 통합교육을 유도할 수 있다.

5.3 쓰기와 듣기의 통합 활동

쓰기와 듣기의 통합 활동으로는 단어 듣고 쓰기, 이야기 듣고 요약하기, 이야기 듣고 중심 요지 파악하기, 시청각 매체를 활용한 듣기와 쓰기, 회의록 작성하기 등이 있다. 들은 내용을 글말로 확인하면 학습 내용을 분명하게 인식하고 오래 기억될 수 있도록 해 준다. 이들은 듣기와 쓰기에 그치지 않고 말하기와의 통합교육으로 활용되기도 한다.

5.4 쓰기와 어휘 · 문법의 통합 활동

글은 말보다 형식성이 더 강하다. 글은 지켜야 할 어떤 규정된 형식이 많다. 수사학적 형식이나 글을 조직하고 구성하는 형식 등이 여기에 속하는데, 글을 시작하고 끝내는 형식이라든가 논리적 순서, 같은 표현을 반복해서 쓰지 않는다든가 절을 종속시킨다든가 하는 형식들이 있어서 이에 익숙해지기까지는 많은 연습이 필요하다. 쓰기 활동은 이러한 과정에서 기본 문법의 정확한 사용은 물론이고 비슷한 의미의 문법과 문형을 적절하게 사용하는 법을 익힐 수 있는 계기가 되게 한다. 또, 어휘를 활용하여 쓰는 과정에서도 한국어 단어 형성법, 외래어 표기법, 형용사의 발달, 관용 표현의 다양성 등을 충분히 활용할 수 있게 한다.

제8장 쓰기 교육의 흐름

앞 장에서 언급한 바와 같이 쓰기는 입말을 문자로 전사한 것뿐만 아니라 자신의 감정이나 생각을 전달하고자 하는 글쓰기, 즉 작문까지도 포괄하는 창의적인 활동이다. 그러나 한국어 쓰기 교육은 문법을 강화하기 위한 연습활동에 치우쳐 있어 체계적인 작문 수업이 이루어지지 못하였다. 또한 작문을 포함한 대부분의 쓰기 활동이 주로 과제물로 제시되어 교실 밖에서 이루어져 학습자들에게 쓰기는 부담스러운 영역으로 인식되었고, 이는 쓰기 자체에 대해 흥미를 잃게 하는 결과를 초래하기도 하였다. 쓰기에 대한 시각이나 교육 방법에 최근 들어서는 많은 긍정적인 변화가 일기 시작하였다. 즉, 쓰기 역시 의사소통 수단의 하나로 보고, 수업 시간 내에 이루어지는 과정 중심의 교수 방법이 주목을 받게 된 것이다.

이 장에서는 쓰기 교육에 관한 관점과 접근 방법이 언어 교수 이론의 변천에 따라 어떻게 변하여 왔고, 쓰기 교육이 한국어교육 분야에서는 어떤 발자취를 거쳐 지금의 상황에 이르게 되었는지에 관하여 간략히 알아보게 될 것이다. 나아가 최근에 이루어지고 있는 쓰기 교육의 특징에 관해서도 살펴보게 될 것이다.

1 언어 교육 이론과 쓰기 교육

언어의 기능 중 쓰기를 바라보는 시각과 쓰기 교육에 관한 접근 방법은 교수법에 따라 상당히 다르다. 1970년대 이전까지는 형태적인 측면을 강조하여 주로 베껴 쓰기나 문법적으로 정확한 문장의 쓰기에 관심이 있었다. 그러나 쓰기가 의사소통의 수단으로 인식되고 담화 차원에서의 글쓰기의 중요성이 부각됨으로 인해 통제 작문이나 유도 작문의 차원을 넘어 자유 작문의 중요성이 지적되었다(김정숙, 1999; 이미혜, 2001 등). 자유 작문은 교사의 의도대로 학습자가 글을 쓰게 함으로 문장의 구조나 글의 체계를 익히도록 하는 통제 작문이나 유도 작문과는 달리 자신의 의도와 생각에 따라 글을 쓰는 것이다. 즉, 자유 작문은 자신이 지금까지 습득한 언어적 문화적 배경 지식을 바탕으로 목적에 맞게 글을 재구성하는 것이다. 대표적인 언어 교육 이론에서 이루어진 쓰기 교육의 특징을 정리해 보면 다음과 같다.

문법번역식 교수법은 외국어 학습의 목적을 해당 외국어로 쓰여 있는 문학 작품을 읽는 데 두었으므로 말하기와 듣기보다는 읽기와 쓰기에 많은 관심을 두었다. 따라서 읽기나 쓰기를 지나치게 강조한 문법번역식 교수법은 학습자의 말하기 능력을 제고하는 데는 한계가 있으나 쓰기 교육을 무게 있게 다룬 것으로 평가되고 있다. 그러나 문법번역식 교수법에서의 쓰기란 의사소통을 위한 것이 아니라 단지 문법 규칙을 적용해 보기 위한 방법이나 이를 연습해 보기 위한 활동 수준에 머물렀다.

직접 교수법은 외국어 교육의 목적이 번역이 아닌 회화에 있다는 전제 하에 그림이나 실물, 동작 등 다양한 시각자료를 이용하여 목표어로 외국어를 교육한다. 직접 교수법은 듣기와 말하기 연습을 통해 의사소통 능력을 강화하고자 한 교수법이다. 따라서 문법번역식 교수법에서와는 달리 읽기와 쓰기보다는 말하기와 듣기에 역점을 두었다.

청각구두식 교수법은 행동주의와 구조주의에 입각한 외국어 교수법으로 직접 교수법과 마찬가지로 발음이나 문형 연습, 대화 연습 등의 말하기를 중시한다. 따라서 이 교수법에서는 쓰기의 역할이나 위상이 상당히 축소되었다고 할 수 있다. 여기서의 쓰기는 베껴 쓰기나 문법에 맞게 빈칸 채우기, 읽기를 확인하기 위한 보조 수단에 불과하였다. 문법을 익히기 위한 수단으로서의 쓰기는 문장 차원에서 이루어졌다. 그리고 말을 잘 하게 되면 자연적으로 쓰기도 잘 할 수 있다고 믿어 쓰기 교육에 큰 관심을 기울이지 않았다.

쓰기 교육을 크게 중요한 것으로 다루지 않는 시각은 전신반응법이나 자연적 교수법에서도 마찬가지였다. 특히 자연적 교수법에서는 듣기나 읽기 교육은 언어 교수의 과정에서 우선시 되었지만 말하기와 쓰기는 시간이 지나면 자연스럽게 학습되는 것으로 여겨졌다.

의사소통식 교수법에서는 학습의 초기 단계에서부터 듣기, 말하기, 읽기, 쓰기의 네 가지 기능을 통합적으로 교육하고자 하였다. 의사소통식 교수법에서는 쓰기를 문자 언어를 통한 의사소통의 수단으로 보고, 언어 용법(usage) 위주의 교육이 아니라 언어 사용(use) 위주의 교육을 강조하였다. 이 교수법에서는 맥락의존성을 바탕으로 한 담화 능력의 배양, 정확성보다는 유창성, 사회언어학적 요소와 담화적 요소의 교육을 강조하였다.

이상에서 시기적으로 성행했던 언어 교육 이론과 쓰기 교육과의 관계를 간략히 살펴보았다. 다음 절에서는 쓰기 교육에 관한 접근 방법을 살펴보게 될 것이다.

2 쓰기 교육에 관한 접근 방법

쓰기 교육은 크게 형식에 초점을 두는 방식과 글을 쓰는 사람에게 초점을 두는 방식, 독자에게 초점을 두는 방식으로 진행되어 왔다(Raimes, 1993). 형식에 초점을 두는 방식은 전통적인 방식으로 교사가 학생들에게 모범이 되는 텍스트를 주고, 이를 모방하도록 함으로써 쓰기를 교육한다. 이 교육 방법은 교사가 오류를 적극적으로 수정해 주고, 정확성에 관해 깊은 관심을 갖는다.

이러한 전통적인 방법에 대한 반작용으로 형식이 아니라 글을 쓰는 사람에게 관심을 갖게 되었는데 여기서는 글쓰기 활동의 전 과정에 관해 관심을 갖는다. 이 방법은 과정에 관심을 둔다는 이유에서 과정 중심적 접근법으로 불리게 되었다.

과정 중심 교수법은 쓰기 전 단계, 쓰기 단계, 수정하기 단계, 편집하기 단계를 거쳐 한 편의 글이 완성된다고 보았다. 그러나 글쓰기는 계획하기, 조직하기, 쓰기, 수정하기로 구성된 깔끔한 선형의 연속적인 방법에 의해 이루어지는 게 아니라 실제로는 전 과정이 상당히 순환적이라고 보았다(Zamel, 1983; Raimes, 1985). 이와 같은 지적에도 불구하고, 과정 중심 쓰기 교육 방법은 오랫동안 외국어교육에서 글쓰기의 모형으로 많은 사랑을 받아 왔다.

갈래 중심 접근법(genre approach)은 글을 쓰는 사람과 텍스트를 읽을 사람의 상호작용에 초점을 두는 방식으로 앞의 두 가지 방식보다 더 사회 지향적이다. 이 방식에서 글쓰기는 사회적 활동으로 간주되며, 텍스트는 상호작용을 위한 것이다. 독자가 텍스트의 목적을 이해하지 못하면 의사소통은 실패에 이르고 만다고 보았다. 따라서 이러한 시각에서는 과정 중심 교수법이 많은 장점이 있음에도 불구하고 독자와의 소통을 전제로 하지 않는다는 점에서 문제점이 있다고 지적한다. 따라서 과정 중심 교수법과 갈래 중심 교수법은 하나를 선택해야 하는 것이 아니라 상호의존적이며, 효율적인 글쓰기 교육은 이 두 가지 방법을 조화롭게 이용할 필요가 있다고 본다(Flowerdew, 1993; Bamforth, 1993).

강승혜(2002)는 쓰기 교육의 접근 방법을 쓰기의 중점, 쓰기 과정, 필자와 독자의 역할, 쓰기 교육의 관점별로 아래와 같이 정리하여 나타내었다.

▶ **쓰기에 대한 접근 비교**

	형식주의적 접근	인지주의적 접근	사회구성주의적 접근	상호작용적 접근
쓰기의 중점	문법적 규범 수사적 규칙 정확한 어법 활용	학습자의 의미 구성 과정	담화 공동체의 의사소통과정	필자와 독자의 상호작용
쓰기 과정	선형적 과정	반복적, 회귀적 인지과정	언어공동체 내 개인의 인지적 과정	필자와 독자의 의사소통 과정
필자의 역할	의미 전달자	수사적 문제 해결사	담화공동체의 구성원	상호작용 담화자
독자의 역할	의미 수용자	능동적인 해석자	해석 공동체의 구성원	산호작용 담화자
쓰기 교육의 관점	결과 중심 쓰기	과정 중심 쓰기		

강명순(2005)이 지적하였듯이 한국어교육에서는 90년대 이후부터 과정 중심의 쓰기 교육이 강조되어 왔다. 이는 일반목적의 학습자 대상 쓰기 교육은 의사소통능력을 배양하는 데 목적을 두기 때문이다. 앞에서도 말한 바와 같이 과정 중심의 쓰기 교육에서는 쓰기를 말하기나 듣기, 읽기와 마찬가지로 의사소통 행위의 하나로 본다. 따라서 쓰기 교육의 목적을 문법적으로 올바른 문장을 생성하는 능력을 개발하는 데 두지 않고, 글을 쓰는 이의 담화 구성 능력, 즉 의사소통 능력을 향상시키는 데 둔다. 또한 과정 중심의 쓰기는 결과물에 초점을 둔 전통적인 쓰기 교육과 대비되는 것으로 텍스트를 생산하는 필자에 중점을 두어, 글을 쓰기 위해 아이디어를 떠올리거나 배경 지식을 활용하고 자료를 수집하는 일부터 완전한 텍스트를 만들

어내기까지 진행되는 활동 과정 전체를 중시한다. 이때 글을 쓰는 과정을 몇 단계로 나누어 각 단계별로 학습자와 교사의 활동을 분류하기도 하는데, 쓰기 전과 쓰기 단계, 쓰기 후 단계로 구분하기도 하고 구상하기, 초고 작성하기, 다시 쓰기, 글 완성하기의 단계로 구분하기도 한다. 따라서 평가 역시 최종 결과물이 아닌 쓰기의 전 과정에 대한 검토가 필요하다는 입장이다.

다음 절에서는 한국어 쓰기 교육 분야에 나타난 변화 양상과 그동안 축적된 연구 성과에 관하여 살펴보게 될 것이다.

3 한국어교육에서의 쓰기 교육

한국어교육은 국내외에서 상당히 오랫동안 비전문적으로 실시되어 왔다. 그러다가 1990년대에 들어 국내외의 여러 대학에서 다양한 형태의 한국어교육 프로그램을 제공하기 시작했다. 이렇듯 조금씩 대학의 관심을 받기 시작하던 한국어교육이 1990년대 후반에 들어서면서 외국인 유학생의 수가 급격히 증가함과 아울러 근로자나 여성결혼이민자를 포함한 많은 외국인들이 우리나라에 들어오게 되면서 더욱 활성화되기 시작하였다. 서울 및 일부 수도권을 중심으로 이루어져 오던 한국어교육이 지방에까지 확대되었으며, 일반 목적이 중심이 되던 한국어교육에 특수 목적 한국어교육의 필요성이 제기되기도 하였다. 게다가 대학 차원에서 이루어져 오던 한국어교육에 정부와 지자체의 관심과 지원이 더해짐으로 더욱 활성화되는 계기를 맞게 되었다. 이뿐만 아니라 이 시기에 들어 대학원에 '외국어로서의 한국어교육'이 개설됨으로 한국어교육을 학문으로 접근하는 데 이르게 되었다. 여기에 2005년 7월에 시행된 국어기본법은 한국어교육을 양적으로나 질적으로 더욱 성장시키는 발판을 마련해 주었다.

이러한 한국어교육계의 환경적 변화는 오랫동안 비전문적으로 이루어져 오던 한국어교육을 체계화하고자 하는 동기를 제공해 주었을 뿐만 아니라 한국어교육이 외국어교육의 한 분야로 정체성을 확립하는 기반이 되었다. 이로 인해 국내외의 연구자들이 외국어교육 이론을 한국어교육에 접목시키게 되었으며, 한국어교육 프로그램을 제공하는 기관마다 언어 교수 이론과 학습자 요구 분석에 따라 교육과정을 설계하기에 이르렀다. 이러한 한국어교육계의 변화는 쓰기를 포함한 기능 교육에도 많은 관심을 갖게 하였다. 따라서 한국어 쓰기 교육 분야에서는 쓰기를 교육하는 교수 환경이나 접근 방법 등에서의 변화를 초래하였을 뿐만 아니라 적지 않은 연구 성과를 낳게 되었다. 먼저 한국어 쓰기 교육 분야에 나타난 변화에 대하여 간략히 알아보자.

3.1 한국어 쓰기 교육 분야의 변화[1]

앞에서도 말한 바와 같이 쓰기는 발화 자료의 단순한 전사에서부터 자신의 생각이나 감정을 효과적으로 전달하기 위한 글쓰기까지를 포괄하는 개념이다. 따라서 한국어 쓰기 교육은 베껴 쓰기나 받아쓰기에서부터 시작하여 철자법이나 문법 요소를 익히기 위한 통제된 글쓰기와 자유로운 작문에 이르기까지 다양한 활동으로 이루어진다. 그러나 외국어로서의 한국어교육에서의 쓰기 교육은 오랫동안 문법 학습의 보조 수단으로 인식되어 학습 목표가 되는 문법 요소나 문형을 연습하는 것으로 이루어져 왔다. 그러다가 좀 더 적극적인 의미에서의 쓰기 교육이 실시되고 있다고는 하지만 여전히 특정 문법 항목과 특정 주제를 사용하여 글을 쓰게 하는 통제된 글쓰기나 유도된 글쓰기의 형태로 쓰기 교육이 실시되었다. 하지만 최근 들어서는 쓰기를 하나의 의사소통의 수단으로 인식하게 됨으로 자유 작문의 중요성이 부각되었다. 따라서 한국어교육에서의 쓰기는 이제 단순한 문법 요소나 문형을 연습하는 수단이 아니라 의사소통의 수단이다. 강명순(2005)은 한국어 쓰기 교육 분야에서 이루어진 변화를 아래와 같이 요약하고 있다.

첫째, 교실 밖에서 방과 후 활동으로 이루어지던 쓰기가 수업 중 활동으로 강화되었다. 한국어교육이 오랫동안 구어를 중심으로 이루어져 왔기 때문에 쓰기는 말하기나 듣기에 비해 상대적으로 덜 중요시 되어 왔다. 또한 제한된 수업 시간으로 인해 수업에서의 쓰기 교육은 '글쓰기' 보다는 주로 문법적인 형태를 연습하기 위한 활동으로 이루어져 왔다. 또한 학습자 개인 활동으로 이루어져 오던 쓰기 활동

---

1) 3.1과 3.2는 한국어 쓰기 교육의 연구사와 변천사를 다룬 강명순(2005)을 적극 참조하여 재구성하거나 추가하는 방식으로 작성되었다.

이 교사와 학습자, 또는 학습자 간의 상호작용으로 보는 시각으로 발전되었다. 쓰기의 관점에 대한 이러한 변화는 실제 수업에서도 학습자가 글을 완성해 가는 과정에서 서로 간의 상호작용이 적절히 유도된다.

둘째, 결과 중심의 쓰기 교육에서 과정 중심의 쓰기교육으로 변화되었다. 앞에서도 말한 바와 같이 결과 중심 접근법에서는 최종 결과물로서 짜임새 있고 오류가 없는 텍스트의 구성에 초점을 두었기 때문에 쓰기 교육은 모범적인 글을 모방해 오류 없이 잘 조직된 글을 생산해 내는 데 목적을 두었다. 하지만 과정 중심의 교수법에서는 글쓰기를 글을 쓰는 사람의 경험이나 지식을 바탕으로 의미를 생성해 내는 과정으로 보아 단계적인 쓰기 모형이나 문제 해결 중심의 쓰기 수업으로 전환되었다.

셋째, 학습자의 전략 개발에 초점을 둔 쓰기 교육으로 변화되었다. 과정 중심의 쓰기 교육이 각광을 받으면서 교사가 학습자의 쓰기 과정에 개입하여 단계별로 가장 효과적인 쓰기 방법, 즉 쓰기 전략을 학습할 수 있도록 하고 있다.

넷째, 통제적이고 유도된 쓰기 교육에서 자유로운 쓰기 교육으로 초점이 변화되었다. 위에서도 말한 바와 같이 한국어교육에서 쓰기는 다른 기능을 강화시키기 위한 보조적 기능을 담당해 왔다. 따라서 쓰기 교육은 주로 문법적인 형태를 연습하기 위한 활동이 주를 이루어 왔다. 또한 문장의 형태나 구조의 정확성에 초점을 맞춘 교육이 중요시 되었다. 하지만 최근에 이루어지는 쓰기 교육은 의사소통 능력을 향상하기 위해 학습 목적에 맞는 자유로운 글쓰기 형태로 전환되었다.

이 밖에도 학문 목적 학습자의 증가에 따라 다양한 형태의 설명문 쓰기가 중요시 되고 있으며, 리포트 쓰기나 실험보고서 쓰기, 학술보고서 쓰기 등과 같은 실용문 쓰기 교육도 널리 이루어지고 있다. 최근에 출판된 외국인 학습자 대상 한국어 쓰기 교재를 보더라도 학문 수행과 관련된 글쓰기의 유형이 적극적으로 소개되고 있음을 알 수 있다.[2)]

2) 통합교육이 한국어교육의 주를 이루고 있지만 최근 들어서는 읽기나 쓰기, 말하기, 듣기 등의 기능별 교재의 출간도 드물지 않다. 쓰기도 여러 권의 교재가 별도로 출판되었다(연세대학교 한국어학당, 2008; 이화여자대학교 언어교육원 2008; 최윤곤, 2009 등). 특히 읽기와 쓰기 교재의 출간은 문어에 대한 요구가 더 강한 학문 목적 학습자의 수적인 증가와도 무관하지 않을 것이다.

3.2 한국어 쓰기 교육 분야의 연구 성과

1990년대에 나타난 한국어교육계의 변화는 한국어교육에 관한 연구에도 많은 영향을 초래하여 한국어교육에 관한 연구가 활성화되기 시작하였다. 특히 대학원에 '외국어로서의 한국어교육'이 개설되기 시작하면서 한국어교육에 관한 연구가 양적인 성장을 이루었다. 1999년까지의 한국어 쓰기 교육에 관한 연구가 총 6편에 불과한 반면, 2000년부터 2005년까지 이루어진 연구는 22편이나 된다.[3] 더욱이 2006년 이후에 이루어진 연구는 38편으로 수적으로 엄청나게 증가하였음을 알 수 있다. 이는 강명순(2005)이 지적한 것처럼 학문 목적 학습자의 증가로 쓰기 교육에 관한 관심이 높아진 데다가 대학원에 한국어교육 관련 전공이 개설되었기 때문일 것이다. 쓰기와 관련된 석 · 박사 학위 논문이 2005년 전까지 16편, 2006년 이후에도 24편이나 된다는 사실로도 한국어교육 관련 학과의 개설이 쓰기 교육에 관한 풍부한 연구 성과물을 낳게 하였음을 알 수 있을 것이다.

쓰기 교육에 관한 논문을 세부 주제 및 내용별로 나누어 살펴보면 다음과 같다.

(1) 쓰기 교육의 원리와 실제

우인혜(1996)는 한국어 교재를 분석함으로 한국어 쓰기 교육의 문제점을 파악하고 학습자의 쓰기 능력을 향상시킬 수 있는 쓰기 교육 방안을 제시하고 있다. 교재에 나타난 쓰기 교육이 문법 연습에 머물고 있음을 지적하고, 자신의 생각을 글로 표현할 수 있는 작문 능력을 강화해야 한다고 주장하였다. 또한 초급 단계부터 작문 수업이 시작되어야 함을 강조하였다. 강승혜(2002)는 이론과 실제의 양 측면에서 한국어 쓰기 교육에 관한 논의들을 살펴보고, 실제 한국어교육에 적용할 수 있는 방안에 관해 연구하였다. 쓰기의 개념부터 쓰기 교육의 접근 방법과 원리, 쓰기 교육의 목표 등을 체계적으로 정리하고 향후 과제까지 제시하였다. 김호정(2007)

3) 본 연구에서는 '외국어 혹은 제2언어로서의 한국어 쓰기 교육'과 관련된 연구 결과물만을 대상으로 삼는다. 학술대회 발표집에 수록된 논문이나 한국어교사 양성과정의 강의안집에 수록된 논문은 제외하였다. 따라서 외국어로서의 한국어 쓰기 교육 관련 석 · 박사 학위 논문과 '한국어교육', '이중언어학', '언어와 문화', '한국언어문화학' 등처럼 한국 언어 문화 교육과 밀접하게 관련이 되는 학회지를 대상으로 하였다.

은 글을 쓰는 것을 언어로 의미를 구성하는 행위로 보고, 쓰기 교육은 학습자를 중심으로 과정을 중시하여 텍스트의 장르 지식을 기반으로 하되, 무엇보다 독자와 필자 간의 상호작용이 원활히 이루어질 수 있는 방향으로 이루어져야 함을 강조하였다. 최주리(2008)는 인지 구성주의에 입각한 한국어 쓰기 전략 교수 모형을 만들고, 이를 적용한 쓰기 전략 교수가 한국어 쓰기 학습자의 쓰기 능력과 전략 사용에 미치는 영향을 밝히고자 하였다. 이 밖에도 김미경(2007), 박선미(2007), 오기원(2008), 이진영(2008), 이경화(2008) 등이 있다.

(2) 과정 중심의 한국어 쓰기 교육

이 범주에 속한 논문이 가장 많이 발표되었다는 사실은 과정 중심의 쓰기 교육이 한국어교육에서 기본 원리로 인정받고 있음을 반영하는 것으로 보인다. 정현경(1999)은 쓰기 교육의 목적을 의사소통 능력의 향상과 쓰기 능력의 향상에 두고 이를 위한 과정별 쓰기 수업 방안을 제시하였다.

또한 쓰기 교육의 각 과정에서 쓸 수 있는 전략과 작문 과제의 예를 다양하게 제시하였다. 이는 모어로서의 한국어교육에서 강조되던 과정 중심의 작문 교육 이론을 외국어로서의 한국어교육에 처음 적용하였다는 데 의의가 있다. 김정숙(1999)은 이전의 한국어 쓰기 교육이 형태에 초점을 둔 구조화된 언어 연습으로 이루어져 왔음을 비판하면서 쓰기 교육의 목표를 형식적으로 응집성이 있고, 의미적으로 일관성과 완결성을 갖춘 담화의 생성에 두고, 이를 위한 구체적인 쓰기 활동의 절차와 유형을 제시하였다. 이미혜(2000)는 작문을 포함한 대부분의 쓰기 활동이 주로 과제물로 제시되어 교실 밖에서 이루어지는 것을 비판하고, 이를 해결하기 위한 방안 중의 하나로 과정 중심의 쓰기 교육 방법을 적용한 작문 수업 방안을 구체적으로 제시하였다. 김지영(2009)은 기존의 쓰기 연구가 과정 중심의 쓰기를 강조하고는 있으나 대부분이 초급을 위한 통제되고 유도된 쓰기 과제를 중심으로 이루어진 한계점이 있음을 지적하였다. 이러한 한계를 극복하기 위해서는 담화 능력을 향상시킬 수 있는 상호협력적 교수-학습 방법의 모형이 필요하다고 주장하고, 중급 학습자를 대상으로 실제 교수-학습 모형의 효과를 검증해 보였다.

이상의 논의들에서 공통적인 주장은 쓰기가 과정 중심의 접근법에 따라 단계별로 구성되어야 한다는 점이다. 이런 점에서 볼 때 과정 중심의 단계별 쓰기 수업 모형이 한국어 쓰기 교육의 이론적인 근거가 되고 실제적인 적용 대상이 되었음을 알 수 있다. 그러나 최근 들어 학문 목적 한국어 학습자의 수가 급속도로 증가됨으로 인해 쓰기 교육에 대한 시각에도 변화가 나타나게 되었다.

다시 말해 이미 낡은 것으로 인식되어 오던 결과 중심의 쓰기 교육을 새롭게 인식하게 되었다(김인규, 2003; 진대연, 2005; 안경화, 2006; 강현자, 2009). 이에 관하여는 '학문 목적 한국어 쓰기 교육'에서 다시 언급하게 될 것이다.

(3) 매체를 활용한 한국어 쓰기 교육

다양한 매체를 활용한 쓰기 교육은 학습자의 동기를 유발하는 데 용이하고, 활용 가능성을 높일 수 있는 장점이 있을 것이다. 김민성(2001)은 웹기반 언어 교육에 대한 관심은 높지만 실제로 현장에서 활용 가능한 웹기반 한국어 프로그램이 부족하다고 보고, 직접 인터넷을 활용한 한국어 쓰기 교육 프로그램을 개발함으로써 새로운 형태의 쓰기 교육의 가능성을 보여 주었다. 김영만(2003)은 발달된 정보통신 기술을 한국어 쓰기 교육에서 활용하는 방안에 대해 살펴보았다.

정보화 시대에는 정보의 전달과 수용이 인쇄 매체보다는 다양한 형태의 정보통신 기술을 통해 이루어질 것이므로 이를 한국어 쓰기 교육에 활용하는 방법에 관한 연구도 보다 적극적으로 이루어질 것으로 보인다.

(4) 언어권별 쓰기 교육

학습자의 모어는 외국어 학습에 커다란 영향을 미친다. 따라서 학습자의 층이 점점 다양해지는 최근의 현실을 감안하면 학습자의 모어를 기준으로 언어권별로 교육 방안을 제시하는 일은 앞으로도 연구가 계속될 것으로 보인다. 우선 언어권별 학습자의 특징을 고려한 쓰기 교육 방안에 대한 연구로는 백봉자(1987), 이성은(2001), 싯다니 탐마차이(2001), Eun－Joo Kim(2002), 괵셀 튀르쾨주(2004), 이지영(2006), Nguyen Thi Huong Sen(2006), 이주미(2009) 등이 있다. 백봉자(1987)는 교포 자녀들이 한국어 구두 능력에 비해 쓰기 능력이 부족한 점을 문제점으로 지적하고 이를 해결하기 위한 쓰기 교육 방법으로 쓰기 교육이 한글 자모 쓰기, 문법 훈련, 문장 구조 훈련 등을 포함해야 한다고 주장하고, 여러 가지 쓰기 교육의 유형을 제시하였다. 그러나 이 연구는 쓰기를 한국어 문법과 구조의 습득을 위한 보조 도구로서 다루었다는 데에 한계점이 있다. Eun-Joo Kim은 미국 대학의 한국어 학습자를 대상으로 한국어 작문에서 나타나는 학습자의 오류에 대한 교사의 피드백이 정확도의 향상에 미치는 효과를 실험을 통해 제시하고, 이를 쓰기 학습과 연결하는 방안에 대하여 검토하였다. 또한 괵셀 튀르쾨주는 터키인 학습자를 대상으로, 싯다니 탐마차이는 태국인 학습자를 대상으로, 이주미는 중국인 학습자를 대상으로 한국어 쓰기 교육 방안을 제시하였다.

(5) 학문 목적 한국어 쓰기 교육

학문 목적 한국어 학습자를 대상으로 한 쓰기 교육과 관련된 연구에는 김인규(2003), 용재은(2004), 진대연(2005), 이준호(2005), 안경화(2006), 김정숙(2007), 이현국(2007), 윤경숙(2007) 김정미(2007), 신필여(2008), 목계연(2008), 김선영(2008), 박새암(2009), 강현자(2009) 등이 있다. 이는 최근 들어 대학이나 대학원에 진학하기 위하여 한국어를 배우는 학습자가 늘어나면서 그들을 위한 차별화된 한국어 교육과정이나 교수법이 필요해졌기 때문이다. 특히 김인규(2003)와 진대연(2005), 안경화(2006)는 결과 중심의 쓰기 교육이 학문 목적 학습자에게 적절함을 논의하였다. 김인규(2003)는 학문 목적 학습자들을 대상으로 요구조사를 실시하여 학문 목적 학습자들이 가장 필요로 하는 기능이 강의 내용 요약하기와 교재 내용 요약하기, 보고서 쓰기, 시험 답안 쓰기 등 대학에서의 학업 수행에 반드시 필요한 기능들임을 밝혔다. 또한 김정숙(2007)은 학습자가 모범이 되는 텍스트를 읽어 보고 학습자 스스로가 구조와 격식을 파악한 후 쓰기를 하게 함으로 학술보고서를 쓰는 방법을 제안하였다. 강현자(2009)는 학문 목적 학습자들을 위한 쓰기 교육의 최종 목적은 학문적인 담화공동체가 요구하는 한 편의 글을 논리정연하게 쓰는 데 두어야 하지만 그 출발점은 단락에 두는 것이 타당한 것으로 보았다. 이를 위해 인문사회 계열에서 사용하는 교재를 분석하여 비교, 대조, 분류, 분석, 예시 등 특정 기능을 가진 표현을 골라 이를 교육하는 방안을 제안하였다.

대학 및 대학원에 진학하려는 한국어 학습자의 수가 증가하므로 학문 목적의 한국어교육에 관련된 논문은 앞으로도 꾸준히 증가할 것으로 보인다. 특히 읽기나 쓰기 능력이 유학 생활의 성패와 관련이 깊음을 감안하면 전공 영역과 글의 종류별로 좀 더 구체적이고 실제적인 쓰기 관련 연구가 이루어져야 할 것이다.

(6) 포트폴리오를 활용한 한국어 쓰기 교육 및 평가 방안

과정 중심 한국어 쓰기 교육은 결과물인 학습자의 일회적 글에 대한 사후 평가에 한정되었던 쓰기 평가 방식에 새로운 변화를 가져왔다. 이 분야에 대한 주목할 만한 논문으로는 김유정(2001)과 이향무(2002), 천은정(2003), 김지애(2008) 등이 있다. 그들은 특히 쓰기 평가가 교수-학습 과정과 분리되어 학습자의 단편적인 지식만을 평가하고 있는 것을 비판하며, 평가의 도구로서 포트폴리오나 대화일지 등의 효용성을 입증하였다. 과정 중심 쓰기 교육에서는 학습자의 쓰기 과정 전체가 평가 대상이 되기 때문이다. 김유정(2001)은 대부분의 한국어 교육기관에서 이루어지고 있는 쓰기 평가가 일회적인 평가 방법으로 실시되고 있음을 비판하고, 쓰기 과정과 결과에 걸친 평가를 위해 쓰기 포트폴리오 평가를 제안하고, 실제로 적용해 보았다. 이향무(2002) 역시 일회적인 성취도 평가의 형식으로 이루어지고 있는 한국어 교육의 쓰기 평가 방식은 학습자의 쓰기 능력을 정확하게 평가하지 못하고, 교수와 학습을 개선하기도 어렵다고 보고, 포트폴리오 평가를 제시하였다. 김지애(2008)도 고급 단계의 논문설 쓰기를 이용하여 한국어 쓰기의 포트폴리오 평가 방안에 관한 연구를 하였다. 천은정(2003)은 대화 일기를 통한 한국어 쓰기 교육에 대해 연구를 했는데 교사가 끊임없이 학습자에게 피드백을 제공함으로써 학습자의 쓰기 능력을 향상 시킬 수 있다고 하였다.

(7) 피드백과 한국어 쓰기 교육

과정 중심의 쓰기 교육에서는 쓰기를 학습자 개인의 고립적인 활동으로 보지 않고 상호활동적(interactive)이고, 협력적인(cooperative) 활동으로 본다. 따라서 쓰기 과정에서 이루어지는 전략이나 피드백에 주목한다. 과정 중심의 쓰기 수업에서 이루어지는 상호활동, 특히 교사나 동료 학습자들의 피드백을 다룬 논문들로는 김정애(2000)와 이미혜(2000), 김지영(2009), 이수민(2001), 이수미(2007), 김세영(2009), 명민경(2009) 등이 있다. 이수민(2001)은 교사의 피드백이 학생의 수정 활동에 실질적으로 미치는 영향을 알아보고, 교사의 피드백과 수정 사이의 관계를 규명하여 이를 한국어 교실에서 활용할 수 있는 방안을 제시하였다. 피드백에 관한 연구도 오류 일지의 효과에 관한 연구(조윤경 · 이미지, 2007)에서부터 내용 피드백(노혜남, 2008)이나 자기점검식 피드백(나원주, 2008), 재형태화 피드백(이수미, 2007)이 한국어 쓰기 능력 향상에 미치는 연구 등으로 아주 다양해졌다.

(8) 여성결혼이민자 대상 한국어 쓰기 교육

여성결혼이민자들에게는 학문 목적 학습자들에 비해 쓰기 교육의 중요성이 덜하다고 볼 수 있겠으나 그들이 도달해야 하는 한국어 숙달도는 결국 한국어 모어 화자들과 비슷한 수준일 것이다. 김선정(2007)에 의하면 여성결혼이민자들은 입국 초기에는 듣기나 말하기 등 구어에 관심이 많다가 한국에서 체류하는 기간이 길어질수록 읽기나 쓰기 등 문어에 더 관심을 보인다. 더욱이 자녀가 학교에 진학하는 시기부터는 문어에 대한 관심이 깊어진다. 이는 여성결혼이민자들이 자녀를 양육할 때 자녀들이 학교에서 배우는 내용을 지도해 주는 일에 가장 큰 어려움을 느끼기 때문일 것이다(김선정 · 강진숙, 2009).

따라서 여성결혼이민자들을 대상으로 하는 쓰기 교육도 큰 의미가 있다고 볼 수 있다. 이미혜(2009)는 이주여성들을 대상으로 한 쓰기 교육의 원리를 다음과 같이 제안하였다. 첫째, 학습자의 요구에 맞는 쓰기 과제를 선정한다. 대부분의 여성결혼이민자들은 일상생활, 사회생활을 성공적으로 하기 위해 한국어를 필요로 하므로, 쓰기 활동도 실생활에서 필요로 하는 과제 수행을 중심으로 구성하여 학습자에게 동기를 부여하도록 한다. 둘째, 내용, 구조, 문법, 철자 등의 균형 잡힌 교육을 실시하여 정확성과 유창성을 동시에 추구하도록 한다. 하나의 글이 완결성을 갖기 위해서는 어휘, 문법, 철자, 내용의 긴밀성, 균형 있는 구조 등이 모두 갖추어져야 하므로 정확성과 유창성을 동시에 추구해야 한다. 셋째, 완성된 글보다는 글을 쓰는 과정에 중점을 두고 쓰기를 지도한다. 과정 중심의 쓰기 교육을 위해서는 글을 쓰기 전에 생각을 끌어내고, 쓸 내용을 계획하도록 하며, 글을 쓴 후에는 교사의 피드백을 반영하여 교정하는 과정을 거치도록 한다. 넷째, 학습자에게 좋은 글쓰기 습관을 길러준다. 쓰기 교육은 쓰는 방법을 지도하는 것만이 아니라 학습자 습관을 길들이는 것도 포함한다. 좋은 글쓰기 습관은 글을 쓰기 전에 계획하는 시간을 가지며, 무엇을 쓸 것인지 중심 생각에 초점을 맞추도록 하는 것이다. 다섯째, 교사와 학습자 간의 상호작용이 최대한 반영된 수업이 되도록 한다. 쓰기 활동을 학습자 개인에게 일임하면 학습자의 부담이 커져서 쓰기를 두렵게 만든다. 따라서 쓰기 전후 단계에서 교사와 학생이 함께 생각을 나누고 의견을 교환하는 상호작용 과정을 거치도록 한다. 이밖에도 여성결혼이민자를 대상으로 한 한국어 쓰기 교육과 관련된 연구에는 조유경(2009), 김용현(2007) 등이 있다.

여성결혼이민자들이 증가하고, 이들을 위한 한국어교육의 중요성이 부각되고 있으므로 이들을 위한 한국어교육 연구는 앞으로도 더 세분화되고 전문화 될 것으로 보인다.

(9) 읽기 등 타 기능과의 통합 교육 방안

의사소통식 교수법의 영향으로 최근에 이루어지는 한국어교육은 듣기, 말하기, 읽기, 쓰기의 네 가지 기능을 통합적으로 교육하고자 한다. 이의 영향으로 쓰기를 읽기 등 다른 언어 기술과 통합하여 교육하는 방안에 관한 연구가 나오게 되었다. 이성희(2008)에서는 읽기와 쓰기 영역을 한국어교육에서 어떻게 통합하여 효과적으로 교수할 것인가에 대한 방안을 모색해 보고자 하였다. 다양한 방법론을 구축하기 위해 L1 학습자들을 대상으로 하는 읽기 · 쓰기 통합교육 프로그램인 CIRC (Cooperative Integrated Reading Composition)의 연구 성과를 살펴보고, 이를 인지주의와 사회구성주의를 기반으로 한국어 학습자에게 적용하여 봄으로 좀 더 체계적이고 조직적인 읽기 · 쓰기 통합 활동 모형을 개발하고자 하였다. 김정숙(2007)은 학문 목적 학습자를 대상으로 모범이 되는 텍스트를 읽어 보고 학습자 스스로가 구조와 격식을 파악하게 한 다음 쓰기를 하면 더 우수한 산출물이 나온다고 보고 읽기와 쓰기의 통합 교육을 제안하였다. 김지영(2009)은 한국어 쓰기 교육에서 읽기 활동이 학습자가 구성하는 텍스트의 결속성에 미치는 영향에 관하여 연구하였다.

이 밖에도 한국어 고급 학습자의 쓰기 말뭉치를 분석해 봄으로 문화적 특징이 글쓰기에 미치는 영향을 고찰하고, 학습자들의 문화 습득의 요구를 파악하여 쓰기 교육 모형을 제안하고자 한 연구(이동은, 2008)와 한국어 쓰기 교육과정의 개발에 관한 연구(이진영, 2008) 등이 있다.

이렇듯 한국어 쓰기 교육 연구는 초기에는 현장에 기반을 두고 문제점을 지적하고 이를 개선하려는 데서부터 출발하였다. 그러다가 과정 중심의 쓰기 교육 원리를 중심으로 이론과 실제를 종합해 보려는 연구들이 활발하게 진행되었다. 최근에는 한국어 학습자 층이 다양해지면서 학습자의 모어와 학습 목적 등 학습자의 변인을 고려한 다양한 쓰기 교육 방안에 대한 논의들도 적극적으로 전개되고 있음을 알 수 있다. 특히 학문 목적 학습자를 대상으로 하는 연구와 여성결혼이민자를 대상으로 하는 연구가 증가하였음을 알 수 있다. 이런 현상은 외국어로서의 한국어 쓰기 연구가 일반론에서 벗어나 점차 교수-학습 상황이나 학습자 변인 등을 고려한 구체적이고 세부적인 논의로 활발하게 진행되고 있음을 보여 준다.

제9장 쓰기 활동

내용이 긴 논문이나 보고서처럼 복잡한 형식의 글이 아닌데도 평소에 쓰지 않던 형식의 글을 쓰려고 하면 막혀서 좀처럼 글을 쓰지 못했던 경험이 있을 것이다. 초대장을 만드는 일, 선생님께 문안 편지를 쓰는 일, 장학금 신청서를 쓰는 일 등을 처음으로 했을 때가 그렇다. 글쓰기 장르는 생각보다 다양해서 다양한 장르별 연습이 필요하다.

외국인 학습자가 한국어로 쓰기 활동을 할 때에는 목적에 따른 쓰기 연습은 물론이고 단계에 따른 쓰기 연습이 이루어져야 한다. 이 장에서는 쓰기 활동의 유형과 단계별 쓰기 연습 활동, 활동 목적에 따른 쓰기 활동들을 소개하기로 한다.

1 쓰기 활동의 종류

학습자에 의해서 이루어지는 쓰기 활동은 쓰기 교육의 가장 기본이 된다. 한국어 학습자들이 적절한 쓰기 활동을 함으로써 비로소 한국어 쓰기에 대한 실제적인 경험을 할 수 있다. 또 이러한 활동을 통해서 단편적으로 알고 있는 어휘나 문법, 문장 구조 등에 대한 지식을 종합적으로 활용하는 방법을 터득할 수 있고, 궁극적으로는 의사소통 수단의 하나인 쓰기 능력을 기를 수 있게 된다. 따라서 주어진 텍스트를 바탕으로 실제 쓰기 활동을 하는 것은 매우 중요하다.

교실에서 이루어지는 쓰기 활동은 크게 교육적 과제(pedagogic task) 활동과 실제적 과제(real task) 활동으로 나눌 수 있다. 교육적 과제는 학습자의 장르 지식과 작문 기술을 계발하기 위하여 고안된 과제이며 실제적 과제는 학습자가 목표로 하는 의사소통 목적에 직접적으로 기초한 과제이다.

교육적 과제는 일반적으로 구두점 사용, 쓰기 – 전(pre-writing) 능력, 수사적 형식에 대한 개별적 기술을 증진시키는 것이 목표이다. 교육적 과제는 실제적 과제를 달성하는 데 필요한 능력을 쌓기 위하여 학습자가 꼭 알아야 하는 것을 토대로 선택된다.

2 쓰기 활동의 유형

쓰기는 목적이나 수준, 환경에 따라 그 유형을 다르게 설정할 수 있다. Brown(1994)은 쓰기의 유형을 교실에서 요구되는 환경에 따라 5가지로 구분하여 제시하고 있다.

(1) 모방쓰기

학습 초기 글자를 배울 때 주로 사용되며 글자나 단어 문장을 단순히 베껴 쓰는 유형이다. 베껴 쓰기, 받아쓰기 연습 등이 이에 해당한다.

(2) 통제 또는 유도 쓰기

문법 학습이나 평가를 위한 통제형 연습 문제의 답을 작성하거나 주어진 지시에 따라 글을 변화시키는 통제나 유도 작문의 유형이다. 학습이나 문법적 개념의 강화를 위해 사용된다. 문법 연습에 사용되는 통제된 쓰기 유형으로는 주어진 문장의 형태를 바꾸도록 하는 것이 있다. 평서형 어미를 의문형 어미로 바꾸는 것 등이 한 예이다.

유도된 쓰기는 통제된 쓰기에 비해 교사의 통제가 덜하나 여전히 기본적인 쓸 거리를 제공한다. 비디오테이프를 본 후 내용에 관한 질문에 대답하게 하는 것 등이 있다.

마지막으로 재생(dicto) 쓰기가 있는데 이것은 교사가 어떤 글을 읽어 주고 그 글에 나오는 내용을 연속적으로 핵심 단어를 제시해 준 다음 그 단어를 이용하여 그들이 듣거나 읽은 내용을 상기하면서 글을 다시 쓰게 하는 유형의 글쓰기이다.

(3) 자율적 쓰기

다른 사람에게 보이는 글이 아닌 순수하게 자기 자신만을 위한 글쓰기이다. 수업 시간에 노트하기라든가 일기나 일지 쓰기 등이 있다. 최근에는 학생들이 자신의 생각이나 기분, 반응 등을 일지에 쓰면 교사가 이를 읽고 응답을 하는 식의 대화적 일지도 많이 사용된다.

(4) 전시용 쓰기

단답형 문제 답 쓰기, 주관식 답안 작성 등 기본적으로 자신이 알고 있는 것을 남에게 보여주기 위한 쓰기 유형이다. 에세이, 연구보고서 등이 있다.

(5) 실제 쓰기

교실에서 학습을 목적으로 하는 쓰기 활동이 아니라 순수한 의사소통을 목적으로 하는 글쓰기가 있다. 실제 쓰기는 정보를 필요로 하는 독자에게 그 정보를 전달하는 진정한 의미의 의사소통을 위한 쓰기 유형으로 학문적 목적을 위한 학술적 쓰기와 서류 작성이나 실무 편지 등 직업 현장에서 필요로 하는 직업적 쓰기, 일기, 편지, 개인적 메시지 작성 등의 개인적 쓰기로 나누어진다.

Hedge(1988)는 쓰기의 목적, 목표를 연계시켜 쓰기 활동의 유형을 제시하고 있다. 여기서는 쓰기활동의 유형을 개인적, 탐구적, 창조적, 공적, 사회적, 전문적인 내용의 쓰기 등 6가지 유형으로 구분하였다. 다음은 이를 〈표〉로 정리한 것이다[박영순 편(2002) 참고].

▶ 쓰기 활동의 유형

분류	쓰기 유형	쓰기 목표	쓰기 예
개인적인 목적	개인적 내용의 쓰기	개인에 관한 내용을 작성하도록 함으로써 흥미를 유발할 수 있다. 간단한 정보의 전달을 위해 기록적인 성격을 띤다.	일기, 일지, 쇼핑 목록, 기억할 사항들, 꾸릴 짐 목록, 주소, 요리법 등
	탐구적 내용의 쓰기	개인적인 목적의 글로써 탐구 목적의 글을 작성하는 기술을 습득할 수 있다.	독서 노트, 강의 노트, 카드 색인, 요약하기, 개요, 서평, 실험보고서, 방문보고서, 에세이, 참고자료 목록 등

*	창의적인 내용의 쓰기	필자 자신을 위한 것이지만 다른 사람과 공유하기 위한 형태의 글쓰기로 주관적인 창의성을 키울 수 있다.	시, 이야기, 드라마, 노랫말, 자서전 등
사회적인 목적	공적인 내용의 쓰기	기관이나 조직에 대응하는 공식적인 형태의 글을 작성할 수 있다.	문의편지, 불편사항 편지, 요청의 편지, 양식서 작성, 지원서 작성 등
	사회적 내용의 쓰기	사회적인 관계형성과 유지를 위해 쓰는 형태이며 형식적인 틀에 맞추어 쓸 수 있다.	서식, 초대장, 위문편지, 감사장, 축전, 해외전보, 전화메시지, 가족 친구에게 전하는 전달내용 등
	전문적 내용의 쓰기	전문적인 역할에 관련되는 형태의 쓰기로 전문화된 텍스트를 작성해 낼 수 있다.	안건, 회의록, 기록사항, 보고서, 검토안, 계약서, 업무편지, 공지사항, 광고, 포스터, 지시사항, 연설문, 지원서, 이력서, 세부사항, 전문가들의 알림 등

Hyland(2003)는 쓰기 활동을 목표로 하는 지식의 유형이나 기술에 따라 기계적인 활동(mechanics), 언어(language), 작문(composition)의 세 가지 범주로 나누고 있다. 여기서 기계적 활동은 문자소 기술을 개발하는 활동으로, 손으로 쓰기, 구두점, 문단나누기 등을 포함하고 있으며, 언어 활동은 특정 쓰기 유형을 이해하고 참여하는 데 필요한 언어적 그리고 수사적 기술을 익히고 발달시키는 활동으로 언어 익히기(비교, 빈칸 채우기, 언어 구조 확인), 모델 작문 분석과 조작(재－배열, 변형시키기, 결합하기), 모델 작문에 기초한 통제 작문(작문 완성하기, 평행 작문), 유도 작문(그림, 표, 핵심단어 제시) 등이 포함되어 있다. 작문 활동은 실제 글쓰기 기술을 발달시키고 연습시키는 활동으로 작문 기술, 확장 쓰기 등이 포함된다.

3 쓰기 활동의 실례

쓰기 지도를 위한 구체적인 활동에는 여러 가지가 있다. Brown(1994)은 쓰기의 유형을 교실에서 요구되는 환경에 따라 크게 다섯 가지로 구분하고 있는데 여기서는 이와 관련한 여러 활동들과 함께 제시하기로 하겠다.

3.1 모방 쓰기

학습 초기 글자를 배울 때 주로 사용되며 글자나 단어 문장을 단순히 베껴 쓰는 유형이다. 베껴 쓰기, 받아쓰기 연습 등이 이에 해당한다.

3.1.1. 베껴 쓰기

베껴 쓰기는 주어진 자음과 모음, 또는 단어나 글을 보고 그대로 베껴 쓰는 활동이다. 가장 통제되고 간단한 활동이므로 주로 초급 단계에서 활용된다. 처음에는 낱낱의 글자를 쓰도록 하고 나중에는 단어와 띄어쓰기를 고려한 문장 쓰기 활동까지 이루어지도록 한다. 처음부터 교사는 학습자가 글자를 바르게 쓰고 획순에 따라 정확하게 쓰도록 지도해야 한다. 초급에서 잘못 익힌 버릇은 중급, 고급 수준에서도 잘 고쳐지지 않는다.

바르게 쓰기

※ 다음 모음과 자음을 순서대로 써 보십시오.

1. 모음(vowel)

자형	음가	이름	쓰는 법
ㅏ	a	아[a]	
ㅑ	ja	야[ja]	
ㅓ	ə	어[ə]	
ㅕ	jə	여[jə]	
ㅗ	o	오[o]	
ㅛ	jo	요[jo]	
ㅜ	u	우[u]	
ㅠ	ju	유[ju]	
ㅡ	ɨ	으[ɨ]	
ㅣ	i	이[i]	

2. 자음(consonant)

자형	음가	이름	쓰는 법
ㄱ	k	기역[kijək]	
ㄴ	n	니은[niɨn]	
ㄷ	t	디귿[tigɨt]	
ㄹ	r/l	리을[riɨl]	
ㅁ	m	미음[miɨm]	
ㅂ	p	비읍[piɨp]	
ㅅ	s/t	시옷[siot]	
ㅇ	ϕ/ŋ	이응[iɨŋ]	
ㅈ	c/t	지읒[ciɨt]	
ㅊ	ch/t	치읓[chiɨt]	
ㅋ	kh/k	키읔[khiɨk]	
ㅌ	th/t	티읕[thiɨt]	
ㅍ	ph/p	피읖[phiɨp]	
ㅎ	h/t	히읗[hiɨt]	

※ 다음 글자를 순서대로 써 보십시오.

고 노 도 로 모 보 소 오

고 노 도 로 모 보 소 오

고 노 도 로 모 보 소 오

조 초 코 토 포 호

조 초 코 토 포 호

조 초 코 토 포 호

– 자료 : 서울교대 국어과교재편찬회, 1999.

3.1.2. 받아쓰기

받아쓰기는 교사가 문장이나 단락을 적당한 속도로 불러 주면 그것을 그대로 받아쓰는 방법으로 맞춤법과 언어 형태에 초점을 맞춘 활동이다. 음절, 단어, 문장, 단락 또는 글 전체를 받아쓰기할 수 있다. 단어나 문장 전체를 받아쓰기할 때, 교사는 한국어 음운 변동규칙이 적용된 음을 그대로 들려주고 이를 받아 적을 수 있도록 해야 한다. 예를 들어, '독립'과 같은 단어는 '[동닙]'으로 소리를 들려주어야지 '[독립]'으로 들려주어서는 받아쓰기의 능력을 향상시키기가 어렵다.

받아쓰기의 예로는 '다음 단어를 듣고 써 보십시오.', '다음 문장을 듣고 써 보십시오.' 등이 있다.

3.2 통제 또는 유도 쓰기

문법 학습이나 평가를 위한 통제형 연습 문제의 답을 작성하거나 주어진 지시에 따라 글을 변화시키는 통제나 유도 작문의 유형이다. 통제된 쓰기, 유도된 쓰기, 재생 쓰기 등이 있다.

3.2.1. 그림, 도표, 사진 보고 쓰기

그림 보고 쓰기

※ 다음 그림을 보고 첫째 그림과 셋째 그림 속의 말풍선에 들어갈 말을 써 보십시오.

3.2.2. 어순 배열하기

문장의 어순이나 구조를 파악하기 위해 필요한 활동이다.

어순 배열하기

※ 다음 보기의 단어를 가지고 문장을 완성해 보십시오.

〈보기〉

나서, 고향, 한숨도, 이루지, 어제는, 잠을, 많이, 생각이, 못했다.

3.2.3. 문장 확장하기

문장 확장하기에는 단순문 내에서의 문장 확장과 단순문을 확대하여 복합문을 만드는 것이 있다. 단순문 내에서의 문장 확장은 제시된 담화의 표시된 부분에 수식하는 내용을 덧붙여 이야기를 확장하는 방법이다. 복합문은 두 개의 단순문을 연결어미를 이용하여 문장을 확장하는 것이다. 다양한 문장 표현 능력을 기를 수 있다.

문장 확장하기

※ 〈보기〉와 같이 기본 문장을 활용하여 문장을 확장하여 보십시오.

〈보기〉

기차가 달린다.
→ 기차가 빨리 달린다.
→ 작은 기차가 빨리 달린다.
→ 작은 기차가 매우 빨리 달린다.
→ 아주 작은 기차가 매우 빨리 달린다.

※ 보기와 같이 '-기'를 사용하여 문장을 확장하여 보십시오.

〈보기〉

그림을 그리다. → 그림을 그리기가 어렵다.

1. 사람을 만나다. →
2. 친구와 영화관에서 만나다. →
3. 나는 내일 토론회에서 사회를 본다. →

※ 보기에서 알맞은 말을 골라 두 문장을 연결하십시오.

〈보기〉

-자, -지만, -려고, -(으)ㄹ수록

나는 공부를 한다. 한국에 왔다. →

3.2.4. 문장 및 문단 연결하기

앞뒤 문장 또는 문단 간의 관계를 파악한 후 적절한 연결어미나 접속사, 담화표지 등을 넣어 담화를 완성한다.

문장 및 문단 연결하기

※ 보기에서 알맞은 말을 골라 두 문장을 연결하십시오.

〈보기〉

그리고, 그렇지만, 따라서, 그러므로

머리가 아팠다. 계속 공부했다. →

※ (나)의 ( ) 안에 들어가기에 알맞은 말을 쓰십시오.

〈보기〉

왜냐하면, 한편, 그러므로, 더구나

(가) 정보화 시대를 긍정적 낙관론으로 보게 하는 요소는 많다. 고도 산업 사회의 부정적 산물인 인간의 정신적 소외감, 공해의 발생, 남북 간 삶의 질적 차이, 빈부의 격차 심화 등 여러 후유증이 치유됨은 물론, 자동화에 의해 여가 시간이 확충되고, 다양한 문화의 발전이 가능하며, 직접 민주주의가 확대될 수 있을 것으로 기대된다. 한 마디로 말해서 정보화 사회는 모든 면에서 풍요로운 삶을 보장하는 유토피아가 될 것으로 예견된다.

(나) (　　), 컴퓨터와 통신의 발달로 인한 사생활의 침해, 정보를 악용한 범죄, 정보 기기의 오류로 인한 사회 기능의 마비와 잘 구축된 정보망의 독점으로 인한 사회 통제는 물론, 대화의 단절로 인한 자폐증, 정보 통신의 악용, 인간의 기계화 등에 이르기까지 상상할 수 없는 절망적인 결과를 가져올 수 있다는 점에서 왜곡된 사회를 예견하기도 한다.

(다) 결국 우리는 미지의 '미래 낙원' 앞에 서 있는 것이다. 따라서 우리는 정보화의 밝은 면만을 부각시켜 어두운 면을 숨기거나 어두운 면만을 과장하고 밝은 면을 외면해서는 안 된다. 예견되는 긍정적 측면을 극대화하고 부정적 측면을 최소화하기 위해 인간과 사회, 문화에 대해 깊이 이해하고, 정보의 일상화, 생활화할 방법을 익히며, 제도를 정비해야 한다.

3.2.5. 질문에 대답하기

제시된 지문을 읽고 주어진 질문에 대답하도록 한다.

질문에 답하기

※ 다음을 읽고 질문에 답해 보십시오.

1945년 일본으로부터 나라를 되찾은 뒤로 태권도는 세계 여러 나라에 알려지기 시작했습니다. 지금은 전 세계에 있는 대부분의 나라에 태권도가 보급되었습니다. 그리고 2000년 시드니 올림픽부터는 올림픽 정식 종목으로 채택되기도 했습니다.

태권도는 몸을 단련시켜 줄 뿐만 아니라 정신력을 키우는 데도 좋습니다. 또한 사부님이나 선배들에게 항상 인사함으로써 예의도 배우게 됩니다.

1. 태권도는 언제부터 올림픽 정식 종목이 되었습니까? →
2. 태권도를 배우면 무엇에 좋습니까? →

3.2.6. 지시대로 바꿔 쓰기

동의어나 유의어를 활용하여 다양한 어휘 활용 능력을 기르거나 단형사동과 장형사동, 긍정표현과 부정표현, 직접화법과 간접화법의 교체, 시제 변화 등 문법 능력을 향상시키는 데 활용될 수 있다.

지시대로 바꿔쓰기

※ 보기와 같이 써 보십시오.

〈보기〉

꽃을 봅니다. (보다)

1. 눈이 __________. (오다)
2. 학교에 __________. (가다)

※ 밑줄 친 부분을 비슷한 말로 바꿔 보십시오.

1. 그 사람은 공항에서 방금 도착했어요.
2. 내가 보고 싶었던 사람이 드디어 나타났다.

※ 보기와 같은 형식으로 문장을 바꿔 보십시오.

〈보기〉

철수는 영희를 울렸다.

→ 철수가 영희를 울게 했다.

1. 엄마가 아이에게 젖을 먹인다.

→

2. 언니가 동생에게 옷을 입힌다.

→

3.2.7. 빈 칸 채우기

문장 내에서 사용하는 어휘의 정확한 활용이나 문장 요소 간의 호응 관계 파악, 적절한 문법 형태소의 활용 능력을 기르기 위해 주로 활용된다. 짧거나 긴 대화를 하거나, 완성된 글을 쓰기 위해 기초 자료를 조사하는 활동으로 쓰일 수도 있다.

빈 칸 채우기

※ 밑줄 친 것은 어떤 단어를 말하는지 표에 알맞은 말을 쓰십시오. 동사나 형용사는 기본형을 쓰십시오.

		1. 기						
	2	대					3	
		되			4	5		6
7		다						
			8	9 특		10		
	11							

〈가로 문제〉

2. 아침에 바빠서 식사한 다음에 그릇을 치우지 않고 그냥 놓고 나왔어요.
4. 책으로 된 사전은 무겁기 때문에 요즘은 많은 사람들이 기계로 된 사전을 가지고 있어요.
7. 승우 씨가 오늘 멋있는 옷을 입고 나타났어요. 데이트가 있나 봐요.
8. 로안 씨의 성격은 다른 사람들과는 전혀 다르고 비슷한 점이 없기 때문에 좋아하는 사람은 로안 씨를 아주 좋아하고 싫어하는 사람은 아주 싫어해요.
11. 저는 사람들에게 도움이 되는 일을 하고 싶어요.

〈세로 문제〉

1. 다음 달부터 세계 여행을 하기로 했어요. 그날이 기다려져요.
3. 그 노래는 노랫말이 아름다워서 좋아요.
5. 그 단어는 여러 번 계속 외워도 잊어버려요.
6. 처음에 한국에 왔을 때 한국어를 하나도 몰랐어요.
9. 이 지갑은 제 생일 때 친구들이 선물한 것이기 때문에 저에게는 보통 지갑과는 다른 의미가 있어요.
10. 남대문 시장은 물건이 여러 가지가 있어서 쇼핑할 때 참 재미있어요.

– 자료 : 서강대 「한국어 워크북 4A」, p. 56.

3.2.8. 문단 완성하기

한 문단의 일부를 비워 두거나 둘 이상의 문단으로 구성된 담화 중 한 문단을 비워 두고 앞뒤 문맥을 이용하여 맥락에 맞게 비어 있는 부분을 완성하는 방법이다.

문단 완성하기

※ 이 글 다음에 이어질 결론을 써 보십시오.

평생 동안 아프지 않고 살 수 있으면 참 좋겠지만, 우리는 살아가면서 크고 작은 병들을 앓게 된다. 이 병들을 가능한 빠른 시간 안에 낫게 하기 위해 약이 필요하다. 놀다가 넘어져서 생긴 상처에 약을 바르면 금방 상처가 아물고, 체했을 때 소화제를 먹으면 속이 금세 편안해진다.

약은 이렇게 병이나 상처를 치료하기 위해 먹거나 바르거나 주사하는 물질이라고 할 수 있다. 약의 종류는 병의 증세와 치료 방법 등에 따라 무척 여러 가지 종류로 나눌 수 있다. 병의 증세에 따라 종류를 나눠 보면 소화를 도와주는 소화제, 세균이나 다른 미생물의 번식을 억제하는 항생제, 통증을 줄여주는 진통제, 열을 내리는 해열제 등 병만큼이나 약의 종류도 많다.

또한 약의 형태에 따라 나눠 보면 먹는 약, 바르는 약, 주사하는 약, 붙이는 약, 좌약, 안약 등이 있다. 먹는 약을 다시 나눠 보면 알약, 가루약, 과립, 물약, 현탁액 등이 있으며, 알약만 하더라도 코팅을 한 것과 하지 않은 것, 캡슐 속에 들어 있는 것과 연질 캅셀로 된 것 등 종류가 다양하다.

3.2.9. 받아적기식 작문

교사가 모델 작문을 보통 속도로 2~3번 읽어주고 학생들에게 들은 것을 단서로 글을 써 보게 한다.

3.2.10. 모방해서 쓰기

읽기 자료에서 사용된 문체, 어휘, 표현, 구조, 수사적 전략 등을 사용하여 글을 어떻게 썼는지를 파악하고, 이를 모방하여 비슷한 유형의 글을 쓰는 방법이다. 모범 예문은 학습시키고자 하는 내용이나 형식을 잘 반영한 것일수록 좋다.

3.2.11. 이야기 구성하기

발화들이 모여서 이루어진 유기적인 통일체를 이야기라고 한다. 여기서는 제시된 핵심어들을 이용하여 완성된 이야기를 구성하는 방법이다.

이야기 구성하기

※ 보기에 제시된 단어를 이용하여 이야기를 만들어 보십시오.

〈보기〉

가족, 형제, 누나, 결혼하다, 졸업하다, 형, 회사원

3.2.12. 다시 쓰기

같은 문장이나 이야기라도 이야기를 대하는 사람의 관점이나 수준, 환경 등에 따라 달라질 수 있다. 같은 내용으로 이야기를 구성하는 능력을 키우는 데 활용된다.

다시 쓰기

※ 다음은 '개미와 베짱이'라는 글이다. 이를 자신의 관점에서 다시 써 보십시오.

개미와 베짱이

옛날에 개미와 베짱이가 살고 있었습니다.
햇볕이 쨍쨍 내리쬐는 여름날, 개미들은 땀을 뻘뻘 흘리며 일을 하고 있었습니다.
그 때, 베짱이는 시원한 나무 그늘에 앉아서 한가롭게 노래를 부르고 있었습니다.
"얘들아, 이 더운 날에 뭣 하러 그렇게 열심히 일을 하냐? 나처럼 시원한 나무 그늘에서 쉬는 게 어때?"
베짱이가 하는 말에, 개미들은
"겨울에 먹을 양식을 준비하려면 그렇게 한가하게 놀고 있을 겨를이 없어."

하고 대답했습니다.
"흥, 정말 미련한 짓이야. 이 여름에 겨울 걱정을 다 하다니……."
마침내 여름이 가고, 나뭇잎이 떨어지는 가을도 가고, 눈보라치는 겨울이 되었습니다. 개미들은 난롯가에 모여 앉아 맛있는 간식을 먹으며 이야기꽃을 피우고 있었습니다. 그 때, 몹시 굶주린 베짱이가 덜덜 떨면서 개미집을 찾아왔습니다. 베짱이는 고개를 숙이고 부끄러워하며 작은 목소리로 중얼거렸습니다.
"먹을 것 좀 주세요."

3.3 자율적 쓰기

다른 사람에게 보이는 글이 아닌 순수하게 자기 자신만을 위한 글쓰기이다. 수업 시간에 노트하기라든가 일기나 일지 쓰기 등이 있다.

3.3.1. 강의 요약하기

수업 중에 강의 내용을 정리하는 것은 남에게 보여주기 위한 것은 아니다. 그러므로 노트를 활용하여 복습할 때 이해하기 쉽도록 정리하는 것이 중요하다. 장이나 절이 바뀔 때 충분한 여백을 주고 상 · 하위 항목 간의 관계를 잘 구분해 주는 것이 좋다.

강의 요약하기

※ 한국어학개론 강의 요약의 실례

1. 말소리의 전달 과정 화자

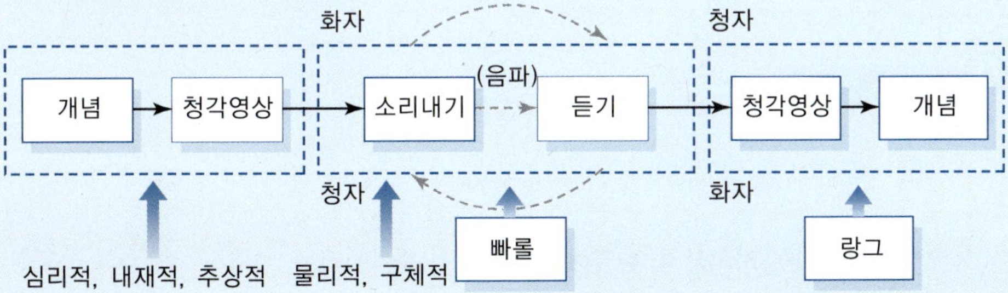

2. 갈무리된 말과 부려쓰인 말

갈무리 된 말	부려쓰인 말
1. 감재적(정신 ↔ 심리적)	물질적(생리 ↔ 물리적)
2. 항구적	순간적
3. 지속적	우발적
4. 사회적	개별적
5. 추상적인 현상	구체적인 현상
6. 선택된 소리 바탕의 모임	모든 소리 바탕의 총체

3.3.2. 쇼핑 목록 작성하기

시장이나 백화점에 가서 살 물건을 품목별, 수량별로 구분하여 쉽게 알아볼 수 있도록 정리해 보는 활동도 가능하다. 이동 공간이 넓을 때에는 층별, 코너별로 구분하여 정리할 수 있게 한다.

3.4 전시용 쓰기

3.4.1. 단답형 문제 쓰기

성취도나 숙달도 평가 등에서 한 단어나 문장으로 답할 수 있게 하는 쓰기 활동이다.

3.4.2. 서술형 답안 쓰기

서술형 답안 쓰기

※ 지난 여름휴가 때 있었던 일을 써 보십시오.

※ 언어의 특성 중 '자의성'을 설명해 보십시오.

3.4.3. 읽고 요약하기

요약하기는 고급스러운 쓰기 능력을 기르는 데 아주 유용한 쓰기 활동이다. 학습자들이 핵심적인 내용을 파악해 내용을 짧게 재구성할 수 있도록 요약해 쓰는 훈련이 필요하다. 요약할 때는 단지 중심 내용만을 추출하는 것이 아니라 한 편의 완성된 글이 되도록 지도해야 한다.

읽고 요약하기

※ 다음 글을 읽고 내용을 요약해 보십시오.

3.4.4. 학업(연구)계획서 쓰기

대학 또는 대학원에 진학할 때 자신의 학업에 대한 목표, 계획, 향후 진로 등을 써 보게 한다.

학업 계획서 쓰기

※ 본인의 대학(원) 학업계획서를 작성해 보십시오.

3.4.5. 학술적 에세이

학술적 에세이란 글쓴이의 독창적 관점이 드러난 비교적 짧은 형식의 글쓰기 양식을 말한다. 학술적 에세이 쓰기에서는 자료의 객관성보다는 글쓴이의 주체적인 관점이 더욱 중요하다. 따라서 대상 텍스트에 대한 정확한 이해력, 문제의식을 찾는 비판적 판단력, 자신의 생각을 정확하게 전달하기 위한 구성력과 개성적인 표현력 등이 필요하다.

학술적 에세이 쓰기

※ '다문화주의'와 관련된 영화나 책을 선택해 감상하고 감상문을 작성해 보십시오.

※ 대학 교육에서 교양교육이 왜 필요한지를 말해 보십시오.

3.4.6. 보고서

대학에서 학생들이 작성하는 보고서는 공부의 결과물을 충실하게 정리하여 제출하는 문서로 정의할 수 있다. 일반적으로 보고서는 조사 및 연구의 대상과 목적, 기간, 방법, 결과 및 평가 등을 구성 요소로 작성된다. 그러나 보고서의 성격에 따라 조사 및 연구 기간이나 방법, 그리고 작성자의 견해를 밝히는 평가 부분은 포함되지 않을 수 있다.

보고서 쓰기

※ 현행 한글맞춤법의 특징과 문제점을 살피고 이를 극복할 수 있는 대안을 제시하십시오.

3.5 실제 쓰기

Tribble(1996)은 정해진 목적을 가지고 글을 쓸 경우에는 내용 지식, 맥락지식, 언어 체계 지식, 글쓰기 과정 지식을 갖추어야 한다고 하였다. 실제 쓰기는 실제 의사소통을 목적으로 하는 글쓰기이므로 쓰기에 대한 광범위한 지식과 쓰기 능력을 갖추어야 한다.

3.5.1. 편지 쓰기

자신의 생각을 편지문의 격식에 맞게 써 보게 한다.

편지 쓰기

※ 고향에 계신 부모님께 편지를 써 보십시오.

3.5.2. 일기 쓰기

매일 일어나는 일들을 일기 형식으로 써 보게 한다.

3.5.3. 요청(제안)하기

학교나 직장에서 다양한 이유로 상대방에게 요청하거나 제안하여 글을 쓰게 된다. 장학금 신청하기, 고장 수리 요청하기, 반품 요청하기 등이 이에 속한다.

제10장 쓰기 교육의 원리

이 장에서는 한국어 쓰기 교육에 있어서 어떤 원리를 따라야 할 것인지를 살펴보고자 한다. 쓰기 교육의 원리는 교육 자료 구성, 교수법 설계, 수업 운영, 오류 교정 등 다양한 측면에서 각각의 원리를 살펴볼 수 있을 것이다. 그 중에서 쓰기 교육을 이끌어온 접근법의 유형에 따른 원리, 수업을 구성하는 데 있어서의 원리, 학습자의 글에 대한 피드백 제공에 대한 원리를 중심으로 살펴보고자 한다.

1 쓰기 교육의 접근법

쓰기 교육의 접근법은 크게 결과 중심 접근법과 과정 중심 접근법으로 구분되었다. 그러나 최근에는 무엇에 초점을 두는지에 따라 접근법이 세분화되기도 하며, 분류 기준에 따라 분류 방법이 다양하게 나타난다. 박혜숙(2006 : 77~103)은 쓰기 지도에 대한 접근 방법을 언어 중심의 지도, 기능 중심의 지도, 내용 중심의 지도, 과정 중심의 지도, 장르 중심의 지도로 구분하였다. 언어 중심의 지도는 언어 형태에 초점을 둔 쓰기 지도를 의미하며, 기능 중심의 지도는 주제문, 보충문, 연결문을 통하여 문단을 효과적으로 구성하도록 하고, 문단 유형을 중심으로 쓰기 지도를 하는 접근 방법이다. 내용 중심의 지도는 주제에 대한 내용에 중점을 두며 쓰기 지도를 하는 것으로 대부분 다른 접근 방법과 결합하여 통합적으로 지도가 이루어진다. 과정 중심의 지도는 글을 쓰는 활동에서 중심이 되는 인지과정에 초점을 두고, 글쓰기 과정 모형을 설정하여 단계별로 지도하는 것이다. 장르 중심의 지도는 '장르', 즉 특정 목적을 위하여 언어를 사용하는 사회적으로 공인된 방식에 중점을 두고 쓰기 활동을 하는 것이다.

Bernd Kast(1999 : 42~47)는 지식 위주의 접근법, 텍스트언어학적인 접근법, 과정 중심의 접근법으로 구분하였다. 지식 위주의 접근법은 쓰기를 미리 구체적으로 제한하여 유도하는 통제적인 유형의 쓰기를 의미한다. 그리고 텍스트언어학적인 접근법은 텍스트의 구조를 분석하고 그에 따른 쓰기 과제로 활동을 구성하는 접근법이며, 과정 중심의 접근법은 완성된 글이 아니라 쓰기 과정이 중심의 되는 접근 방법을 말한다.

최연희(2009 : 29~62)는 형식 중심 접근법(결과 중심의 접근법), 필자 중심 접근법(과정 중심의 접근법), 내용 중심 접근법, 독자 중심 접근법(장르 중심 접근법)으로 구분하였다. 1960년대까지의 쓰기 교육이 글의 형식을 중시한 결과 중심의 접근법에 근거하였다면, 1970년대 이후부터는 필자를 중시한 과정 중심의 접근법이 근간을 이루고 있다. 최근에는 학문 목적으로 글을 쓰는 학습자들에게 특정 내용을 중심으로 글을 쓰도록 하는 내용 중심의 접근법도 활용되고 있다. 이와 달리 독자 중심의 접근법은 학습자의 글을 읽는 사람이 각 분야의 전문적인 독자라는 점을 고려하여 사회에서 요구되는 글의 유형에 따라 글을 써야 한다는 사회적 기능을 강조하는 것이다. 내용 중심의 접근, 독자(장르) 중심의 접근은 과정 중심의 접근법과 상충하는 것이 아니므로 병행하여 진행할 수 있다. 즉 특정 학문 내용으로 글을 쓰도록 하고, 보고서나 논문의 전형적인 형식을 따라서 글을 쓰되, 과정 중심의 글쓰기 방식으로 진행하는 것이 가능한 것이다.

이러한 다양한 접근 방식 중에서 최근의 쓰기 교육에서 가장 널리 활용되는 과정 중심의 쓰기와 장르 중심의 쓰기를 중심으로 좀더 자세히 그 원리를 살펴보겠다.

1.1 과정 중심의 쓰기 원리

1960년대까지의 쓰기 교육 방식은 완성된 글을 중시하고 쓰기의 전략과 과정은 경시하는 경향이 있었다. 그러나 1980년대에 들어서 쓰기 교육의 초점이 '결과에서 과정' 으로 옮겨졌다. 즉, 교사는 학습자의 글을 평가하는 것에 초점을 두는 것이 아니라 학습자에게 쓰기에 의한 의사소통의 목적과 목표에 대해 이해하도록 하고, 쓰기 전략을 제공하여 최종적인 글로 이끄는 것이다.

과정 중심의 쓰기 수업에서는 쓰기의 단계를 3~4단계로 보고 있다. 발단 단계(discovery stage), 초고 작성 단계(draft stage), 수정 단계(revising stage), 편집 단계

(editing stage)의 4단계로 나누어지기도 하고, 발단 단계를 쓰기 선행 단계(prewriting)로, 초고 작성 단계를 쓰기 단계(writing)로, 수정과 편집을 한 단계로 묶어서 쓰기 후행 단계(postwriting)로 보기도 한다(최연희, 2009 : 3). 그리고 이미혜(2001)에서는 과정 중심의 쓰기 수업을 다음과 같이 도식화하였다.

▶ **과정 중심의 글쓰기 과정**

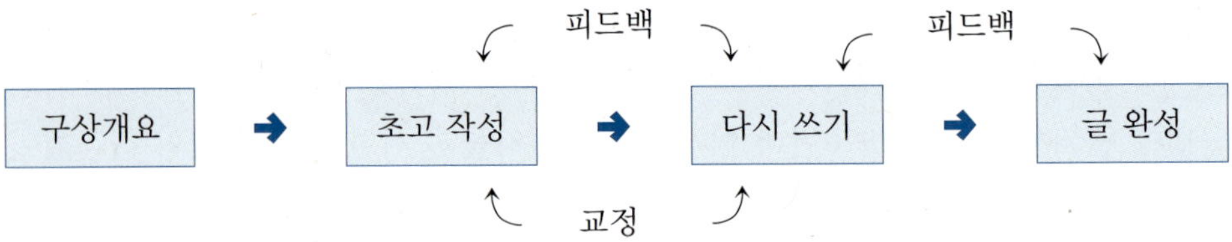

과정 중심의 쓰기 수업은 글을 쓰기 전에 미리 계획을 세우도록 한다. 중심 생각을 이끌어 글로 집약적으로 표현할 수 있게 시작 단계의 활동을 유도하고 생각을 정리한다. 그리고 학습자로 하여금 글을 쓰는 목적과 과정을 이해하게 하여 좋은 학습자 습관을 갖게 한다. 좋은 학습자 습관이란 문법 구조에 집착하지 않고 내용에 중점을 두고 글을 쓰며, 자신의 글에 대해 피드백을 구하고 활용하여 참을성 있게 교정하도록 하는 것이다. 과정 중심의 쓰기 수업에서 교사는 학습자 간의 활동을 유도하는 방법을 고안하며, 교사와 학습자의 원활한 상호작용과 그 효과를 위해 장치를 마련한다. 그리하여 쓰기 수업을 교사와 학습자, 학습자 간의 상호적인 수업으로 구성한다. 쓰기 수업에서 교사는 학습자의 생각을 최대로 글로 표현할 수 있도록 안내하는 역할을 한다. 그러므로 초고, 교정본에 대해 신중하게 반응하여 피드백을 제공하며, 완성본에 대해서 평가자의 역할을 한다.

결과 중심의 접근법과 과정 중심의 접근법의 차이를 정리하면 다음과 같다.[1)]

1) 최연희(2009 : 40)

▶ **결과 중심 · 과정 중심 접근법의 차이점**

	결과 중심 접근법	과정 중심 접근법
쓰기의 정의	일련의 직선적 과정	복잡하고 순환적인 창의적 과정
초점	학습 과정의 결과(산출물) 글의 형식(구성) 중심	쓰기 단계별 과정 필자 다양한 교실 수업 활동 글의 내용 중심
주요 특징	정확성 중시 예시 글의 모방, 베껴쓰기, 변형 연습 중심의 학습자 활동 문장과 담화 수준의 연습 학습자 개별 활동의 쓰기 교정 단계 배제 쓰기 단계에서의 교사 간섭 배제	글의 질보다 양 위주의 학습 쓰기에 필요한 충분한 시간 배정 언어 형태적 정확성 경시 문법의 중요성 약화 협동 학습 고무 상황 고려도 낮음 적절한 쓰기 전략 개발 지도 교사 간섭의 최소화 교사와 학습자 간의 개인 면담을 통한 피드백 중시 학습자 간의 피드백 권장
이론적 배경	구조주의 언어학 상향 과정 접근법	인지주의 사회언어학

1.2 장르 중심의 쓰기 원리

장르 중심의 쓰기 교육은 언어의 사용 측면을 중요시하는 접근 방식이다. 다시 말해 언어를 사용하는 사람들과 그 상황 문맥을 중시하여 글을 쓰도록 하는 것이다. 이러한 방식은 글을 읽을 독자들이 기대하는 바를 충족시킬 수 있도록 목표 사회에서 통용되는 텍스트의 특성, 구성 방식 등을 이해하고 글을 쓰도록 한다. 따라서 수업에서는 다양한 글을 써 보도록 유도하며, 글을 쓰기 전에 텍스트의 형식을 이해하는 작업을 선행해야 한다.

Flowerdew(1993)는 특정 장르에 대한 이해가 부족하여 쓰기에 어려움을 겪는 학습자들을 위하여 다음과 같은 활동을 제시한다(박혜숙, 2006 : 100).

- 장르 분석의 결과를 이용하여 설명을 제시한다.
- 장르의 예를 제시해 준다.
- 학습자들이 스스로 장르 분석을 한다.
- 코퍼스를 이용한 컨코던싱(concordancing)
- 주어진 장르의 샘플을 토대로 번역하기

장르 중심의 접근법에 따라 글을 쓸 때는 먼저 해당 장르의 글의 구성을 파악하고 자주 사용되는 표현 등 언어 형태를 익힌다. 이 과정에서 모범글을 읽고 통제된 작문이나 유도된 작문 형태로 쓰기 연습을 거칠 수도 있다. 그리고 나서 해당 장르의 글 쓰기 단계를 거친다.

한국어 학습자들이 과정 중심의 쓰기를 통해 완성도 있는 글로 유도하는 것은 바람직한 방식이다. 그러나 한국의 다양한 글의 형식과 내용 전개에 대해 이해가 부족하다면 한국인 독자의 기대에 부흥하기 어려운 한계가 있을 것이다. 이러한 점에서 과정 중심의 쓰기와 장르 중심의 쓰기는 상호 보완될 가능성이 있다. 이러한 보완 방법에 따라 수정된 글쓰기 활동의 과정은 Tribble(1996 : 60)의 다음 모형을 통해 확인할 수 있다.

학습자는 초고 쓰기, 교정하기 과정을 거치는 동안 해당 장르에 대해 충분히 이해하고, 특성을 분석하고, 자기 글에 반영하게 된다.

▶ **쓰기 과정과 장르 중심 접근법을 접목하는 쓰기 지도 모형**[2)]

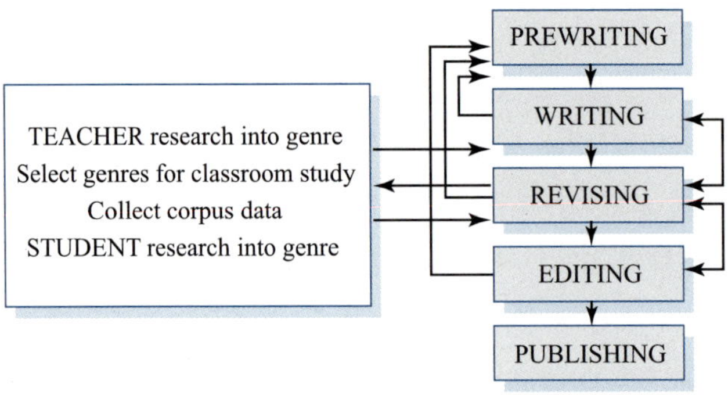

2) Tribble(1996 : 60)

2 쓰기 수업을 설계하는 원리

(1) 내용, 구조, 문법, 철자 등의 균형 잡힌 교육

하나의 글이 완결성을 갖기 위해서는 어휘, 문법, 철자, 내용의 긴밀성, 균형 있는 구조 등이 모두 갖추어져야 하므로 정확성과 유창성을 동시에 추구해야 한다. 외국인을 대상으로 한 한국어 쓰기 교육은 모국인을 대상으로 한 쓰기 교육과 달리 철자나 문법이 많은 비중을 차지하게 되며, 결국 내용, 구조, 문법, 철자 등이 균형 잡힌 교육으로 진행되어야 한다는 것을 의미한다. 문어를 통한 의사소통 능력을 기르기 위해서는 쓰기 수업에 다음과 같은 부분이 포함되어야 한다.[3)]

① 내용(Content) : 생각, 논지가 일관된 초점을 가지고 전개되도록 글을 쓰도록 하며, 개인적인 경험, 예시, 사실 등을 통해 생각을 발전해 가도록 쓰는 방법을 활용한다. 묘사, 원인과 결과, 비교와 대조 등의 글에 맞는 내용을 갖추도록 한다.

② 구성(Organization) : 글의 종류에 따른 텍스트 구성을 갖추도록 한다. 서론, 본론, 결론을 적절하게 구성하여 논리적으로 연속성을 갖도록 한다.

③ 담화(Discourse) : 단락의 통일성, 응집력이 있도록 담화를 구성하며, 담화 표지를 적절히 사용하도록 한다.

④ 문법(Grammar) : 문법적으로 적절한 문장을 사용하도록 한다.

⑤ 어휘(Vocabulary) : 적절한 어휘를 사용하도록 한다.

⑥ 기계적인 부분(Mechanics) : 철자, 구두점, 들여쓰기 등을 바르게 쓰도록 한다.

(2) 학습자 요구를 반영한 실제적인 쓰기와 학문적인 쓰기의 배합

최근 한국어 학습자 집단이 다양화되어 쓰기 수업에서 고려할 학습자들의 요구도 복잡 · 다양하다. 일반적으로 여성결혼이민자나 한국 사회에서 생활하기 위해 한국어를 학습하는 일반 목적의 학습자들은 실생활에서 필요한 과제 수행 중심으로 쓰기 활동을 할 때 학습 동기를 높일 수 있다. 그러나 국내 대학에서 유학하기

3) Brown(1994)가 제시한 쓰기 평가 범주는 Content, Organization, Discourse, Syntax, Vocabulary, Mechanics이다. 이중 '통사론'은 한국어교육에서 일반적으로 문법으로 통용되므로 'Gramma'로 바꾸어 제시하였다.

위해 한국어를 학습하는 사람이나 특수 직업을 위해 한국어를 학습하는 사람들은 학문적인 쓰기 활동을 필요로 하거나 특정 서류나 문서 쓰기를 희망할 것이다. 따라서 학습자의 요구를 파악하여 실제적인 쓰기와 학문적인 쓰기를 배합하고, 일반 목적의 쓰기 활동과 특수 목적의 쓰기 활동을 적절히 선택하여 활용해야 한다.

여성결혼이민자를 대상으로 한 쓰기 수업에서 활용할 수 있는 실제적인 쓰기 과제로는 다음을 예로 들 수 있다.

▶ **실제적인 쓰기 활동의 예**[4)]

순번	주제	쓰기 활동
1	소개	자기소개의 글 쓰기
2	집	집을 소개하는 글 읽고 쓰기
3	가족	가족을 소개하는 글 읽고 쓰기
4	날짜	정기 휴일 안내문 읽고 쓰기
5	시간	가정통신문 읽고 쓰기
6	하루	일기 읽고 쓰기
7	시장	광고지 읽고 메모하기
8	음식	음식에 대한 경험의 글 읽고 쓰기
9	주말	주말 활동 안내문 읽고 쓰기
10	가정	생일축하 카드 읽고 쓰기
11	계절과 날씨	이메일 읽고 답장 쓰기
12	우체국과 은행	은행거래 신청서 등 읽고 쓰기
13	전화	문자 메시지 읽고 쓰기
14	교통	특정 장소에 가는 방법을 설명한 글 읽고 쓰기
15	식당	식당 소개의 글 읽고 쓰기
16	길 찾기	장소를 안내하는 글 읽고 쓰기
17	병원	건강 관련 글 읽고 쓰기
18	초대	초대장 읽고 쓰기
19	취미	인터넷 동호회 사이트의 글 읽고 쓰기
20	허락	체육관 이용에 대한 안내문 읽고 신청서 쓰기
21	집안일	인터넷에 이주민 축제에 다녀온 소감 읽고 쓰기
22	한국어 공부	다짐의 글 읽고 쓰기
23	옷차림	가정 통신문 읽고 쓰기
24	계획	계획표 읽고 쓰기

이와 달리 대학 유학생을 대상으로 한 쓰기 수업에서 활용할 수 있는 학문적인 쓰기 활동은 다음과 같은 것이 있다.

▶ **학문적인 쓰기 활동의 예**[5)]

순번	주제	쓰기 활동
1	현대인과 직업	띄어쓰기에 맞게 문장 쓰기 주제문을 갖는 한 단락의 글 쓰기
2	경제생활	올바른 문장 쓰기 주제문을 갖는 한 단락의 글 쓰기
3	21세기 문화	당위성을 나타내는 문장 쓰기 자신의 생각을 주장하는 단락의 글 쓰기
4	지리와 산업	자료를 분석해서 설명하는 문장 쓰기 객관적 자료를 분석 · 설명하는 단락의 글 쓰기
5	현대인의 건강	이유 · 원인과 결과를 나타내는 문장 쓰기 건강 상식과 관련하여 관계를 설명하는 단락의 글 쓰기
6	미래 사회	추측 · 예측을 나타내는 문장 쓰기 미래 사회와 관련된 추측 · 예측의 단락 쓰기
7	생활 과학	변화 · 변천을 나타내는 문장 쓰기 사물의 역사적 변천에 대한 단락의 글 쓰기
8	예술	공통점, 차이점을 나타내는 문장 쓰기 비교 · 대조 단락의 글 쓰기
9	신문	희망 · 바람의 문장 쓰기 신문 투고의 글 쓰기
10	영화의 세계	감정을 표현하는 문장 쓰기 영화 감상의 단락 글 쓰기

(3) 한국어 문어 텍스트의 특성을 반영한 쓰기 활동

쓰기는 문자 언어를 대상으로 하므로 문자 언어의 특성을 고려한 활동이 이루어져야 한다. 쓰기가 다른 언어 기능에 비해 어렵게 여겨지는 것도 바로 쓰기가 갖는 문자 언어의 특성에 기인한 것이다. Brown(1994)에서는 다음과 같이 7가지로 문어

4) 이미혜 외(2007)의 내용을 정리한 것이다.
5) 이미혜 외(2008)의 내용을 정리한 것이다.

의 특성을 언급했는데, 이를 반영하여 수업을 설계한다면 다음과 같은 부분을 고려해야 한다.

① **불변성** : 문자 언어의 불변성은 쓰기를 두렵게 만드는 요인이다. 완성된 글이 독자에게 전달되면 수정이 불가능하므로 글을 제출하기 전에 수정하고 다듬도록 도와야 한다.

② **산출 시간의 소요** : 문자 언어 산출에는 일정 시간이 소요되므로, 그 시간을 효과적으로 사용할 수 있는 전략이 필요하다.

③ **글쓴이와 독자의 거리** : 글은 다른 시간과 장소에서 읽혀지므로 글쓴이와 독자 간의 거리가 존재한다. 따라서 글을 쓸 때는 독자의 관점과 사고를 고려해야 한다.

④ **철자** : 문어는 화자의 억양, 몸짓, 리듬 등이 배제되고 문자만으로 의미를 전달하므로, 철자를 정확하게 익혀 쓰도록 교육해야 한다.

⑤ **복잡성** : 문어는 구어보다 문장이 복잡하게 구성되므로, 쓰기에서는 문장의 구성이나 통사적인 다양성을 시도해야 한다.

⑥ **다양한 어휘** : 문어는 구어보다 다양한 어휘의 사용이 요구된다.

⑦ **형식성** : 문자 언어는 형식성을 지닌 언어이므로 수사학적인 형식, 구성상의 형식을 갖추어야 한다.

외국인을 대상으로 한 한국어 쓰기 수업은 일반적인 문어의 특성을 반영하며, 동시에 한국어 텍스트의 특성을 반영해야 한다. 왜냐하면 사고의 표현 형태는 언어나 문화의 영향을 받으므로 한국 문화권에서 생활한 한국인이 텍스트를 구성하는 특성을 이해하고 이를 반영할 수 있어야 한국인 독자를 대상으로 글을 쓸 수 있기 때문이다.

Kaplan(1966)의 'Patterns of Written Discourse'에 의하면 사고를 글로 표현하는 형태는 언어나 문화의 영향을 받는다고 하였다. 한 예로 영어를 사용하는 언어문화권에서 성장한 사람은 사고를 글로 표현하는 방법이 직선적인 데 비해 동양의 언어문화권 사람들은 우회적으로 돌려서 나타낸다는 것이다. Kaplan(1966)의 이론은 과도한 단순화와 일반화로 비판의 대상이 되었으나 학습자 모국어의 수사학적인 간섭에 대해 관심을 갖고 학습자 글의 성향을 이해하고 지도해야 한다는 사실은 설득력을 지닌다.

▶ Patterns of Written Discourse (Kaplan, 1966)

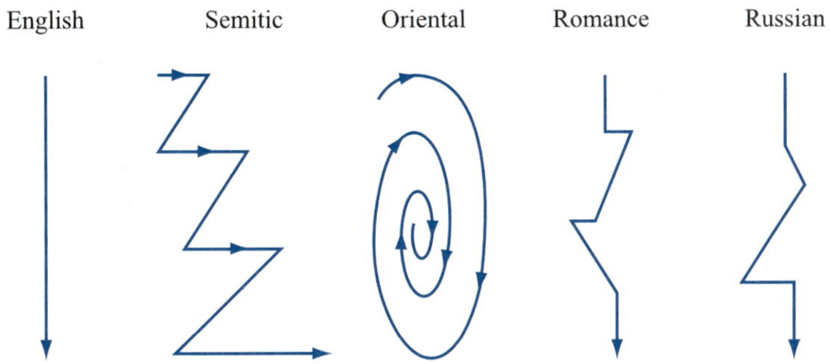

한국어 쓰기 교육에서도 글을 쓰는 사람은 외국인 학습자이며, 그 글을 읽는 사람은 한국인이라는 점을 고려하여 학습자가 한국인의 담화 전개 방식을 익혀서 글을 쓰도록 지도할 필요가 있다. 그리고 교사의 입장에서는 학습자가 특정한 방식으로 글을 전개할 때 그것이 언어문화의 영향에 기인한다는 것을 참고할 필요가 있을 것이다.

(4) 학습자의 생각을 초고에 최대로 담기 위한 계획 활동

좋은 글은 주제에 대한 다양한 정보, 풍부한 생각이 있을 때 가능하다. 그러므로 주제가 있는 쓰기 활동은 학습자들이 관심 있는 주제, 흥미롭게 다가갈 수 있는 주제를 선정할 필요가 있다. 그러나 적절한 주제를 선정하였다고 해도 쓸거리를 생각해내는 것은 여전히 학습자에게 부담스러운 부분이다. 그러므로 교사가 개입되는 교실 내의 작문 수업에서는 풍부한 쓸거리를 갖도록 다양한 활동을 유도해야 한다. 개인 활동, 짝 활동, 소그룹 활동을 통해 학습자들은 특정한 주제에 대한 생각을 나누고, 정보를 주고받는다.

브레인스토밍(Brainstorming)을 통해 이끌어 낸 학습자의 생각을 초고에 최대한 반영하기 위해서는 초고를 쓰기 이전에 이를 계획하는 '구상개요 작성' 단계가 필요하다. 구상개요를 작성함으로 해서 글을 통해 나타내려는 논지가 무엇인지, 그 논지를 뒷받침해 주는 상세한 부분들은 무엇인지, 그것을 어떤 순서로 배열할 것인지를 계획하여 일관되고 체계적인 작문을 가능하게 한다. 교실 내에서 글쓰기 소재와 내용을 결정한 후에 구상개요를 바로 작성하지 않는다면 그 생각을 초고에 반영하기 어려울 것이다. 그러므로 구상개요 작성은 필수적으로 교실 내에서 이루어져야 한다.

구상개요를 작성하는 방법은 다양한데 글쓰기 방식에 따라, 또는 내용에 따라 적합한 방법을 학습자가 선택하여 사용하게 하는 것이 중요하다. 구상 개요 작성의 몇 가지 방법을 소개하면 다음과 같다.

① 목록화 하기(Listing) : 주제와 관련된 하위 범주를 가능한 한 많이 목록화 하는 것이다. 철자나 문법적인 오류, 중요한 것과 부수적인 것 등을 고려할 필요가 없다. 문법적인 집착을 줄이고 쓸 자료를 구축하는 데 좋다.

② 자유롭게 쓰기(Free Writing) : 일정한 시간 동안 주제와 관련된 생각을 막힘없이 써 내려가는 방법이다. 오류나 실수에 대한 두려움을 없애고 생각이 막히는 것을 제거해 준다.

③ 도식화하기(Clustering, Mapping, Diagramming) : 중심 단어, 그와 관련된 내용 간의 관계를 줄, 화살표 등을 통해 표시하는 방법이다. 학습자들은 주제에 대한 접근 방법을 비교하여 관찰할 수 있다. 비교 · 대조의 글쓰기나 순차적인 글쓰기에 많이 사용한다.

④ 글의 틀 구성하기(Scratch Outline) : 앞의 방법보다 좀더 체계적인 구상개요 작성이다. 논지와 뒷받침 내용들을 순서까지 고려하여 정렬한다. 주로 앞의 방법 다음 단계라고 할 수 있는데, 수업 내에서 구상 개요 작성을 유도할 때는 이 단계까지를 유도하는 것이 바람직하다.

(5) 학습자 간, 학습자와 교사의 상호적인 수업

전통적인 쓰기 수업은 학습자 혼자 쓰는 활동을 하는 일방향적인 쓰기 수업이었다. 그러나 과정 중심의 수업으로 운영되는 쓰기 수업에서 학습자들은 글에 대한 생각을 나누는 상호적인 관계에 있다. 학습자 간의 오류 교정은 다른 학습자의 글을 개별적으로 또는 그룹으로 읽고 의견을 나누는 것이다. 학습자 간의 오류 교정은 주로 L1 쓰기 수업에서 사용하지만 외국어 교육 환경에서 효과적으로 사용하기 위해서는 전환 방법을 생각해야 한다. 즉, 단순히 그룹 활동으로 서로의 초안을 돌아가며 읽고 장단점을 말하는 것은 완벽한 언어 능력의 결여로 인해 고급 단계

학습자들에게도 효과적이지 못하다. 그러므로 학습자들이 글을 평가할 수 있는 기준을 적용하는 질문지를 제공하는 것이 바람직하다. 질문지에 대한 학습자의 평가는 교사의 평가지와 함께 글을 쓴 학습자에게 전달하여 참고하도록 하거나, 수업 내에서 각각의 항목에 대해 의견을 나눈다. 학습자들은 이러한 평가 기준으로 동료들의 글을 읽으면서 자신과 다른 학습자들의 글에 대해 좀더 독자적인 비평가가 된다.[6] 그리하여 올바른 글쓰기의 기준이 내재화되며, 글에 대한 통찰력과 분석력이 생긴다.

(6) 다른 언어 기능과의 통합 활동을 통한 강화

의사소통 교수법에서는 말하기, 듣기, 읽기, 쓰기 활동을 각각 강조하지만 기능 간의 통합 활동을 통해 언어 능력이 강화된다고 본다. 따라서 쓰기 수업에서도 글을 완성한 후 다른 언어 기능과 통합된 활동을 유도하는 것이 바람직하다. 가장 빈번하게 사용되는 방식은 말하기와의 통합 활동이다. 쓴 내용 발표하기, 견해를 글로 쓴 후 토론하기, 자신의 경험이나 생각을 기록한 후에 이를 바탕으로 서로 인터뷰하기 등의 활동이 있다. 그 밖에도 쓰기 활동이 단순한 작문을 넘어 실제적인 기능을 갖춘 활동이라면 교실 내의 전시, 게시를 통해 글을 공유할 수 있다.

3 쓰기 수업에서 교사의 역할

쓰기 수업에서 교사는 보조자, 안내자, 평가자로서의 역할을 담당하게 된다. 학습자의 글에 대해 문법적인 오류를 교정하거나 어휘 선택에 집중하여 지도하다 보면 교사는 학습자의 글의 내용을 이해하고 학습자가 전달하려는 의도를 미처 파악하지 못하는 오류를 범할 수 있다. 따라서 교사는 수업의 목표와 전개 단계에 따라 그 역할을 적절하게 변화시켜야 한다.

보조자, 안내자로서의 교사는 학습자가 목적에 맞게 글을 완성할 수 있도록 돕

6) 실제로 다른 사람 글의 단락 구성을 확인하면서 단락의 개념을 갖고 자신의 글을 돌아보게 되며, 다른 사람의 글의 제목을 검토하면서 글의 제목을 구성하는 능력이 향상되는 예를 종종 보게 된다.

는 역할을 한다. 글에 대한 생각을 함께 나누어 쓸 거리를 비축하도록 돕고, 주제에 대한 생각을 나눈다. 그리고 글을 쓰는 과정을 안내하며, 글을 쓰는 과정에서 필요한 언어적인 정보를 제공해 준다. 이러한 과정에서 교사는 학습자를 돕는 사람이며, 학습자에게 지시하거나 학습자를 일방적으로 이끌어가는 역할은 아닌 것이다.

학습자의 글에 대해서 교사는 평가자로서의 역할을 담당할 수 있다. 앞으로의 학습자 쓰기 능력을 향상시키고, 현재의 쓰기 능력을 객관적으로 평가하는 자로서의 교사는 평가자 역할을 담당하는 것이다. 교사는 학습자가 완성한 글에 대해서 부족한 부분과 잘 된 부분을 평가하고 그 근거를 제시해야 한다.

글을 쓰는 초기 단계에서 교사가 평가자로서의 역할을 담당하면 학습자는 교사와의 협력을 통해 글을 완성하려는 의지를 보이지 않을 것이다. 따라서 글을 계획하고 쓰는 단계에서는 보조자, 안내자로서의 역할을 담당해야 하며, 완성된 글에 대해서는 평가자로서의 역할을 다해야 할 것이다.

4 쓰기 오류 교정

(1) 학습자 간의 오류 교정 방법

쓰기 수업에서 학습자들은 글에 대한 생각을 나누는 상호적인 관계이다. 학습자 간의 오류 교정은 다른 학습자의 글을 개별적으로 또는 그룹으로 읽고 의견을 나누는 것이다.[7] 학습자 간의 오류 교정은 주로 L1 쓰기 수업에서 사용하지만 외국어 교육 환경에서 효과적으로 사용하기 위해서는 전환 방법을 생각해야 한다. 즉, 단순히 그룹 활동으로 서로의 초안을 돌아가며 읽고 장단점을 말하는 것은 완벽한 언어 능력이 결여되어 있는 학습자들에게는 효과적이지 못하다. 그러므로 학습자들이 글을 평가할 수 있는 기준을 적용하는 질문지를 제공하는 것이 바람직하다. 질

7) 교사는 학습자의 글을 모두 피드백의 대상으로 선정할 수도 있으며, 그 중의 몇몇만을 선정할 수도 있다. 글이 우수하여 함께 살펴볼 필요가 있는 글, 목표로 하는 글쓰기 방식에서 교사가 특정한 목적을 가지고 언급하려는 글, 다른 언어 능력에서는 뒤떨어지지만 그에 비해 쓰기 능력이 우수하여 북돋아 주고 싶은 학습자의 글을 선정한다.

문지에 대한 학습자의 평가는 교사의 평가지와 함께 글을 쓴 학습자에게 전달하여 참고하도록 하거나, 수업 내에서 각각의 항목에 대해 의견을 나눈다. 질문의 내용은 문법적인 부분보다는 다음과 같이 글의 내용과 구성에 초점을 맞추어, 응집성 있는 논리적인 글 구성을 확인하도록 유도한다.

- 단락의 구성이 알맞게 이루어졌습니까?
- 제목이 글의 내용에 적합합니까?
- 한 문장으로 줄일 수 있는 중심 내용이 있습니까?
- 전체 내용에 맞지 않는 부분(불필요한 부분)은 없습니까?

이러한 평가 기준은 학습자의 숙련도, 수업 목적에 따라 한두 가지씩 사용해야 한다. 학습자들은 이러한 평가 기준으로 동료들의 글을 읽으면서 자신과 다른 학습자들의 글에 대해 좀 더 독자적인 비평가가 된다. 그리하여 올바른 글쓰기의 기준이 내재화되며, 글에 대한 통찰력과 분석력이 생긴다.

(2) 교사의 오류 교정방법

학습자의 글을 교정하는 것은 한때는 교사의 주된 과제로 간주되었던 부분이며, 가장 많은 시간이 소요되는 부분이기도 하다. 작문에 대해 어떤 방법으로 오류를 교정해 주어야 할지, 글쓰기의 어떤 단계에서 교정해 주어야 할지, 어느 정도의 분량으로 교정해야 할지는 언제나 교사들에게 고민스러운 부분이다. 그러나 오류 교정에서 가장 중요한 것은 학습자가 표현하고자 했던 의도에 맞게 오류를 교정해 주어야 한다는 것이다. 즉, 오류 교정은 모국어 화자의 자연스러운 언어 수준으로 수정하고 지적하는 것이 아니라 학습자가 표현하려고 했던 원래의 의미를 추측하여 그 의도에 따른 글의 생성을 도와야 한다. 왜냐하면 글에서 겉으로 드러난 학습자의 특성에 대해 언급하고 강요하는 것은 학습자 스스로 지적받은 내용을 내재화하기 어렵게 만들며 쓰기 능력의 향상으로 이어지지 못하기 때문이다.

학습자의 글에 대한 오류를 다룰 때는 Bernd Kast(1999 : 284~287)에서 제시한 다음의 원리들을 고려할 필요가 있다.

- 형태 중심의 연습에 목적을 둔 쓰기 활동에서는 목표 형태를 정확하게 수정한다.
- 학습자가 글을 통해 무언가를 전달하려는 목적으로 쓴 글에서는 주제에 대한 자신의 생각을 표현하고, 독창적이고 창조적으로 글을 쓸 수 있도록 오류에 대해 관대해져야 한다.
- 대표적인 오류 몇 가지를 표시하고 이를 수업 시간에 다룬다.
- 글의 잘 된 부분에 대한 칭찬과 오류 교정을 함께 제공한다.
- 중요하게 다루어야 할 오류는 반복되는 오류이며, 실수는 학습자 스스로 수정할 수 있으니 이에 대해서는 심각하게 다루지 않는다.
- 아직 학습하지 않은 내용에 대한 오류는 교사가 아무 말 없이 수정하는 것이 좋다. 수정되지 않는다면 학습자들이 옳다고 생각할 수 있기 때문이다.
- 학습자 전체를 대상으로 오류를 다룰 때는 누구의 오류인지가 드러나지 않도록 하는 것이 좋다.

오류를 교정해 주는 방법으로는 우선 서면을 통한 방법을 생각할 수 있다. 서면 방법은 시간을 효율적으로 사용할 수 있다는 이점이 있고, 시간이 지난 후에도 다시 읽어보면서 쓰기 학습에 반영할 수 있다. 그러나 학습자의 의도를 파악하고 교정 내용을 효과적으로 전달하기 위해서는 개인 면담을 하는 것이 바람직하다. 교정 내용을 테이프에 녹음하여 듣도록 하여, 쓰기 이외의 종합적인 언어능력을 향상시키는 방법도 있다. 중 · 고급의 학습자들이라면 컴퓨터를 이용하여 쓰도록 하고, 작문 과제에 대해 이메일을 통하여 교정하는 방법도 있는데, 이 방법은 시간적 · 공간적인 제약이 없다는 점과, 학습자의 다시 쓰기가 수월하여 여러 번의 반복 수정이 가능하다는 점에서 권장할 만하다.

초고를 교정하여 다시 쓰는 과정 중심의 작문 수업에서는 교사와 학습자가 약속한 상징 부호를 사용하여 오류를 교정해 줄 수 있다. 단지 오류의 존재를 표시하거나, 오류의 내용을 알려 줌으로써, 학습자 스스로 자신의 글에 대한 문제를 파악하고 교정할 수 있는 기회를 부여하는 것이다. 상징 부호를 사용하는 방법은 좋은 쓰기 습관을 길러주며, 자신의 오류를 스스로 범주화할 수 있는 능력을 키워주고 오류 유형에 관심을 갖게 하므로 장기적으로 실시하는 것이 바람직하다.

▶ **상징 부호를 사용한 오류 교정의 예**

둘째, 선생님께서 늘 열심히 공부를 가르쳐 주셔서 감사하게
생각합니다. 그런데 가끔 교재에 있는 문장중에서 발음이
모르는 것이 있는 말입니다 (예를들면, ~먹는~ → 멍는 등.)
물론 아는 것도 있고 모르는 것도 있어서 다른 학생들도 같은
생각이 있기 때문입니다. 그러니까 (간단게) 왜 이렇게 발음으로
변화하는지 설명했으면 합니다.

셋째, 숙제가 많아서 큰 일 입니다. 숙제가 있는 것은 너무
좋습니다. 물론 아무리 많은 숙제라도 다 해서 학교에 오는 학생
도 있습니다. 그렇지만 무척 많는 날은 학생들은 숙제를 하고
싶지 않은 기분이 되기 때문입니다. 그러니까 숙제가 많지
않고 또, 적지 않은 (량)이라면 좋겠습니다. 않습니다
양

▶ **직접 오류 교정의 예**

*
-아/어서 그런지
A. 요즘 이 옷이 인기가 많지요? 그런지
B. 네. 인기가 있는 유명인이 입어서 인기가 많아요.
A. 아사미 씨가 요즘 예쁘지요? 예뻐졌지요?
B. 네. 요즘 헤어 스타일을 바꿔서 예뻐요..
르 불규칙 바꿔서 그런지
(1) 방에 가습기가 없어서 공기가 말라요. 보통 공기는 (건조하다)라고
(2) 저는 아사이 쇼코라고 합니다. 쇼코라고 불러 주세요. 말해요.
(3) 앞머리가 좀 길어서 조금 잘랐어요.

(3) 교사의 오류 교정의 내용

학습자들은 자신의 글에 대해 가능하면 많은 부분을 교사가 언급해 주기 바란다. 그러나 글을 쓰는 주체로서 학습자의 역할을 유도하기 위해서는 다음과 같은 절차를 통해 좋은 작문으로 유도하는 것이 바람직하다. 초안에 대한 오류 교정에서는

전체적인 구성과 내용을 중심으로 언급하고, 지엽적이거나 문법적인 오류는 지적하되 스스로 수정하도록 유도한다. 그리고 구체적인 오류 교정은 최종 글에 대해 하는 것이 학습자에게 심리적인 안정감을 주고, 문법적인 부분에 집착하지 않도록 하는 방법이다.

① 초안에 대한 오류 교정

- 글의 내용과 구성 등 전체적인 오류를 지적한다.
- 주제를 전개하는 전체적인 구성에 대해서 언급하고 주제와 관계가 먼 부분을 언급한다.
- 도입 부분에 대해서 언급한다.
- 부적절하거나 어색한 단어와 표현을 지적한다.

② 최종 글에 대한 오류 교정

- 문법적인 오류(철자, 구두점, 문법구조)를 수정한다.
- 어색한 어휘를 수정한다.
- 글의 전체 구성과 내용에 대한 교사의 의견을 언급한다.

(4) 오류 교정 내용을 활용하는 학습자 전략

교사가 다양한 방법으로 학습자 글을 교정해 주었을 때 대부분의 학습자들은 교사의 지적을 한 번 읽어보는 것으로 끝나버린다. 그러나 어떤 과정을 거쳐서 글을 완성하였든지, 교사가 어떻게 교정했든지, 자신의 글에 대한 피드백을 학습자 스스로 내재화하여 활용하지 못한다면 의미 없는 일이다. 쓰기 수업에서 학습자는 자신이 쓴 글에 대해 피드백을 구하고 이를 활용하는 적극적인 역할을 해야 하지만 실제로 학습자들은 오류 교정 내용을 활용하는 전략이 미흡하여 피드백을 효과적으로 수용하지 못한다.[8] 그러므로 교사는 학습자가 교실 밖에서 이를 활용할 수 있도록 유도하고, 다양한 방법을 제시해야 한다. 오류 교정 내용을 활용하여 내재화하는 학습자 전략으로는 다음 방법들이 있다.

---

8) Cohen, A & Cavalcanti, M.(1990)에서는 작문 수업에서 교사의 오류 교정에 대한 학습자의 태도를 조사한 결과 대부분의 학습자 (EFL institute)들은 교사의 지적 내용을 이해는 하지만 20~30%의 학습자들이 지적 내용을 어떻게 활용해야 할지 전혀 모른다고 대답했다.

• 여러 번 반복해서 읽거나 써 보고 암기한다.
• 수정 내용을 작문 노트에 메모한다.
• 문법서나 참고 자료를 활용하여 확인하고 메모한다.
• 교사나 주위 사람들에게 설명을 듣는다.
• 지적 받은 내용을 스스로 범주화하거나 목록화 한다.
• 교사의 지적에 해당하는 부분을 교정하여 다시 쓴다.

학습자가 이러한 다양한 전략을 스스로 사용하기는 쉽지 않다. 그러므로 교사는 학습자가 오류 교정 내용을 활용하는 전략을 갖도록 다음과 같은 방법들을 사용하는 것이 좋다. 첫째, 작문 메모장을 따로 준비하게 하여 오류수정 내용을 메모하는 습관을 유도한다. 둘째, 문법 목록이나 범주화된 어휘의 목록을 제시하여 학습자가 자신의 문법적인 오류를 범주화하는 것을 돕는다. 셋째, 글의 구성이나 내용에 대한 부분 중 학습자의 공통적인 문제를 수업 시간 내에 언급한다. 넷째, 최종 글에 대한 교사의 지적을 활용하여 다시 써보게 한다. 다섯째, 교사의 지적을 받고 글을 다시 읽은 후에 자신의 글에 대한 생각을 말하게 한다.

제11장 쓰기 평가

쓰기 능력은 말하기 능력과 함께 언어 학습자(또는 사용자)의 표현 산출 능력을 이루고 있으며, 그렇기 때문에 학습자가 어느 정도의 한국어 능력을 가지고 있는지 평가하고자 할 때 반드시 쓰기 능력에 대해서도 측정하고 평가하게 된다.

한국어 교육기관에서는 저마다 정해놓은 기준과 방법에 의해 학습자의 한국어 능력 수준을 측정하여 평가한다. 기관에 새로 들어오는 학습자를 능력 수준에 맞는 반에 배치하기 위해 배치 시험을 치러 학습자의 능력을 평가하여 적절한 수준의 반에 배정하는데, 이 때 측정하는 능력으로 빠지지 않는 것이 말하기 능력과 쓰기 능력이다.[1)] 이는 말하기 능력과 함께 쓰기 능력이 학습자의 한국어 능력 수준을 보여주는 대표적인 기능의 하나라는 것을 뜻한다.

이 장에서는 한국어 쓰기 평가와 관련한 기초적이고 기본적인 내용에 대해 살펴보기로 한다.

1 쓰기 평가의 원리

1.1 평가의 유용성[2)]

언어 능력 평가에 있어서 가장 우선 고려해야 할 점은 그 평가의 용도이다. 그러므로 평가와 평가 도구가 얼마나 유용한가 하는 점, 즉 유용성의 정도는 평가와 평가

1) 최은규(2006)에 따르면, 국내 주요 대학 한국어 교육기관 네 곳의 배치 시험을 조사한 결과, 네 곳 모두 평가 영역으로 말하기와 쓰기를 설정하였으며, 단 한 곳만이 말하기, 쓰기 외에 읽기와 어휘 및 문법 영역을 포함하고 있는 것으로 나타났다.

2) 평가의 유용성에 대한 이 절의 내용은 최인철 · 김영규 · 정향기 옮김(2004)의 27~54쪽의 내용(시험유용도 : 언어시험의 속성)을 요약, 정리한 것이다.

도구를 개발하고 사용하는 데 있어 근거를 제공하는 필수적인 원리라 할 수 있다.

Bachman & Palmer(1996)에서는 유용도를 구성하는 여섯 가지 속성을 다음과 같이 제시하고 있다.

▶ 유용도 모델[3)]

유용도 = 신뢰도 + 구인 타당도 + 진정성 + 상호작용성 + 영향 + 실용성

위의 유용도 모델은, 평가 도구로서 시험을 개발할 때에 한 가지 속성을 극대화하여 다른 속성을 고려하지 못하는 극단적인 입장보다는, 위의 여러 가지 속성 사이의 균형점을 발견하는 것이 중요하다는 점을 주장하고 있다. 즉, 위의 속성들은 제각기 특성이 있지만 상호연관되어 있어서 유용도에 영향을 미친다는 것이다.

'신뢰도' 는 측정의 일관성이라고 정의된다. 신뢰할 만한 평가 점수는 각기 다른 특성의 평가 상황에 걸쳐 일관성이 있다. 예컨대 동일한 시험이 다른 두 상황에서 다른 두 시기에 같은 그룹의 사람들에게 시행된다면 둘 중 어느 상황에서 시험을 치렀다고 해도 특정 수험자에게 어떤 차이도 나지 말아야 신뢰할 만한 것이 된다. 다른 상황의 하나로, 더 높은 수준의 학습자들을 그보다 낮은 수준의 학습자들과 구별하기 위해 설계된 두 형태의 시험에서 얻어진 점수가 동일한 학습자들을 숙달자와 비숙달자로 구별하지 못한다면 신뢰도가 없는 것이다. 또 다른 예로, 대규모의 작문을 평가하기 위해 여러 명의 다른 채점자들을 사용하는 경우 채점자들 사이의 평가가 일관성을 잃는다면 얻어진 점수도 신뢰할 수 없을 것이다. 즉 점수가 일관성을 잃는다면 측정하고자 하는 능력에 대해 의미 있는 정보를 전혀 줄 수 없기 때문에, 신뢰도는 시험 점수의 가장 필수적인 속성이다.

'구인 타당도' 는 점수를 토대로 내릴 수 있는 의미성, 적절성과 관계가 있다. 평가자가 점수를 토대로 내리는 해석과 판정에 대해 적절한 정당성을 제공할 수 있어야 한다는 것이다. '구인(construct)' 은 시험 또는 과제에 대해 그리고 과제로부터 얻은 점수를 해석하도록 하는 근거를 제공하는 특정 능력이라고 정의되므로, '구인 타당도' 는 측정하고자 하는 능력 또는 구인의 지표로서 시험 점수를 해석할 수 있

3) 최인철 · 김영규 · 정향기 옮김(2004), 28쪽 〈그림 2 - 1〉 인용.

는 정도를 의미한다.

'진정성' 이란 목표언어 사용 과제의 특성에 대해 시험 과제의 특성이 일치하는 정도로 정의된다. 진정성은 타당한 점수 해석을 가능하게 하기 위하여 일반화 영역과 시험 과제를 연관시키기 때문에 매우 중요한 시험의 속성이다. 진정성은 시험에 대한 수험자들의 개념에 잠재적인 영향을 주고 시험 수행에도 영향을 주기 때문에 중요하다.

'상호작용성' 은 시험 과제를 수행할 때 작용하는 수험자 개인별 특성의 유형과 정도로 정의된다. 언어시험 과제의 상호작용성은 언어지식, 초인지적 전략, 명제적 지식, 정의적 스키마로 구성된 수험자의 영역이 수험과제에서 사용되는 시험 방식에 특성이 있다. 시험과제와 목표언어 사용 과제 사이의 일치와 관련이 있기 때문에 두 종류 과제의 특성을 고려해야 하는 진정성과는 달리 상호작용성은 개인과 과제 사이의 상호작용에 달려 있다.

평가와 시험의 또 다른 속성은 사회와 교육 체제 그리고 그 체제 내에 있는 개인에게 미치는 '영향' 이다. '영향' 은 두 측면에서 작용하는데, 특정 시험에 의해 영향을 받는 개인 측면에서 보는 미시적 수준과, 교육적 체제 또는 사회 측면에서 보는 거시적 수준이다. 이는 '환류(washback 세환/역류) 효과' 라는 개념으로도 사용되는데, 평가와 시험이 결과적으로 교수와 학습에 영향을 미쳐 수험생과 교사가 영향을 받는다는 것을 뜻한다.

이상의 다섯 가지 속성이 점수를 사용하는 것과 관련이 있는 데 반해 '실용성' 은 시험이 수행되는 방법과 관련이 된다. 즉 어떤 상황에서 시험을 이행하는 데 요구되는 자원이 이용 가능한 자원을 넘어선다면 그 시험은 실용적이지 않은 것이다. 실용성은 특정 시험 개발 지침서에서 요구되는 자원이 현존하는 자원의 한계 내에서 얼마나 충족될 수 있는지에 관한 정도의 문제이다.

유용도를 구성하는 여섯 가지 속성들은 쓰기 평가와 시험에서도 여전히 유효한 기준이자 원리가 된다고 하겠다.

1.2 쓰기 능력의 구성 요소와 평가 범주

쓰기는 말하기와 함께 표현하고 표출하는 활동이지만, 말하기에 비해 훨씬 더 복잡

한 과정을 통해 수행되는 활동으로서, 쓰기 능력은 다음과 같은 요소를 포함한다.[4)]

- 글로 쓰는 언어 자체에 관한 지식
- 글을 쓰는 목적에 비추어 글의 내용을 정확하고 폭넓고 깊게 다룰 수 있는 내용 지식
- 독자가 이해하기 쉬운 방식으로 글을 구성하고 조직할 수 있는 과정 지식
- 글의 문체를 목적에 맞게 선택하여 사용할 수 있는 수사적 지식
- 글을 문법과 맞춤법에 맞게 쓸 수 있는 기술적 세부 사항에 관한 지식 등

쓰기 능력을 구성하는 요소들이 위와 같다고 볼 때, 쓰기 평가 측정 목표 역시 위의 구성 요소들과 연관을 가지게 된다.

진대연(2004)에서는 제2언어 쓰기 평가에서 평가 범주로 제시되는 사항을 다음과 같이 정리하고 있다.

▶ 쓰기 평가 항목의 비교[5)]

구분	평가 범주
Murray(1983)	의미/내용, 권위/주제지식, 목소리/주장, 전개, 설계(형태, 구조, 순서, 추점, 응집성, 완결감), 명확성
Richard(1990)	응집성 – 전개, 연속성, 균형, 완결성 + 담화의 다양한 유형 응결성 – 지시, 대치, 생략, 접속, 어휘
Weir(1990)	관련성 및 내용의 적절성, 작문의 조직, 응결성, 목적에 따른 어휘의 적절성, 문법, 표기의 정확성 Ⅰ(구두점), 표기의 정확성 Ⅱ(맞춤법)
H.D. Brown(1994)	내용, 조직, 담화, 통사, 어휘, 표기
Tribble(1996)	과제 수행/내용, 조직, 어휘, 언어/문법, 표기
TOEFL(1998)	과제 처리, 조직과 전개, 뒷받침 문장의 사용, 언어 사용의 능숙함, 통사적 다양성과 어휘 선택 (* 총체적 평가 지침)
Douglas(2000)	언어 지식 – 문법적 지식, 텍스트적 지식, 기능적 지식, 사회언어학적 지식 : 전략적 능력 – 평가, 목표 설정, 계획, 실행의 제어(control of execution) (* 언어 능력의 구성 요소)
Weigle(2002)	내용, 조직, 어휘, 언어 사용/문법, 표기 (* 분석적 채점 척도)

4) 이완기(2003), 362~363쪽 참조.
5) 진대연(2004), 495쪽 〈표 1〉 인용.

이완기(2003)에서는 세계적으로 통용되는 영어능력 평가 기관의 쓰기 평가를 분석하여 평가의 요소로 삼는 기준을 정리하고 이를 쓰기 평가 측정 목표로서 다음과 같이 설정하였다.[6)]

① 내용 지식(Content knowledge) : 주어진 쓰기 과제의 성격과 목적, 그 글을 읽을 독자의 특성에 맞도록 글을 쓴 정도와 그 내용의 폭과 깊이가 얼마나 깊고 넓은가, 글의 주요 요점을 얼마나 잘 부각시켰는가를 보여주는 정도를 가리킨다.

② 조직성(Organization) : 주어진 쓰기 과제에 관한 내용을 독자가 읽고 이해하기 쉽도록 글 전체를 잘 조직하는 능력을 가리킨다. 글을 구성하는 개별적인 문장에서 적절한 어휘를 선택하고 정확한 문법 구조를 사용하는 능력, 개별 문장들 간의 전후관계를 잘 연관시켜 논리적으로 제시하는 능력, 글의 목적에 맞는 스타일, 정보의 조직과 제시 방법 등을 찾아 사용함으로써 전체적인 의미를 통일성 있게 표현하는 능력 등이 필요하다. 즉 조직성이란 글에 나타난 필자의 생각이나 의미의 논리성, 글의 전체적인 통일성과 의미 연결성, 문장이나 문단의 연결성, 문단 구성의 적절성 등에 관한 것으로서 독자가 읽고 이해하는 데 혼란을 겪지 않도록 글을 쓰는 일반적 관행에 맞게 쓴 정도를 가리킨다.

③ 정확성(Accuracy) : 정확성이란 글에 문법적인 오류가 없거나 적은 정도를 가리킨다. 문법 구조나 대용어, 어휘 등을 문법적으로 정확하고 잘 호응되도록 사용하는 능력을 포함한다.

④ 범위(Range) : 다양한 문장 구조와 풍부한 어휘를 사용하여 단조롭거나 지루하지 않게 글을 쓰는 능력을 가리키는데, 이러한 능력은 필자가 가진 문법 구조와 어휘에 대한 지식의 크기와 사용 범위에 따라 좌우되는 것이다.

⑤ 적절성(Appropriacy) : 적절성이란 어휘, 문장 구조, 글의 전개 방식, 글의 문체와 장르 등을 글을 쓰는 목적과 독자의 수준, 성격 등의 특성에 맞게 쓰는 정도를 가리킨다.

6) 이완기(2003), 363~366쪽 참조.

⑥ 기술적 세부 사항(Mechanics) : 말하기와 달리 쓰기는 글 자체만으로 필자가 전하고자 하는 의미를 나타내야 하기 때문에 가능한 한 오해나 혼동의 가능성이 없도록 써야 한다. 즉 맞춤법이나 구두점 등의 기술적인 세부 사항들을 정확하게 사용하는 것이 중요하다.

강승혜 외(2006)에서는 한국어 쓰기 능력 평가 범주를 크게 문법적 능력, 담화적 능력, 사회언어학적 능력, 전략적 능력의 네 가지로 나누어 다음과 같이 구체화하고 있다.

문법적 능력은 정확한 문자 사용 능력, 적절한 어휘 사용 능력, 정확한 문법 활용 능력을 가리키는 것으로, 쓰기 평가에서는 학습자가 한국어의 문법적 지식을 정확하게 사용하여 글로 표현할 수 있는 능력을 갖추었는지를 평가해야 하는 것이다.

담화적 능력은 내용을 논리적이고 일관성 있게 구성하는 것과 관련된 담화 구성 능력, 텍스트의 전개 방법에 관한 것으로 나타내고자 하는 내용을 조직적으로 제시하는 수사적 조직 능력, 문장들 간의 관계를 분명하고 정확하게 생성해 내는 구조적 긴밀성에 대한 능력 등으로 구분된다.

사회언어학적 능력은 상황과 관련된 것으로, 상황에 맞게 글을 쓸 줄 아는 능력을 가리키며, 이에 대한 평가가 쓰기 평가에서 이루어져야 한다는 것이다.

전략적 능력은 주어진 과제를 해결하기 위해 사용하는 방법들을 효율적으로 다루는 능력을 말한다.

강승혜 외(2006)에서는 이와 같은 네 가지 능력이 쓰기 평가의 범주가 된다고 보고 평가 항목을 다음의 표와 같이 제시하였다.

▶ 쓰기의 평가 범주와 평가 항목

쓰기 평가의 범주		평가 항목
문법적 능력	맞춤법	기초적인 한글 자모 쓰기, 맞춤법의 정확한 사용
	어휘 사용 능력	학습자 수준에 적절한 어휘의 정확한 이해와 활용 능력
	문법 활용 능력	학습자 수준에 맞는 문법 활용 능력과 담화 상황에 맞는 적절한 사용 능력
	담화 구성 능력	문장, 대화, 담화 상황에서 내용의 긴밀한 연관성과 일관성을 유지하는 능력

담화적 능력	수사적 조직 능력	글의 특성에 따른 내용 조직 전개 방법과 관련된 수사적 조직 능력(서론, 본론, 결론에 따른 구성 등)
	구조적 긴밀성	특수한 담화 장치들의 적절한 사용(그러므로, 따라서, 반면에 등)
사회언어학적 능력		경어법의 사용 등과 같은 사회문화적 기능의 활용과 메모나 일상적 글쓰기, 주장이나 반론하기 등 평가에서 요구하는 기능을 수행하는 능력
전략적 능력		주어진 과제 해결을 위한 전략 활용 능력

자료 : 강승혜 외(2006), 282쪽 표 인용.

2 쓰기 평가의 유형과 방법

쓰기 평가는 (1) 평가의 목적에 따라 (2) 평가의 방법에 따라, 그리고 (3) 평가의 시점에 따라 여러 가지 하위 유형으로 구분된다.

2.1 목적에 따른 쓰기 평가의 유형

이완기(2003)에서는 평가의 목적에 따른 평가 유형으로 성취도 평가, 형성 평가, 진단 평가, 배치 평가, 선발 평가, 숙달도 평가의 여섯 가지를 들고 있다.[7]

(1) 성취도 평가(Achievement test)

교육과정에 의거하여 일정 기간 일정한 내용을 가르친 다음 학습자들이 학습 목표를 어느 정도 성취하였는지 측정하는 평가로서, 한국어 교육기관에서 빠짐없이 시행하고 있는 쓰기 평가의 한 유형이다.

(2) 형성 평가(Formative test)

교수 학습이 진행되는 도중 수시로 학습자들의 학습 정도를 측정하는 간단한 평

7) 조항록(2006)에서는 한국어교육 현장에서 실시되고 있는 평가 유형 현황을 알아보기 위해 적성평가, 성취도 평가, 숙달도 평가, 진단평가, 배치평가, 형성평가, 총괄평가의 7가지 유형으로 분류하고 있다.

가 유형으로, 성취도 평가보다 적은 양의 학습 단위가 끝날 때마다 수시로 실시하는 평가 유형이다. 쓰기에서는 지난 수업 시간에 배운 어휘나 문장을 받아쓰게 하는 등의 간단한 시험 형태로 실시된다.

(3) 진단 평가(Diagnostic test)

진단 평가는 수업 시작 전 평가와 수업 실시 후 평가로 구분할 수 있다. 수업을 시작하기 전에 학습자들의 수준과 성격을 점검하여 그에 맞는 적절한 학습 내용과 방법을 적용하기 위해 실시하는 평가로서 개별 학습자에 대한 지도 방향과 교사의 지도 방법 등을 적절히 조정하기 위한 목적으로 쓰인다. 또 일정 분량 수업 실시 후 개별 학습자의 강점과 취약점을 알아내어 강점을 장려하고 취약점은 교정해 주기 위한 목적으로 실시하기도 한다. 진단 평가는 다수의 학습자들이 쉽게 배우는 것과 잘 배우지 못하는 것을 진단해 내어 교육의 내용이나 방법을 수정 보완하기 위한 학습 지도 목적으로도 사용한다.

(4) 배치 평가(Placement test)

목표 언어에 대해 가지고 있는 지식이나 기능의 수준을 측정하여 비슷한 수준의 학습자들끼리 같은 등급의 반에 배치하기 위한 목적으로 시행하는 평가이다. 대부분의 한국어 교육기관에서 실시하는 배치 평가에는 작문 형태의 쓰기 영역이 포함되어 있다.

(5) 선발 평가(Selection test)

특정한 목적을 위해 그 목적에 맞는 일정한 수의 사람을 선발하고자 할 때 시행하는 평가 유형이다. 선발 평가의 한 형태로, 학습자들이 앞으로 참여할 학습 프로그램에서의 성공과 실패를 예측하거나 특정 프로그램이나 특정 직업에의 적절성을 측정하는 데 사용하는 적성 평가(aptitude test)가 있다.

(6) 숙달도 평가(Proficiency test)

특정 교육과정이나 교과서에서 배운 내용과 관계없이 한 사람이 현재 가지고 있는 전체적인 숙달도, 숙련도를 측정하는 평가 유형이다. 한국교육과정평가원에서 실시하고 있는 한국어능력시험(TOPIK)의 표현 영역 문항들 중 쓰기 문항들이 한국어 쓰기 숙달도 평가의 한 형태이다.

2.2 방법에 따른 쓰기 평가의 유형

이완기(2003)에서는 평가 방법에 따른 평가의 유형으로 객관식 평가와 주관식 평가, 직접 평가와 간접 평가, 분리 평가와 통합 평가, 상대 평가와 절대 평가, 속도 평가와 능력 평가로 5종류 10유형을 들고 있는데, 여기에서는 3종류 6유형에 대해서만 설명한다.

(1) 객관식 평가와 주관식 평가

이 두 평가 유형은 채점 방식에 따른 분류이다. 객관식 평가는 정답을 미리 확정하고 이것을 수험자의 답과 비교하여 맞았는지를 판정하는 방법으로, 기계적인 채점이 가능하여 채점을 위한 특별한 훈련이 필요하지 않으며, 채점 결과가 항상 일정하다는 장점이 있다. 그러나 표현해야 할 내용을 직접 표현하는 방식이 아니기 때문에 쓰기 능력에 대한 평가 방법으로는 한계가 있다.

주관식 평가는 통찰력과 전문 지식에 기초한 채점자의 주관적 판단에 의한 채점 방법으로, 채점 결과가 일정하지 않을 가능성이 크다는 약점을 가지고 있기 때문에 이를 극복하기 위해 꼼꼼한 채점 기준, 복수 채점자 활용, 채점자에 대한 사전 훈련 실시 등의 방법을 활용해야 한다. 이와 같은 약점들이 상당히 극복된다고 전제할 때 쓰기 능력의 평가라는 본질적인 목적 달성에 더 부합하는 방법이라 하겠다.

한국어 교육기관에서 실시하는 배치 평가나 성취도 평가에서의 쓰기 평가는 주로 주관식 평가의 방식을 취하는 경우가 많으며, 한국어능력시험의 쓰기 평가에서는 사지선택형의 객관식 문형과 함께 단답형, 작문형 등의 주관식 문항을 활용하여 평가하고 있다.

(2) 직접 평가와 간접 평가

직접 평가는 실제로 언어를 사용할 수 있는 상황과 조건을 만들어 주고 실제로 언어를 사용하는 모습을 평가하는 유형이다. 쓰기 영역에서 직접 평가에 해당하는 유형은 작문형, 논술형의 형태를 들 수 있는데, 거의 모든 한국어 교육기관의 배치 평가, 성취도 평가와 한국어능력시험에서 시행하고 있다.

간접 평가는 학습자의 언어 사용 능력을 간접적인 수단과 방법으로 측정하는 방식을 가리킨다. 언어를 실제 사용하는 기술이나 능력에 대한 평가가 아니라 이것과 관련이 있다고 여겨지는 지식에 대한 평가라 할 수 있다. 언어에 대한 지식과 언어 사용 능력이 늘 일치하는 것이 아니라는 것을 잘 알지만 언어 능력을 직접 평가하는 것이 어려운 경우가 많고, 평가의 경제성과 신뢰도 등에 대한 고려로 인해 대규모 시험이나 공인 시험 등에서는 간접 평가의 형태가 많이 사용되는 것이 현실이다. 한국어능력시험 쓰기 영역의 객관식 문항과 주관식 문항 가운데 빈칸 채우기 등의 문항이 간접 평가 유형에 속하는 예이다.

(3) 분리 평가와 통합 평가

분리 평가란 여러 가지 요소로 구성되는 언어 능력을 작은 구성 요소들로 분석하여 그 하나하나를 각 문항의 평가 내용으로 삼아 평가하는 것을 말한다. 한국어 쓰기 평가에서는 성취도 평가나 진단 평가, 숙달도 평가에서 특정 문법 요소를 활용하여 문장 쓰기 등의 형태로 흔히 사용된다.

통합 평가란 여러 가지 언어 능력을 동시에 종합적으로 평가하는 것을 가리킨다. 실제 언어 사용의 모습과 비슷하게 평가할 수 있다는 장점이 있으나 평가의 과정이 더 복잡하다는 단점도 있다. 한국어 쓰기 평가에서는 대부분의 배치 평가나 성취도 평가, 숙달도 평가에서 작문형의 문항으로 시행되고 있다.

2.3 시점에 따른 쓰기 평가의 유형

쓰기 능력에 대한 평가는 평가의 시점에 따라 결과 중심 쓰기 평가와 과정 중심 쓰기 평가로 구분할 수 있다.

(1) 결과 중심 쓰기 평가

결과 중심 쓰기 평가란 쓰기 결과물에 표현된 어휘와 문법의 정확성을 일회적으로 평가하는 것을 가리킨다. 즉 쓰기 수업과의 연계성 없이 쓰기 결과물에 나타난 어휘, 문법, 어문규범 등의 정확성에 중점을 둔 일회적 평가가 결과 중심 쓰기 평가인 것이다. 이와 같은 결과 중심 쓰기 평가는 평가 시점의 학습자의 쓰기 능력을 일회적으로 평가하게 되므로 학습자가 수업 과정을 거치며 어떻게 향상되어 왔는지에 대해서는 파악할 수 없는 한계가 있다. 따라서 학습자의 쓰기 능력 향상을 위한 정확한 진단과 처방의 측면에서도 한계가 있다고 하겠다.

(2) 과정 중심 쓰기 평가

결과 중심 쓰기 평가가 쓰기 결과물이 나온 시점에서 일회적으로 그 결과물의 쓰기 능력에 대해 평가하는 것이라면 이와 대조적으로 과정 중심 쓰기 평가는 쓰기 결과물이 나오기까지의 모든 과정에 대해 평가하는 것을 말한다. 일정 기간 동안의 수업이나 교육 과정에서 단계적으로 보여지는 학습자의 쓰기 능력 향상 과정에 대해 반복적으로 평가하는 방법을 말한다. 그러므로 과정 중심 쓰기 평가는 학습자와 교사가 수업 과정에서 지속적이고 반복적으로 평가와 피드백을 주고받으며 이루어지기 때문에, 학습자가 쓰기 과정에서 부딪치는 문제점들을 해결하는 방법과 전략 등을 익히게 되는 장점을 가진다.

(3) 포트폴리오(portfolio) 평가

과정 중심 쓰기 평가의 대표적인 평가 유형의 하나가 포트폴리오 평가이다. '작품집' 또는 '수행내용철'이라는 용어로도 번역되는 포트폴리오를 대상으로 하는 평가를 가리킨다. 포트폴리오는 한 편의 글이 완성되기까지의 모든 과정과 단계에서 쓰인 글 모음이 될 수도 있고, 일정 기간 동안 학습자가 쓴 여러 편의 글 모음이 될 수도 있다. 평가 대상이 한 편의 글이든 여러 편의 글이든 결과물이 나온 시점에 대한 일회적인 평가가 아니라 결과물이 나오기까지의 과정 전반에 대한 반복적이고 지속적인 평가라는 특징을 가진다.

Grabe & Kaplan(1996)에서는 포트폴리오에 의한 평가의 장점과 단점을 다음과 같이 나열하였다.[8)]

---

8) 허선익 뒤침(2008), 524~531쪽 내용 참조.

① 포트폴리오 평가의 장점

- 여러 쓰기 주제와 과제 유형에 걸쳐 여러 글들에 대한 평가를 가능하게 한다.
- 학습자 자신의 글과 쓰기 향상에 대하여 성찰하게 할 가능성이 있다.
- 학습자가 산출할 수 있는 최선의 글을 평가한다.
- 학습자가 평가받기를 원하는 글을 선택할 책임감을 부여해 준다.
- 가르침과 평가 사이의 연결을 강하게 해주는데 이는 평가 구도에서 매우 바람직한 특성이다.

② 포트폴리오 평가의 단점

- 평가의 수단을 가리키기보다는 실제적으로는 글을 모으는 수단을 가리킨다.
- 단일 점수나 잣대를 수립하는 문제가 더 복잡해진다.
- 신뢰성과 관련하여 문제가 있다. 쓰기 선택의 자유가 많아질수록 등급에서 같음을 수립하기가 어려워지기 때문이다.
- 등급 매기는 데 시간이 더 많이 걸리고, 평가 선택 내용에서 품이 더 많이 든다.
- 학습자가 실제로 모든 글을 썼다는 것을 평가자가 어떻게 판단할 것인가?

위와 같은 장단점을 보면, 포트폴리오 평가가 대규모 평가에 적용하기 힘든 한계를 가지고 있음을 알 수 있다. 그러나 쓰기 수업의 과정과 평가를 연계해 준다는 점에서 포트폴리오 평가는 다음과 같은 의의를 가진다.

③ 포트폴리오 평가의 의의

- 평가와 수업을 이어주어, 수업과 교육과정 계발에 되짚어보기를 가능하게 한다.
- 학습자의 쓰기 능력의 정확한 모습 즉 장점, 약점, 향상의 정도를 볼 수 있게 해 준다.
- 평가 시간에 앞서 교육과정 주기나 학업 기간에 걸친 계획의 균형을 잡아 줄 수 있다.
- 평가에 협력을 통해 접근할 수 있게 해 준다.
- 교실 수업에서 학습자가 실제로 쓰고 있는 것을 평가의 기본으로 삼는다.
- 지속적이고 꾸준히 범위를 넓힐 수 있으며 체계적인 평가를 할 수 있도록 해준다.
- 교사에게 전문가다운 평가자의 지위를 준다.

위와 같은 장단점과 의의를 가지는 포트폴리오 평가의 보다 구체적인 방법으로 강승혜 외(2006)에서는 '평가 계획 → 평가 → 평가 결과 활용'의 세 단계를 설정하여 제시하였다.

'평가 계획 단계'에서는 평가자가 학습 목요에 맞는 평가에 대한 전반적인 계획과 평가 기준을 설정한다. 즉 쓰기 과제 유형을 결정하고 수집 기간과 방법, 구체적인 채점 기준 등을 수립하는 것이다.

'평가 단계'에서는 학습자와 교사가 지속적이고 반복적인 상호작용의 과정을 통해 각 단계에서 요구하는 과정을 잘 수행했는지, 어떠한 전략을 사용하고 있는지, 설정된 목표에 도달했는지 등을 여러 가지 평가 기준과 방법을 통해 평가한다.

'평가 활용 단계'에서는 각 단계의 쓰기 평가 결과를 즉각적으로 학습자에게 되짚어주어 학습자로 하여금 자신의 쓰기 능력의 수준과 장단점을 파악하게 하고, 이를 바탕으로 학습 목표를 재설정하게 한다.

이와 같은 과정 중심 쓰기 포트폴리오 평가는 학습자에게만이 아니라 교사에게도 평가 과정을 통해 학습자의 향상을 단계마다 확인하게 함으로써 보다 효율적인 교수 내용과 방법을 고안하게 한다는 점에서 의미 있는 평가 방법이 된다.

3 쓰기 평가 문항 유형과 평가 기준

3.1 쓰기 평가 과제 및 문항 유형

Brown(2004)에서는 쓰기의 수행 유형을 모방적 유형, 세부적(통제적) 유형, 반응적 유형, 확장적 유형의 네 가지 유형으로 분류하고 각각의 유형에서 평가 과제(또는 문항) 설계를 다양한 과제와 유형을 들어 예시하고 있다. '쓰기의 유형'과 '쓰기의 실제'에서 다양한 쓰기 과제들과 활동들이 다루어졌거나 다루어질 것이므로 여기에서는 각 유형에서 제시한 모든 쓰기 과제들을 다루지는 않고, 실제 한국어 평가의 쓰기 문항으로 자주 사용되는 과제와 문항의 유형에 대해서만 살펴본다.

최은규(2006)에서는 국내 주요 한국어 교육기관 4곳의 쓰기 시험 유형을 조사하여 아래 표와 같이 정리하였다.

▶ 국내 기관별 쓰기 시험 유형[9)]

기관	(가)기관	(나)기관	(다)기관	(라)기관
문항 유형	유도 작문 자유 작문	완성형 단답형 유도 작문 자유 작문	자유 작문	선다형 연결형 완성형 단답형 유도 작문 자유 작문

(1) 선다형

선다형의 쓰기 시험 유형은 객관식 평가이며 간접 평가, 분리 평가에 해당하는 방식으로, 위의 표에서도 확인이 되듯이, 국내 한국어 교육기관의 배치 평가나 성취도 평가에서는 많이 쓰이지 않는 유형이다. 한국교육과정평가원에서 실시하는 한국어능력시험에서 많이 사용하고 있는 문항이다. 대화 완성하기, 글 완성하기, 안내문 · 메모 · 요약문 풀어쓰기, 문맥 상 잘못된 문장 고르기, 문장 연결하기, 같은 의미의 문장 고르기 등의 과제 및 문항 유형이 있다.

(2) 완성형

완성형의 쓰기 시험 유형은 주관식 평가이며, 간접 평가, 분리 평가에 해당하는 방식으로 배치 평가나 성취도 평가에서도 종종 사용되고, 한국어능력시험과 같은 숙달도 평가에서도 사용되는 방식이다. 빈칸 채우기, 문장 완성하기, 순서에 맞게 배열하기 등의 과제 및 문항 유형이 있다.

(3) 단답형

단답형의 쓰기 시험 유형은 주관식 평가이며, 간접 평가, 분리 평가에 해당하는 방식으로 한국어 교육기관의 배치 평가, 성취도 평가에서 어휘 및 문법 능력을 평가하는 데에 간혹 사용되기는 하지만 쓰기 영역에 대한 평가 문항으로서는 적절하지 않은 것으로 간주된다.

9) 최은규(2006), 309쪽 〈표 7〉 인용.

(4) 유도 작문

통제적 쓰기에 속하는 평가 유형으로서 주관식 평가, 간접 평가, 분리 평가에 해당하는 방식이며, 한국어 교육기관의 각종 쓰기 평가에서 많이 사용되는 방식이다. 그림 보고 문장 쓰기, 제시어 이용해 문장 쓰기, 대화 완성하기, 글 완성하기 등의 과제 및 문항이 있다.

(5) 자유 작문

자유 작문은 주관식 평가이며, 직접 평가, 통합 평가에 해당하는 방식으로 한국어 교육기관의 각종 평가는 물론 한국어능력시험과 같은 공적 성격의 평가에서도 이용되고 있는 방식이다. 자유 작문이라 해도 대개 문장 수(또는 글자 수)에 대한 제한이 있으며, 글의 종류 혹은 장르, 글의 기술 방식, 주제 등이 정해져 그에 따라 글을 쓰도록 하고 있다.[10)]

자유 작문은 쓰기 능력을 직접 평가하고, 통합 평가할 수 있다는 점에서 좋은 평가 방식이지만 동시에 평가의 기준과 채점의 어려움이 문제가 된다.

3.2 평가 기준 및 채점 방식

다양한 유형의 쓰기 평가 문항 중에서 평가 기준을 세우고 공정하게 채점하는 것이 쉽지 않은 것은 자유 작문의 문항 유형이다.

쓰기의 평가 척도로서 참고할 만한 것으로는 '유럽공통참조기준'의 척도를 들 수 있다. '유럽공통참조기준'의 쓰기 척도는 아래와 같이 문어 산출 전반, 창조적인 글 쓰기, 작문과 보고서 쓰기의 경우에 대해 예시하고 있다.

10) 최은규(2006), 309~310쪽 참조.

▶ '유럽공통참조기준'의 예시 척도[11)] [12)]

	문어 산출 전반
C2	독자들에게 주안점 찾기를 도와주는 논리적 구조를 지닌 분명하고 유창하며 복합적인 텍스트를 적절하고 효율적인 문체로 작성할 수 있다.
C1	복합적인 주제에 대해 분명하고 조리 있는 텍스트를 작성할 수 있고, 이때 결정적인 항목을 강조하고, 관점을 자세하게 상술하고, 하위항목이나 적절한 예나 근거를 통해 뒷받침하며 적합한 결론으로 텍스트를 마무리할 수 있다.
B2	자신의 관심분야와 관계된 광범위한 주제에 관해 분명하고 상세한 텍스트를 쓸 수 있고, 이때 여러 가지 출처에서 얻은 정보와 논점들을 종합하고 평가할 수 있다.
B1	자신의 관심분야에 관계된 여러 가지 익숙한 주제에 대해 복잡하지 않고 응결성 있는 텍스트를 쓸 수 있다. 이때 몇 개의 짧고 간단한 개별성분들이 단선적으로 연결되어 있다.
A2	'그리고', '그러나', '왜냐하면' 같은 단순한 접속어로 연결된 일련의 단순한 어구와 문장들을 쓸 수 있다.
A1	단순하고 단절된 어구와 문장들을 쓸 수 있다.
	창조적인 글 쓰기
C2	선택한 장르에 알맞은 문체로 자신의 경험에 대해 분명하고 유창하며 흥미진진한 이야기나 기술문을 작성할 수 있다.
C1	분명하고 세분화된 상세하고 짜임새 있는 기술문이나 자신이 지어낸 글을 독자에게 맞게 설득력 있으며 개성 있고 자연스러운 문체로 쓸 수 있다.
B2	실제적이거나 허구적인 사건과 경험에 대해 분명하고 세분화된 응집성 있는 기술문을 쓰고, 이때 여러 생각들 사이의 연관성을 분명하게 하고 해당 장르의 규범을 고려할 수 있다. 자신의 관심분야에서 나온 여러 가지 주제에 대해 분명하고 자세한 기술문을 쓸 수 있다. 영화, 책이나 연극의 비평을 쓸 수 있다.
B1	자신의 관심분야에서 나온 여러 가지 익숙한 주제에 관해 평이하면서도 자세한 기술문을 쓸 수 있다. 느낌과 감상을 단순하고 응결성 있는 텍스트로 기술하는 경험담을 쓸 수 있다. 실제적이거나 허구적인 사건, 혹은 최근에 한 여행에 대해 기술할 수 있다. 이야기를 쓸 수 있다.
A2	자신 주변의 일상생활의 여러 측면, 예를 들어 사람, 장소, 직장이나 학교의 경험에 대해서, 연결된 문장으로 글을 쓸 수 있다. 사전, 과거의 행위, 개인적인 경험에 대해 아주 짧고 기본적인 글을 쓸 수 있다.

	일련의 단순한 문장으로 가족, 생활환경, 교육적인 배경, 현재나 이전의 직업에 대해 쓸 수 있다. 짧고 단순한 허구의 전기문이나, 사람들에 대한 쉬운 시를 쓸 수 있다.
A1	자신과 허구의 인문들에 대해 어디에 살고 무슨 일을 하는지를 단순한 구문과 문장으로 표현할 수 있다.
작문과 보고서 쓰기	
C2	분명하고 막힘이 없이 복합적인 보고서나 기사문을 작성하고 작문할 수 있다. 이때 논거를 펼칠 수 있으며 어떤 제안이나 문학작품을 비판적으로 평가할 수 있다.
C1	복합적인 주제에 대해 분명하고 잘 짜인 상세한 보고서를 쓰고 주요점을 강조할 수 있다.
B2	논점을 체계적으로 상론하는 보고서나 작문을 쓸 수 있으며 이때 주안점을 적절하게 강조하고 이를 뒷받침해 주는 세부사항을 쓸 수 있다. 다양한 생각이나 문제해결책을 서로 비교할 수 있다.
	논증을 펴고 어떤 특정한 관점에 대한 찬반의 이유를 댈 수 있으며 여러 대안들의 단점을 설명하는 보고서나 작문을 쓸 수 있다. 여러 출처에서 얻은 정보와 논거를 종합할 수 있다.
B1	일반적인 관심분야의 주제에 대해 짧고 간단한 작문을 할 수 있다. 자신의 분야에 관한 익숙하고 일상적인 일이나 좀 덜 일상적인 내용에 관한 많은 양의 사실적인 정보를 어느 정도 자신 있게 보고하거나 요약할 수 있으며 그것에 대한 자신의 입장을 밝힐 수 있다.
	일상적으로 통용되는 표준 형식으로 아주 간단한 보고를 쓸 수 있다. 이때 일상적이고 객관적인 정보를 전달하고 행위의 이유를 밝힐 수 있다.
A2	해당 능력기술문항이 없음
A1	해당 능력기술문항이 없음

이외에 영어 작문의 평가 방법으로 국제적으로 통용되는 시험의 하나인 TWE(Test of Written English)의 채점 지침을 보면 다음과 같다.

11) 김한란 외 옮김(2007), 76~77쪽 표 인용.
12) 여기서 A는 기초적인 언어사용 수준을, B는 자립적 언어사용 수준을, C는 숙달된 언어사용 수준을 가리킨다.

▶ TWE(Test of Written English) 채점 지침[13)]

점수	채점 지침
6	**때때로 오류는 있을 수 있으나, 수사적, 문법적 차원에서 탁월한 쓰기 능력을 나타낸다.** 이 범주에 속하는 글은 • 쓰기 과제를 효과적으로 수행한다. • 잘 구성되고 전개되어 있다. • 논제를 지지하고 개념을 설명하기 위해 매우 적절한 세부 내용을 쓴다. • 언어 사용에서 지속적인 능숙함을 보인다. • 문법적 다양성과 적절한 어휘 선택을 보인다.
5	**때때로 오류가 있으나, 수사적, 문법적 차원에서 일정 수준 이상의 쓰기 능력을 나타낸다.** 이 범주에 속하는 글은 • 쓰기 과제의 어떤 부분은 다른 사람보다 더 효과적으로 다룰 수 있다. • 대부분 잘 구성되고 전개되어 있다. • 논제를 지지하거나 개념을 설명하는 데 세부 내용을 쓴다. • 언어 사용의 능숙함을 보인다. • 문법적 다양성과 어휘의 폭을 다소 나타낸다.
4	**수사적, 문법적 차원에서 어느 정도의 쓰기 능력을 나타낸다.** 이 범주에 속하는 글은 • 쓰기 논제를 적절히 다루지만 과제의 일부만을 다루기도 한다. • 양호하게 구성되고 전개되어 있다. • 논제를 지지하거나 개념을 설명하는 데 어느 정도의 세부 내용을 쓴다. • 구문과 용법에서 어느 정도 능숙함을 보이나 일관성은 부족하다. • 때때로 의미를 모호하게 만드는 오류가 나타난다.
3	**쓰기 능력이 생기고 있음을 보여 주지만, 수사적 · 문법적, 혹은 양쪽 차원에서 결함이 있다.** 이 범주의 글은 다음 중 한 가지 이상의 결점을 드러낸다. • 부적절한 구성이나 전개 • 개괄적 내용을 지지하거나 설명하는 데 부적절하거나 충분하지 않은 세부 내용 • 눈에 띄게 부적절한 단어나 어형의 선택 • 문장 구성이나 용례에서의 오류 축적
2	**쓰기 능력이 없음을 암시한다.** 이 범주에 속하는 글은 다음 중 한 가지 이상의 약점으로 심각한 결점을 지니고 있다. • 매우 미흡한 구성이나 전개 • 세부 내용이나 관련 정보가 거의 없거나 전혀 없음. • 문장 구성이나 용례에서의 크고 잦은 오류 • 글의 초점이 크게 어긋남

1	**쓰기 능력이 없음을 나타낸다.** 이 범주에 속하는 글은 • 일관적이지 않다. • 글의 전개가 없다. • 심각하고 지속적인 쓰기 오류가 있다.
0	아무 반응이 없거나, 논제를 단순히 베껴 쓰거나, 논제를 완전히 벗어나 있거나, 목표 언어 이외의 언어로 쓰여 있거나, 단지 자판을 두드린 몇 글자만으로 구성된 글은 0점 채점된다.

위에서 표로 제시된 '유럽공통참조기준' 의 척도와 TWE(Test of Written English)의 채점 지침은 종합적 채점 방식을 따르고 있다고 할 수 있는데, Brown(2004)에서는 작문 유형의 쓰기 평가 문항에 대한 접근법으로 다음의 세 가지 채점 방식을 들고 있다.[14)]

(1) 종합적(holistic) 채점

학습자의 글을 한 번에 죽 읽고 전체적인 인상에 의해 채점하는 방식을 말한다. 종합적 채점 방식의 장점과 단점은 다음과 같다.

① 장점

• 빠른 평가
• 비교적 높은 채점자 간 신뢰도
• 점수가 일반인에게도 쉽게 이해가 되는 '표준' 을 보여 준다는 점
• 점수가 글쓴이의 장점을 강조하는 데 중점을 둔다는 점
• 여러 다른 영역들의 쓰기에도 응용이 가능한 점

② 단점

• 단일 점수는 각 점수 내에서의 하부 기술상 차이점을 보여 주지 않는다.
• 진단적 정보가 없다(즉, 긍정적 역류 효과의 가능성이 없다)

13) 이영식 · 안병규 · 오준일 공역(2006), 295~296쪽 〈표 9 - 1〉 인용.
14) 이영식 · 안병규 · 오준일 공역(2006), 298~304쪽 참조.

- 이 점수 체계는 쓰기의 모든 장르에 똑같이 적용되지는 않는다.
- 채점자들이 이 점수 체계를 정확하게 이용하기 위해서는 심도 있게 훈련되어야 한다.

종합적 채점은 하부 기술에 대한 세분화된 정보를 주지 못하기 때문에 교실 수업 목적을 위해서는 유익한 정보를 거의 제공하지 못한다.

(2) 주요 특징(Primary trait) 채점

주어진 과제를 강조하며 그 하나의 목표를 효과적으로 달성했느냐에 근거를 두고 점수를 부여하는 채점 방식이다. 예를 들어, 글의 목적이 '설득'에 초점이 있다면 채점의 초점 역시 '설득'의 수행 여부에 놓이는 경우이다. 이 채점 방식의 장점은 학습자와 채점자 모두에게 글의 기능에 중점을 두도록 하는 데 있다.

(3) 분석적(analytic) 채점

쓰기 능력의 구성 요소들 각각을 채점하는 방식이다. 쓰기 능력 구성 요소 모두가 분석적으로 채점이 되므로 학습자가 쓰기 능력에서 자신의 부족한 점을 명확히 파악하고 장점을 살릴 수 있게 한다.

위와 같은 세 가지 접근법에 의한 채점 방식은 제각각 장단점을 가지고 있기 때문에 작문 채점에서는 이들을 병행하는 방식이 합리적이다. 특히 종합적 채점 방식과 분석적 채점 방식을 모두 다 사용하는 것이 평가의 목적과 의의, 공정성 등을 확보하는 데에 유리할 것이다.

이완기(2003)에서는 영어 쓰기 평가 채점 척도 모형의 하나로 다음과 같이 쓰기 능력을 3단계로 등급화하여 수준별로 서술하고 있는데, 이 척도 모형은 분석적 채점 방식과 종합적 채점 방식을 함께 사용하고 있다.[15)]

15) 이완기(2003), 373~376쪽 참조.

▶ **영어 쓰기 평가 채점 척도(예)**[16)]

C급
내용 지식(content knowledge) 쓰기 과제와 관련 있는 내용이 어느 정도 포함되어 있지만 관련 없는 것도 포함되어 있으며, 중요한 의미를 표현하지 못하고, 언어적인 능력이 부족하다는 것이 바로 느껴진다. 글의 목적이나 읽는 사람의 수준을 고려하는 것이 부족하다.
범위(range) 문장 구조와 어휘의 사용이 매우 단조롭고 반복적이며, 문법 구조 및 어휘의 사용 범위가 매우 제한적이어서 간단하고 짧은 단문만 반복하는 수준이다.
정확성(accuracy) 문법적 정확성과 호응관계나 응집성이 부족하며 의미 전달이 명확하지 않은 경우가 자주 있다.
조직성(organization) 개별 문장들 간의 전후관계나 문단 구성에 대한 고려가 매우 부족하며 관계없는 문장들의 나열인 경우가 없다. 또 통상적인 글의 조직 형태나 관행 등에 관한 고려가 거의 없거나 부정확하다.
적절성(appropriacy) 어투와 문체에 대한 고려가 거의 없으며 글의 성격이나 독자의 수준도 고려하지 못한다.
기술적 세부사항(mechanics) 철자나 대소문자, 구두점 등의 사용에 있어 틀린 곳이 많으며 글씨도 알아보지 못할 정도로 쓴 경우가 많다.
전체적 인상(overall impression) 목표언어 자체에 대한 지식과 능력이 부족하여 의미를 표현하는 것이 어려우며, 글을 쓴다고 하더라도 문법적, 철자적 오류가 많은 개별 문장의 나열에 그치고 있고, 문단 수준의 글을 구성할 능력이 없다고 판단된다.

C급
내용 지식(content knowledge) 쓰기 과제와 관련되는 내용을 대체로 잘 표현하고 있으나 간혹 관련이 먼 것도 포함되어 있으며, 중요한 의미를 대체로 잘 표현하고 있으나 글의 목적이나 읽는 사람의 수준과 동떨어진 것도 간혹 있다.
범위(range) 문장 구조와 어휘의 사용이 단조롭고 반복적인 것이 느껴지며, 문법 구조 및 어휘의 사용 범위가 그렇게 크지 않고 제한적이지만 짧은 단문 등으로 자신의 의미를 표현하는 데에

16) 이완기(2003), 374~375쪽 〈표 9－2〉 인용

는 큰 어려움이 없다.

정확성(accuracy)

문법적 정확성과 호응관계나 응집성을 대체적으로 갖추고 있으나 의미 전달이 명확하지 않아서 되돌아가서 다시 읽어야 하는 경우가 간혹 있다.

조직성(organization)

개별 문장들 간의 전후관계나 문단 구성을 대체로 잘 연관되게 제시하고 있으나 글의 전개에 있어 논리의 비약이나 갑작스런 전환 등이 간혹 있다. 전형적이고 통상적인 글의 조직 형태나 관행 등을 대체로 잘 지켜서 쓰고 있으며 의미도 대체로 잘 전달하고 있다.

적절성(appropriacy)

어투와 문체의 선택이 글의 성격이나 독자의 수준에 비추어 대체로 잘 맞는 편이나 부분적으로 미흡하다는 생각이 드는 곳이 간혹 있다.

기술적 세부사항(mechanics)

철자나 대소문자, 구두점 등을 대체로 정확하고 효과적으로 사용하고 있다.

전체적 인상(overall impression)

요구되는 과제에 관련성이 있는 내용을 대체로 잘 다루고 있으며 전체적 의미가 대체로 잘 이해되는 편이다. 글의 흐름이 전체의 의미 전달에서는 지장을 주지 않으나 유려하고 유창하지는 못하다. 문법적 오류도 간혹 발견된다.

A급

내용 지식(content knowledge)

쓰기 과제와 관련되는 내용을 요구되는 깊이와 넓이로 잘 표현하고 있으며 중요한 의미를 글의 목적과 읽는 사람의 수준에 맞게 잘 표현하고 있다.

범위(range)

문장 구조와 어휘를 다양하고 풍부하게 사용하여 글이 단조롭다거나 지루하지 않다. 문법 구조 및 어휘의 사용 범위가 크고 넓으며 복문도 자주 사용하는 등 유창성이 높다는 점이 인정된다.

정확성(accuracy)

문법적으로 정확하고 문법적 호응관계나 응집성이 명료하게 느껴지며 의미 전달이 쉽고 효과적이다.

조직성(organization)

개별 문장들 간의 전후관계를 연관성 있게 제시하고 있으며 자신의 생각을 논리적, 조직적으로 연결하고 관련지어 문단을 구성하고 있다. 전형적이고 통상적인 글의 조직 형태나 관행 등을 지켜서 쓰고 있으며 전체적으로 의미를 통일성 있게 잘 표현하고 있다.

적절성(appropriacy)

어투와 문제가 글의 성격이나 독자의 수준에 잘 맞아 의미 전달에 효과적이다.

기술적 세부사항(mechanics)

청자나 대소문자, 구두점 등을 정확하고 효과적으로 사용하고 있다.

전체적 인상(overall impression)

요구되는 과제에 관련성이 깊은 내용을 충실히 다루고 있으며 의미의 이해가 쉽고 명료하다. 글 전체의 흐름이 유려하고 체계적이며 문법적 오류가 거의 없다.

위와 같은 유럽어 또는 영어의 쓰기 능력 평가 기준과 채점 척도와 견줄 만한 한국어의 쓰기 능력 평가 기준으로는 한국어능력시험(TOPIK)의 등급별 평가 기준을 들 수 있다.

▶ 한국어능력시험의 등급별 평가 기준(총괄 기준, 쓰기 평가 기준)[17]

등급	총괄 기준	쓰기 평가 기준
1급	자기 소개하기, 물건 사기, 음식 주문하기 등 생존에 필요한 기초적인 언어 기능을 수행할 수 있으며 자기 자신, 가족, 취미, 날씨 등 매우 사적이고 친숙한 화제에 관련된 내용을 이해하고 표현할 수 있다. 약 800개의 기초 어휘와 기본 문법에 대한 이해를 바탕으로 간단한 문장을 생성할 수 있다. 또한 간단한 생활문과 실용문을 이해하고, 구성할 수 있다.	• 정형화된 표현이나 외운 표현을 주로 사용하여 문장을 구성할 수 있다. • 기본적인 문장 구조를 이해하여 간단한 문장이나 대화를 구성할 수 있다. • 짧은 생활문을 쓸 수 있다. • 글자 구성 원리를 이해해 철자법에 맞게 글씨를 쓸 수 있다.
2급	전화하기, 부탁하기 등의 일상생활에 필요한 기능과 우체국, 은행 등의 공공시설 이용에 필요한 기능을 수행할 수 있다. 약 1,500~2,000개의 어휘를 이용하여 사적이고 친숙한 화제에 관해 문단 단위로 이해하고, 사용할 수 있다. 공식적 상황과 비공식적 상황에서의 언어를 구분해 사용할 수 있다.	• 사용 빈도가 높은 조사와 연결 어미를 사용하여 문장을 구성할 수 있다. • 일상생활와 관련 있는 대화를 완성할 수 있다. • 일상적이고 친숙한 소재에 대해 짧은 문단을 쓸 수 있다. • 간단한 메모, 편지, 안내문 등의 실용적인 글을 쓸 수 있다.
3급	일상생활을 영위하는 데 별 어려움을 느끼지 않으며 다양한 공공시설의 이용과 사회적 관계 유지에 필요한 기초적 언어 기능을 수행할 수 있다. 친숙하고 구체적인 소재는 물론, 자신에게 친숙한 사회적	• 사적인 친숙한 소재의 글을 유창하고 정확하게 쓸 수 있다. • 자신에게 친숙한 사회적 소재에 대해 글을 쓸 수 있다. • 간단한 글의 구조를 이해하여 설명문

	소재를 문단 단위로 표현하거나 이해할 수 있다. 문어와 구어의 기본적인 특성을 구분해서 이해하고 사용할 수 있다.	을 쓸 수 있다. • 문어와 구어의 기본적인 특성을 구분할 수 있으며 문어체 종결표현을 사용해 글을 쓸 수 있다.
4급	공공시설 이용과 사회적 관계 유지에 필요한 언어 기능을 수행할 수 있으며 일반적인 업무 수행에 필요한 기능을 어느 정도 수행할 수 있다. 또한 뉴스, 신문 기사 중 비교적 평이한 내용을 이해할 수 있다. 일반적인 사회적 · 추상적 소재를 비교적 정확하고 유창하게 이해하고 사용할 수 있다. 자주 사용되는 관용적 표현과 대표적인 한국 문화에 대한 이해를 바탕으로 사회 · 문화적인 내용을 이해하고 사용할 수 있다.	• 일반적인 사회적 · 추상적 소재에 대해 글을 쓸 수 있다. • 일반적인 업무와 관련된 간단한 보고서 등을 작성할 수 있다. • 설명문, 수필, 감상문 등을 쓸 수 있다.
5급	전문 분야에서의 연구나 업무 수행에 필요한 언어 기능을 어느 정도 수행할 수 있으며, 정치, 경제, 사회, 문화 전반에 걸쳐 친숙하지 않은 소재에 관해서도 이해하고, 사용할 수 있다. 공식적, 비공식적 맥락과 구어적, 문어적 맥락에 따라 언어를 적절히 구분해 사용할 수 있다.	• 자신의 생활과 관련이 적은 사회적 · 추상적 소재에 대해 어느 정도 글을 쓸 수 있다. • 업무적, 학문적 영역에서 요구되는 글을 쓸 수 있다. • 어휘, 문체 등에서 격식에 맞게 글을 쓸 수 있다. • 다양한 표현법 중 적절한 표현을 선택해 사용할 수 있다. • 설명문, 감상문, 수필, 보고서, 논설문 등을 쓸 수 있다.
6급	전문 분야에서의 연구나 업무 수행에 필요한 언어 기능을 비교적 정확하고 유창하게 수행할 수 있으며, 정치, 경제, 사회, 문화 전반에 걸쳐 친숙하지 않은 주제에 관해서도 이해하고 사용할 수 있다. 원어민 화자의 수준에는 이르지는 못하나 기능 수행이나 의미 표현에는 어려움을 겪지 않는다.	• 설명문, 감상문, 수필, 보고서, 논설문 등을 요약해서 쓸 수 있다. • 자신의 업무나 전문 분야와 관련된 글을 정확하고 유창하게 쓸 수 있다. • 다양한 표현법 중 가장 적절한 표현을 선택해 사용할 수 있다. • 논문, 연설문, 공식적인 문서 등을 쓸 수 있다.

17) 김정숙 · 김유정(2005)의 '등급별 평가 기준'에서 총괄 기준과 쓰기 평가 기준만 모아 표로 작성한 것이다.

4 쓰기 평가의 실제

쓰기 평가가 실제로 어떻게 이루어지고 있는지에 대해서는, 숙달도 평가를 대표하는 한국어능력시험(TOPIK)의 쓰기 문항 유형과 채점 기준을 살피는 것으로 대신한다. 배치 평가나 성취도 평가가 주로 이루어지고 있는 한국어 교육기관의 쓰기 문항 유형과 그 채점 기준은 대부분의 기관들에서 공식적인 공개를 꺼리고 있어서 다루기가 용이하지 않다. 이에 비해 공적인 성격을 띠고 있는 한국어능력시험은 홈페이지(http://www.topik.or.kr)에 기출 문제와 정답(기준) 등이 공개되어 있기 때문에 실제 문항 유형과 채점 기준 등에 대해 살펴볼 수가 있다.

여기에서는 한국어능력시험 제14회의 쓰기 영역 문항들을 〈초급〉·〈중급〉·〈고급〉의 급별로 나누어 검토하여 문항 유형을 살피고 문항별 채점 기준 등을 알아보고자 한다.

4.1 초급 쓰기 평가의 실제

한국어능력시험 제14회 초급 쓰기의 경우 대략 10가지의 문항 유형들이 사용되었다. 이들 유형들은 다음과 같다.

※ [31~35] 〈보기〉와 같이 빈칸에 알맞은 것을 고르십시오.

33.

가 : 책을 봐요?
나 : ____________.

① 네, 책을 봐요. ② 네, 책을 사요.
③ 아니요, 책을 줘요. ④ 아니요, 책이 있어요.

위의 문항 유형은 주어진 문맥에 알맞은 표현을 골라서 대화를 완성하는 객관식 문항이다. 주어진 질문과 함께 대응쌍을 이룰 수 있는 가장 좋은 받는 말을 선택지에서 고르는 문제이다.

※ [36~37] 〈보기〉와 같이 두 문장을 바르게 연결한 것을 고르십시오.

36.

운동화가 예쁩니다. 안 샀습니다.

① 운동화가 예쁘고 안 샀습니다.
② 운동화가 예뻐서 안 샀습니다.
③ 운동화가 예쁘러 안 샀습니다.
④ 운동화가 예쁘지만 안 샀습니다.

위의 문항 유형은 주어진 두 문장을 의미에 맞게 한 문장으로 연결하여 표현한 것을 고르는 객관식 문항이다. 초급 수준에 해당하는 연결 형태를 사용하여 두 문장을 의미에 맞게 한 문장으로 연결하여 표현하는 능력을 측정하는 문제이다.

※ [38] 빈칸에 알맞은 것을 고르십시오.

38.

저는 음악을 자주 듣습니다. 책을 읽을 때는 ____________________ 하지만 운동을 할 때는 빠른 음악이 좋습니다.

① 잠이 잘 옵니다.
② 조용한 음악을 듣습니다.
③ 마음이 아주 따뜻합니다.
④ 듣고 있는 음악이 좋습니다.

위의 문항 유형은 내용에 맞는 문장을 골라 글을 완성하는 객관식 문항이다. 즉 전후 맥락을 이해한 후 맥락에 맞는 표현을 고르는 능력을 측정하는 문제이다.

※ [39] 다음 글에서 알맞지 않은 것을 고르십시오.

39. ① 저는 혼자 여행하는 것을 좋아합니다. ② 혼자 여행을 가면 생각할 수 있는 시간이 많이 있습니다. ③ 친구도 쉽게 사귈 수 있습니다. ④ 그래서 저는 친구들과 함께 가는 것이 즐겁습니다.

위의 문항 유형은 글 전체 내용을 파악하고 그에 맞지 않는 문장을 고르는 객관식 문항이다. 문법적 정확성을 측정하는 문항이 아니라 내용에 맞는 표현을 만들어 내는 능력을 간접적으로 측정하는 문제이다.

※ [40] 밑줄 친 부분을 잘못 고쳐 쓴 것을 고르십시오.

40.

〈함께 공부하고 싶은 사람!〉

① 영어, 중국어
② 매주 금요일 저녁 7시~9시
③ 도서관 3층, 301호
④ 연락 : 김영수 010 – 2321 – 3470

↓

① 외국어를 함께 공부하려고 합니다.
② 금요일 저녁마다 만나려고 합니다.
③ 도서관 301호에서 공부할 계획입니다.
④ 김영수 씨가 전화하기로 했습니다.

위의 문항 유형은 일정한 형식의 표현을 같은 뜻의 문장으로 풀어내는 능력을 측정하는 객관식 문항이다. 초급에 맞는 표현 형식들을 사용하여 같은 뜻의 문장을 만들어내는 능력을 측정하는 문제이다.

※ [41] 〈보기〉를 이용해 문장을 만드십시오.

41. | 주말에, 이번, 만나요, 친구를 |

→ 이번 ______________________________.

위의 문항 유형은 주어진 보기를 모두 사용하여 문법적으로, 내용상 알맞은 문장을 표현하는 능력을 측정하는 주관식 문항이다. 초급 수준에 해당하는 문법 능력과 내용 구성 능력을 측정하는 문제인데, 채점의 어려움이 초래되지 않게 제한된 정답이 나올 수 있도록 문항을 구성하는 것이 중요하다.

※ [42] 그림을 보고 ( )에 알맞은 말을 쓰십시오.

42.

→ (   ) 전화가 왔어요.

위의 문항 유형은 그림이 뜻하고 있는 내용을 문장으로 표현하는 능력을 측정하는 주관식 문항이다. 초급 수준에 해당하는 어휘와 문법 형태를 사용하여 문장을 구성하도록 문항을 구성하는 것이 중요하다.

※ [43~44] 다음 대화를 읽고 ( )에 알맞은 말을 쓰십시오.

43.

> 가 : 지금 어디에 가요?
> 나 : (   ).
> 가 : 저도 식당에 가요. 같이 가요.

위의 문항 유형은 대화에 알맞은 문장을 표현하는 능력을 측정하는 주관식 문항이다. 주어진 맥락을 이해하고 그 맥락에 맞는 문장을 표현하도록 하는 문제이다. 측정 목표와 수준에 해당하는 답이 잘 유도될 수 있도록 구성하는 것이 중요하다.

※ [45~46] 다음 글을 읽고 ( )에 알맞은 말을 쓰십시오.

45.

> 요즘 (   ) 사람들이 많습니다. 자동차는 공기를 나쁘게 하지만 자전거는 그렇지 않습니다. 자전거를 타면 건강에도 좋습니다. 여러분도 학교나 회사에 갈 때 자전거를 타 보세요.

주어진 글을 읽고 ( ) 안에 적절한 표현을 써넣는 주관식 문항이다. 난이도에 맞는 어휘와 문법 형태를 사용하여 적절한 표현을 구성하는 능력을 측정하는 문제이다.

※ [47] 다음 글을 읽고 150~300자로 글을 쓰십시오.

47.

> 어느 계절을 좋아합니까? 왜 그 계절을 좋아합니까? 그 계절에 특별히 무엇을 합니까?

위의 문항 유형은 주어진 주제에 대해 글을 쓰되 제한된 조건을 지키면서 주제를 잘 드러내는 능력을 측정하는 작문형 문항이다. 직접 평가이면서 주관식 평가, 통합 평가에 해당하는 문항이기 때문에 쓰기의 다른 문항에 비해 배점이 매우 높다. 종합적인 쓰기 능력을 측정하고 평가하는 문항이니만큼 채점의 기준과 공정성 확보가 어렵다는 문제가 있다. 특히 한국어능력시험과 같은 대규모 응시자가 치르는 시험의 경우에는 다수의 평가자(채점자)가 채점을 하게 되므로, 평가자의 개인적 성향과 특성에 따라 비슷한 수준의 글이 다른 점수를 받게 되는 일이 없도록 채점 기준을 꼼꼼하게 설정하고, 평가자에 대한 사전 훈련을 통하여 발생할 수 있는 문제점을 줄이려는 노력이 매우 중요하다고 하겠다.

▶ 한국어능력시험의 주관식 '쓰기' 영역 평가 기준표

평가 범주		평가 기준
내용 및 과제 수행		요구된 내용을 적절하게 포괄하며, 과제를 적절히 수행하였는가를 평가
글의 전개 구조		적절한 문단 구조를 이용하고 담화 장치를 적절하게 사용하여 응집성 있게 구성하였는가를 평가
언어사용	어휘	어휘를 적절하고 정확하며 유창하게 사용하였는가를 평가
	문법	문법을 적절하고 정확하며 유창하게 사용하였는가를 평가
	맞춤법	맞춤법에 맞게 표기하였는가를 평가
사회언어학적 격식		작문의 장르적 특성 등에 맞추어 격식(register) 사용이 적절한가를 평가

위의 쓰기 평가 범주와 평가 기준에 따라, 일정한 수준에 이르지 못했을 경우 각각 정한 바의 감점을 하게 된다. 위의 평가 범주 외에 분량의 정도나 무관한 내용으로 채웠을 경우 등을 상정하여 감점 또는 추가점을 부여하는 기준이 채점 척도로서 존재한다.

4.2 중급 쓰기 평가의 실제

한국어능력시험 중급 쓰기 문항은 크게 아래의 7가지 문항 유형으로 구성돼 있다. 유형별로 한 문제씩을 살펴보자.

※ [31~34] 빈칸에 가장 알맞은 것을 고르십시오.

33. 가 : 어, 이 문은 열쇠로 여는 문이 아니네요.
나 : ______________ 자동으로 열려요.

① 열쇠로 문을 열고서
② 비밀번호를 눌렀다가
③ 열쇠로 문을 여느라고
④ 비밀번호를 누르기만 하면

위의 문항은 주는 말에 대해 가장 잘 어울리는 말을 보기 중에서 골라 대화를 완성하는 객관식 문항이다. 주는 말에 대해 받는 말은 '조건'의 선행절이 들어가야 하며 이러한 문법적 기능을 담당하고 있는 문법 요소를 잘 사용하여 적절한 받는 말을 이루고 있는 답을 선택지에서 찾아내는 문항이다.

※ [35~36] 밑줄 친 부분을 같은 의미로 바꾸어 쓴 것을 고르십시오.

36. 가 : 철수가 다른 사람한테 그 얘기를 하면 안 되는데…….
나 : 걱정하지 마. 그 친구는 비밀을 잘 지키니까.

① 입이 짧거든
② 입이 무겁거든
③ 말이 앞서니까
④ 말뿐이라고 하더라

위의 문항은 두 사람의 대화에서 밑줄 친 표현과 뜻이 같은 표현을 고르는 문항이다. 즉 밑줄 친 관용어의 의미를 이해하고 이를 같은 의미를 나타내는 다른 표현으로 바꾸는 능력을 평가하는 것이다.

※ [37~38] 다음 안내문의 내용과 같은 것을 고르십시오.

38.

도서관 이용 시 주의 사항

▶출입 시 도서관 이용증 제시
▶개인 물품 소지 불가(노트북, 필기구 제외)
▶각층 열람실에서 자료 복사 가능(5층 자료는 복사 불가)
▶평일 야간 1층 정보실에서 자료 열람 가능(홈페이지에 당일 오후 5시까지 예약)

↓

도서관 이용 시 주의 사항에 대해서 말씀 드리겠습니다. 우선 ① 도서관에 들어갈 때는 이용증을 맡기도록 하십시오. ② 도서관 안에는 노트북과 필기구는 물론 개인 물건을 가지고 들어갈 수 없습니다. ③ 자료 복사는 5층 자료를 제외하고는 모두 가능합니다. ④ 평일 야간에는 하루 전에 예약할 때에만 1층 정보실에서 자료를 볼 수 있습니다.

위의 문항은 안내문의 내용과 같은 뜻으로 쓴 문장을 고르는 문제이다. 즉 안내문의 표현들과 의미는 같지만 다른 표현으로 문장을 구성하는 능력을 측정하는 객관식 쓰기 문항이다. 등급에 해당하는 적절한 어휘 및 문법, 문형 등을 사용하여 문장을 다시 쓸 수 있는 능력을 측정하고자 하는 것이다.

※ [39~40] ( )에 가장 알맞은 표현을 고르십시오.

39.

요즘 광고는 재미있다. 그래서 사람들은 광고에서 나오는 말과 노래를 유행처럼 따라 한다. 광고의 가장 큰 목적은 상품을 잘 알려서 많이 팔릴 수 있게 하는 것이다. 내용이 재미있는 광고는 사람들의 기억에 오래 남아서 판매량을 늘리는 데 효과가 크다고 한다. ( )는 말까지 생겨날 정도이다.

① 광고가 재미있어야 상품도 잘 팔린다
② 광고가 재미있는데도 상품도 잘 팔린다
③ 광고보다는 판매량에 관심을 두어야 한다
④ 광고와 상품의 판매량과는 별다른 관계가 없다

위의 문항은 문맥에 맞게 (　　) 안에 들어갈 표현을 고르는 객관식 문항이다. 주어진 지문의 문맥을 정확하게 이해하고 이를 바탕으로 괄호 안에 들어갈 적절한 표현을 찾는 능력을 측정하는 문항이다. 한국어능력시험에는 이와 유사한 유형의 주관식 문항도 사용되고 있다.

※ [41~42] 제시된 표현을 순서대로 모두 사용해 한 문장으로 쓰십시오.

42. 네가 올 때까지 기다리다, 모임에 늦다, 꼭 오다

위의 문항은 적절한 연결 표현이나 문법 형태를 사용하여 제시된 표현을 순서대로 한 문장으로 쓰는 주관식 문항이다. 등급에 맞는 적절한 문법 형태를 사용하여 표현들을 완전한 문장으로 연결하는 능력을 측정하는 문항이다.

한국어능력시험의 쓰기 영역 문항은 31번부터 40번까지가 객관식이고 41번부터는 주관식 유형의 문항들로 구성되어 있는데, 주관식 유형의 문항들이 보다 본질적인 쓰기 능력 평가와 측정에 적절한 것은 사실이지만 채점 기준의 정밀함과 채점의 일관성이 보장되어야 한다는 어려움이 있다.

위의 42번 문항의 경우, 등급에 어울리는 연결 표현과 문법 형태를 사용하여 주어진 표현들을 완전한 문장으로 완성했을 때에 만점을 매기고, 비록 문장은 자연스럽다 하더라도 측정하고자 하는 등급보다 낮은 연결 표현이나 문법 형태를 사용하였을 때에는 감점을 하게 된다.

※ [43~45] 다음 글을 읽고 ( )에 알맞은 말을 쓰십시오.

45. 어느 심리학자의 말에 따르면 자신이 행복하다고 생각하는 사람은 다른 사람과 자신을 비교하지 않는다고 한다. 그런데 어떤 사람은 끊임없이 자신을 다른 사람과 비교해 가면서 산다. 이런 사람은 처음엔 겉으로 보이는 단순한 면만을 비교하면서 자신이 다른 사람보다 낫다고 여겨 우월감을 가진다. 그러나 자기 자신을 (　　　　　　) 점점 더 자신의 장점보다는 단점이 눈에 들어오게 되어 결국은 자신을 다른 사람만 못하다고 여기게 된다.

위의 문항은 문맥에 어울리는 표현을 ( ) 안에 써 넣는 문항이다. 주어진 지문의 문맥을 정확하게 이해하고 이를 바탕으로 괄호 안에 들어갈 적절한 표현을 산출해 내는 능력을 측정하는 문항이다. 위의 문항의 경우에는 평가 등급에 속하는 문법 형태인 '...(으)면 ...(으)ㄹ수록' 을 알고 사용할 수 있는지를 측정하는 것이다. 따라서 의미적 부분이나, 형태적 조건을 다 갖추지 못했을 경우에는 감점을 하게 된다. 앞에서 이와 유사한 유형의 객관식 문항을 살펴 본 바 있다.

※ [46] 다음을 읽고 400~600자로 글을 쓰십시오.

46. '잊지 못할 추억' 이라는 제목으로 글을 쓰십시오. 단, 아래에 제시된 내용이 모두 포함되어야 합니다.

- 어떤 추억인가?
- 왜 지금까지 기억에 남아 있는가?
- 언제 그 추억이 떠오르는가?

※ 원고지 쓰기의 예

	아	이	들	은		장	난	감	을		가	지	고		놀	면	서		보
내	는		시	간	이		많	다.		장	난	감		놀	이	를		통	해

위의 문항은 주어진 조건에 따라 한 편의 글을 쓰는 문항이다. 앞에서 살펴 본 여러 가지 평가 방법 중 직접 평가이면서 주관식 평가, 통합 평가에 해당하는 문항이기 때문에 쓰기의 다른 문항에 비해 배점이 매우 높음을 알 수 있다. 종합적인 쓰기 능력을 측정하고 평가하는 문항이니만큼 채점의 기준과 공정성 확보가 매우 어렵다는 문제가 상존한다. 특히 한국어능력시험과 같은 대규모 응시자가 치르는 시험의 경우에는 다수의 평가자(채점자)가 채점을 하게 되므로, 평가자의 개인적 성향과 특성에 따라 비슷한 수준의 글이 다른 점수를 받게 되는 일이 없도록 채점 기준을 꼼꼼하게 설정하고, 평가자에 대한 사전 훈련을 통하여 발생할 수 있는 문제점을 줄이려는 노력이 필요하다.

4.3 고급 쓰기 평가의 실제

한국어능력시험 제14회 고급 쓰기의 경우 대략 7가지의 문항 유형이 사용되었다. 이들 문항 유형들은 다음과 같다.

※ [31~34] 빈칸에 가장 알맞은 것을 고르십시오.

31.

> 가 : 70대 노인이 마라톤 완주를 해냈대요.
> 나 : 대단하네요. 그러고 보면 ________________________.

① 노인들의 관심은 온통 건강뿐이에요
② 나이는 정말 숫자에 불과할 뿐이에요
③ 운동을 꾸준히 하는 것이 완주의 비결이에요
④ 완주는 완주일 뿐 그 이상도 이하도 아니에요

위의 문항 유형은 대화에 알맞은 표현을 골라 대화를 구성하는 능력을 측정하는 객관식 문항이다. 주어진 대화문에서 나타난 맥락의 실마리를 이해하고 그에 따라 적절한 문장을 표현하는 능력을 측정하는 문제이다.

※ [35~36] 밑줄 친 부분을 같은 의미로 바꾸어 쓴 것을 고르십시오.

35.

> 언어지도는 어떤 지역의 역사와 문화적 특성에 대한 정보를 제공할 뿐만 아니라, 특정 지역의 방언 중에서 표준어로 정할 만한 것을 찾을 때에도 중요한 역할을 한다.

① 찾기만 해도 길잡이로서의 역할을 다한 것이다
② 찾을 수 있게끔 하는 결정적인 길잡이 노릇도 한다
③ 찾는 데에도 길잡이의 역할이 결정적임을 보여 준다
④ 찾을 수만 있어도 결정적인 길잡이 노릇은 한 것이다

위의 문항 유형은 주어진 표현을 대체할 수 있는 적절한 표현을 고르는 객관식 문항이다. 즉 대체 표현 구사 능력을 측정하는 문제이다. 고급 수준의 어휘와 문법 형태를 사용하여 주어진 표현과 같은 표현을 구성하는 것이 평가의 목표이다.

※ [37~38] 다음을 읽고 물음에 답하십시오.

37. 다음은 '당뇨병 관리법'에 대한 공개강좌 안내문과 관련 기사문입니다. ①~④ 중에서 안내문의 내용과 일치하는 것을 고르십시오.

당뇨병 관리법 공개강좌 안내

서울병원과 나라일보가 함께 마련하는 제31회 건강교실 공개강좌가 오는 8일 서울병원에서 열립니다. 강연은 서울병원 당뇨병센터장의 강의와 질의응답의 순으로 진행됩니다. 관심 있는 분들의 많은 참여 바랍니다.

▶ 참가 예약 불필요, 교재 제공
▶ 일시 : 2008년 10월 8일(수)
　오후 1~2시 무료 당뇨 검사
　오후 2~4시 강연
▶ 장소 : 서울병원 지하 1층 대강당
▶ 문의 : 서울병원 홍보실 02) 3410－0046
▶ 사전 질문 접수 : 이메일 hongbo@seoulhos.or.kr, 7일(화)까지

당뇨병 관리법 공개강좌 열려

지난 8일 서울병원에서는 당뇨병 관리법에 관한 공개강좌가 개최되었다. ① 서울병원과 나라일보가 공동으로 주최해 온 건강교실의 일환으로 열린 이번 강좌에서는 서울병원 당뇨병센터장이 강연을 맡았다. ② 3시간에 걸쳐 진행된 이날의 강좌는 전문가 강연에 이어 무료 당뇨 검사를 실시해 큰 호응을 얻었다. 참석자들은 강연 내용은 상당히 유익했으나, 평소 ③ 당뇨병에 대해 궁금했던 점들을 질문할 시간이 제공되지 않아 다소 아쉬웠다는 반응이다. 한편, 병원 측은 ④ 예약자에 한해 강좌 수강이 가능했던 지금까지의 방침을 바꿔 앞으로는 현장 참석이 가능하도록 하겠다고 밝혔다.

김민수 기자 msk@narailbo.com

위의 문항 유형은 공고문이나 안내문, 기사문 등에서 지시된 문장을 같은 뜻의 다른 문장으로 구성하는 능력을 측정하는 객관식 문항이다. 단순히 원래의 안내문과 풀이문의 내용이 동일한가를 일치하는지를 보는 것이 아니라, 원래의 문장을 고급 수준의 어휘와 문법 형태를 사용하여 달리 표현하는 능력을 측정하려는 목표를 달성할 수 있도록 문항을 구성해야 한다.

※ [39~40] 다음 글을 읽고 (　) 안에 가장 알맞은 표현을 고르십시오. 문맥에 맞게 (　)에 들어갈 표현을 고르는 문제이다.

39. 제주 화산섬과 용암동굴이 유네스코 세계자연유산으로 등재된 지 1주년을 맞았다. 그동안 제주시는 제주도가 세계자연유산을 보유한 지역임을 내세워 국제적 규모의 회의나 스포츠 대회 등을 유치하고, 관광 시설을 정비하여 해외 방문객을 늘리는 데에 주력해 왔다. 1주년을 맞은 현 시점에서 과연 우리가 제주도를 제대로 관리하고 있는지 돌아볼 필요가 있다. 왜냐하면 우리에게 주어진 과제는 (　　　　　　　　　　) 제주도의 자연을 잘 관리해서 자연유산으로서의 그 가치를 보존하는 일도 병행하는 것이기 때문이다.

① 예컨대 국제도시로서의 명예가 높아질 텐데
② 이른바 국제도시로서의 명성을 높여 나가되
③ 이를테면 국제도시로서의 명성을 쌓아 나간들
④ 이름 하여 국제도시로서의 명예를 높이려다 보면

위의 문항 유형은 글을 읽고 내용에 맞게 표현을 구성하여 (　) 안에 넣는 능력을 측정하는 객관식 문항이다. 역시 고급 수준에 맞는 어휘와 문법 형태를 사용한 선택지를 적절하게 구성하는 것이 중요하다.

※ [41~42] 제시된 표현을 순서대로 모두 사용해서 〈 〉의 주제에 대한 문장을 만드십시오(한 문장, 50자 내외).

41.

〈 청소년기 독서의 필요성 〉
경험의 폭, 가능하다, 다양한 분야, 접하다

( )

위의 문항 유형은 제시된 표현을 순서대로 모두 사용하여 주어진 주제를 나타내는 문장을 구성하는 능력을 측정하는 주관식 문항이다. 고급 수준에 부합하는 문법 형태를 정확하게 사용하여 주제를 드러내는 문장을 구성하도록 하는 문제이다. 채점의 어려움이 커지지 않도록 답이 될 수 있는 표현이 제한되도록 문항을 구성하는 것이 중요하다.

※ [43~44] 다음 글을 읽고 ( )안에 알맞은 말을 쓰십시오.

43.

줄다리기의 매력은 줄을 당기는 양쪽의 힘이 균형을 이루는 데에 있다. 예전에는 힘 싸움을 하다가도 상대편이 질 듯하면, 일부러 힘을 빼 최대한 승부를 즐기려 했다. 하지만 오늘날 사람들은 힘의 균형을 이루기보다는 어떻게든 빨리 힘의 균형을 깨뜨려 승부를 결정지으려고만 한다. 결과에 대한 조급증으로 이기고 지는 것에만 집착하다 보니 승부 그 자체를 즐길 여유가 없다. 결국 요즘 사람들은 과도하게 ( ) 못하게 된 것이다.

( )

위의 문항 유형은 주어진 글을 읽고 문맥에 맞는 표현을 구성하여 ( ) 안에 써넣는 능력을 측정하는 주관식 문항이다. 문맥상 필요한 표현이 적절하게 제한되도록 지문을 구성하는 것이 중요하며, 필요한 표현이 고급 수준의 어휘와 문법 형태로 구성될 수 있도록 문항을 구성해야 한다.

※ [45] 다음을 읽고 700~800자로 글을 쓰십시오.

45. '올바른 인터넷 사용 태도'에 대한 자신의 견해를 서술하십시오. 단, 아래 제시한 〈올바른 인터넷 사용 태도의 예〉 중에서 세 가지를 선택하여 쓰되, 각각의 태도를 지키지 않았을 경우에 나타나는 부작용의 예를 포함해야 합니다.

〈 올바른 인터넷 사용 태도의 예 〉
상대방의 인격 존중하기 / 타인의 사생활 보호하기 /
의견 차이 인정하기 / 바른 언어 사용하기 / 정확한 정보 올리기

위의 문항은 주어진 조건에 따라 자신의 견해를 잘 드러내는 한 편의 글을 쓰는 문항이다. 앞에서 살펴 본 여러 가지 평가 방법 중 직접 평가이면서 주관식 평가, 통합 평가에 해당하는 문항이기 때문에 쓰기의 다른 문항에 비해 배점이 매우 높음을 알 수 있다. 종합적인 쓰기 능력을 측정하고 평가하는 문항이니만큼 채점의 기준과 공정성 확보가 매우 어렵다는 문제가 있다는 점은 이러한 유형의 문제에서는 항상 발생한다. 특히 한국어능력시험과 같은 대규모 응시자가 치르는 시험의 경우에는 다수의 평가자(채점자)가 채점을 하게 되므로, 평가자의 개인적 성향과 특성에 따라 비슷한 수준의 글이 다른 점수를 받게 되는 일이 없도록 채점 기준을 꼼꼼하게 설정하고, 평가자에 대한 사전 훈련을 통하여 발생할 수 있는 문제점을 줄이려는 노력이 필요하다. 주관식 문제 채점 기준에 대해서는 4.1에서 제시한 바 있다.

제12장 쓰기 교육의 실제

앞 장에서는 한국어 쓰기 수업에서 활용할 수 있는 활동 유형에 관하여 살펴보았다. 이 장에서는 실제로 수업을 어떻게 구성할 것인지에 관해 생각해 보고자 한다. 수업 구성의 실례를 보이는 방법에는 여러 가지가 있으나 여기에서는 한국어의 숙련도에 따라 수업 모형을 제시할 것이다. 이 때 특정한 한 가지 접근 방식을 따르지 않고, 글의 형식과 장르에 맞게 과정 중심과 결과 중심, 혹은 절충식 수업 모형을 제시하고자 한다.

1 초급 과정 쓰기 수업의 실제[1)]

초급 학습자들의 경우에는 한국어에 관한 극히 제한적인 지식으로 인해 혼자서는 과제를 수행하기 어렵다. 따라서 초급 단계의 쓰기 교육은 학습자와 교사, 학습자와 학습자 간의 끊임없는 상호작용으로 이루어져야 한다. 가족 소개하기와 일기 쓰기, 초대 카드 쓰기를 주제로 삼아 초급 쓰기 수업의 실례를 보이면 다음과 같다.

1.1 가족 소개하기

• 주제 : 가족 소개
• 문법 구조 및 표현 : ① -시-
　　　　　　　　　　② 좋아하다

1) 피드백은 교실 내 수업에서는 필수적으로 동반되는 과정이기는 하나 이 장에서 수업을 구성할 때는 피드백을 포함하지 않는다. 교실 수업에서의 피드백의 역할에 대해서는 이 책의 8장을 참고하기 바란다.

• 기능 : ① 소개하는 글 쓰기
② 가족에 대한 명칭과 직업명 알기
③ 취미 표현하기

• 과제 학습 내용 : ① 소개 글에 필요한 어휘와 표현 익히기
② 가족 소개 글 쓰기

(1) 쓰기 전 활동

'가족 소개' 라는 글감으로 설명하는 글을 쓰기 위한 전 단계이다. 따라서 가족을 소개하는 데 필요한 어휘나 문법 항목을 지도한다. 수업의 진행 순서를 보이면 다음과 같다.

수업 예시

※ 가족 소개하기

▶ 교사의 질문 예시

1. 여러분의 가족은 모두 몇 명입니까?
2. 여러분의 가족들은 무엇을 합니까?
3. 여러분의 가족들은 무엇을 좋아합니까?

※ 가족 관계에 대해 공부하기

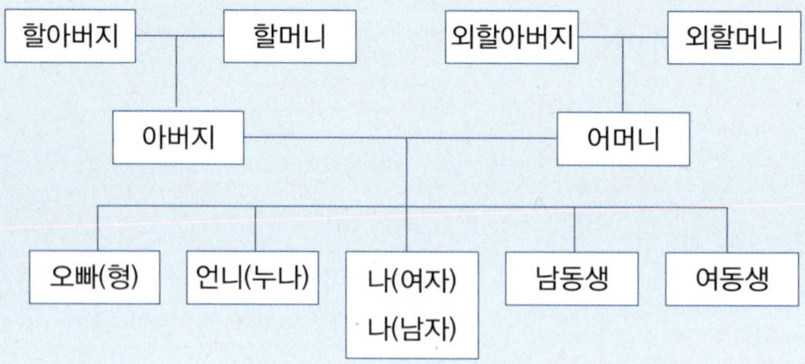

※ 직업에 대해 공부하기

학생

선생님

은행원

약사

경찰

회사원

의사

요리사

※ 문법과 표현에 관한 학습 활동

- -시-

→ 어머니께서 웃으십니다.

- 을/를 좋아하다

→ 저는 운동을 좋아해요.

(2) 쓰기 활동

이 단계에서는 앞 단계와의 연계 활동으로 자신의 가족에 대해 쓸 내용을 미리 구성해 보게 한 다음 쓰기 활동에 들어가게 한다. 메모를 하게 하거나 도표를 이용하면 좋다.

수업 예시

※ 표를 이용하여 쓸 내용 정리하기

▶ 예시

이름	관계	직업	취미

※ 가족을 소개하는 글 쓰기

우리 가족은 모두 네 명입니다. 아버지와 어머니가 계시고, 오빠가 한 명 있습니다. 아버지는 은행에 다니시고, 어머니는 초등학교 선생님이십니다. 우리 부모님은 영화를 좋아하십니다. 오빠는 저보다 3살 많습니다. 컴퓨터 회사에 다니고 있고, 여행을 좋아합니다.

(3) 쓰기 후 활동

이 단계는 자신이 쓴 글을 직접 읽어 보게 하거나 다른 사람과 바꿔 읽어 보게 하는 방식, 또는 다른 사람의 글에 대한 의견을 제시하는 방식으로 수업을 구성할 수 있다.

※ 자신이 쓴 글 발표하기

※ 자신이 쓴 글을 다른 사람과 바꿔 읽기

1.2 일기 쓰기

• 주제 : 일기 쓰기

• 문법 구조 및 표현 : ① –았/었–

② V –아서/어서

• 기능 : ① 주위 상황 묘사하기
② 경험 이야기하기 (있었던 일에 대해 이야기하기)

• 과제 학습 내용 : ① 일기를 읽고 내용 이해하기
② 직접 일기를 써 보기

(1) 쓰기 전 활동

일기를 쓰기 위한 전 단계이므로 일기의 형식을 익힐 수 있는 읽기 자료를 활용한 학습 활동이 효과적일 것이다. 일기에 자주 사용되는 어휘나 문법 항목을 익히는 내용으로 수업을 구성할 수 있다. 수업의 진행 순서를 보이면 다음과 같다.

수업 예시

※ 일기 읽어 보기

2010년 5월 22일 토요일 날씨 맑음

오늘 나는 제니퍼와 함께 야구 경기장에 갔습니다. 나는 야구를 아주 좋아합니다. 일본에서는 주말마다 경기장에 가서 야구를 구경했습니다. 그런데 한국에서는 오늘 처음 야구를 보러 갔습니다. 경기장에는 사람들이 아주 많았습니다. 할아버지와 할머니, 아이들도 있었습니다. 사람들은 야구를 보면서 함께 노래를 불렀습니다. 한국의 야구장은 참 재미있습니다. 다음 주말에도 또 가고 싶습니다.

▶ 내용 이해 확인을 위한 질문 예시
1. 이 사람은 오늘 어디에 갔습니까?
2. 누구와 함께 갔습니까?
3. 사람들은 경기장에서 무엇을 했습니까?

※ 어휘
• 경기장 • 구경하다

※ 관련 어휘
• 날씨 : 맑음, 흐림, 구름, 비, 눈

※ 문법 및 표현

- –았/었–

→ 도서관 앞에서 친구를 만났어요.

- V – 아서/어서

→ 서점에 가서 잡지를 샀습니다.

(2) 쓰기 활동

이 단계에서는 일기를 본격적으로 쓰기 전에 쓸 내용을 표로 정리해 보고, 표를 참고로 하여 직접 일기를 써 보게 한다.

수업 예시

※ 어제 한 일에 대해 서로 이야기하기

▶ 말하기 활동의 예시

	________월 ________일
날씨가 어땠어요?	
무엇을 했어요?	• • •
무슨 생각을 했어요?	

※ 표에 있는 내용을 일기로 써 보기

(3) 쓰기 후 활동

이 단계에서는 학습자가 자신이 쓴 일기를 다른 학습자들 앞에서 읽게 하고 무슨 내용인지를 함께 이야기하도록 한다. 또한 일기를 교환해서 읽으면서 오류가 있거나 자연스럽지 못한 부분이 있는지 확인하도록 하여 수정 단계를 거치도록 한다.

※ 자신이 쓴 글을 다른 사람과 바꿔 읽기
※ 자신이 쓴 글 발표하기

1.3 초대 카드 쓰기

- 주제 : 생일 초대 카드
- 문법 구조 및 표현 : ① -(으)려고 하다
  ② -아/어/해 주다
- 기능 : ① 계획 표현하기
  ② 초대하기
  ③ 부탁하기
- 과제 학습 내용 : ① 생일 초대 카드 쓰기
  ② 축하 카드 쓰기

(1) 쓰기 전 활동

교사는 학습자들과의 자연스러운 대화 상황에서 쓰기의 주제를 이끌어 낸다. 학습자들에게 생일이 언제이고 생일에 무엇을 하는지 물어본다. 또한 생일에 초대하고 싶은 사람과 자신의 생일 파티 계획에 대해 이야기한다. 주제와 관련된 이야기를 나눈 후에는 읽기 텍스트를 제시한다. 이는 읽기와 쓰기를 통합 교육하기 위함이다. 읽기 텍스트는 학습할 주제나 소재와 관련된 것으로 학습자들이 써야 할 내용에 대해서 미리 짐작할 수 있어야 한다.

수업 예시

※ 초대하는 글 읽고 내용 파악하기

우리 반 친구들을 초대합니다

안녕하세요? 12월 21일 토요일은 제 생일입니다.
우리 집에서 생일 파티를 하려고 합니다.
맛있는 한국 음식을 많이 준비할 겁니다.
노래도 하고 춤도 출 겁니다.
꼭 오셔서 축하해 주세요.

◎ 시간 : 오후 5시
◎ 장소 : 학교 앞 행복 아파트 106동 1406호

▶ 내용 이해 확인을 위한 질문 예시

1. 생일이 언제입니까?
2. 누구를 초대합니까?
3. 생일 파티는 언제 어디에서 합니까?

※ 어휘

• 초대하다 • 생일 파티 • 준비하다 • 꼭 • 축하하다 • 장소

※ 문법과 표현

• -(으)려고
→ 인터넷으로 신발을 사려고 해요.
• -아/어/해 주세요
→ 창문 좀 닫아 주세요.

※ 초대하는 글에 들어갈 내용을 표로 완성하기

누구의 생일입니까?	나
생일은 언제입니까?	7월 17일
누구를 초대합니까?	우리 반 친구들과 선생님
몇 시에 생일 파티를 합니까?	
어디에서 생일 파티를 합니까?	
생일 파티에서 무엇을 합니까?	

(2) 쓰기 활동

학습자들이 쓰기 전 활동에서 다룬 읽기 텍스트를 통해 초대하는 글의 구조를 익힌 다음 본격적인 쓰기 활동을 한다.

수업 예시

※ 빈 칸에 알맞은 말을 넣고, 초대하는 글의 형식 익히기

______________ **초대합니다**

안녕하세요? ______________ 은/는 제 생일입니다.
우리 집에서 생일 파티를 하려고 합니다.
맛있는 한국 음식을 많이 준비할 겁니다.
______________.
꼭 오셔서 ______________.

◎ 시간 : ______________
◎ 장소 : ______________

※ 초대 카드 만들기

______________에게
____
____
____
____

(3) 쓰기 후 활동

※ 자신이 쓴 글을 다른 사람과 바꿔 읽기
※ 자신이 쓴 글 발표하기

2 중급 과정 쓰기 수업의 실제

중급 과정의 쓰기 수업에서는 정확성과 유창성을 함께 배양하는 데 중점을 두어 한국어 담화 구조에 맞는 단락 단위 쓰기 수업으로 확대하는 것이 바람직할 것이다. 자기 소개서 쓰기와 건의문 쓰기, 기사문 쓰기를 예로 들어 중급 과정에서의 쓰기 수업의 실례를 제시하고자 한다.

2.1 자기 소개서 쓰기

• 주제 : 자기 소개서
• 문법 구조 및 표현 : ① -(으)ㄴ/는 편이다
② -(으)ㄹ 계획이다

• 기능 : ① 자기 소개서 쓰기
② 전공, 적성, 장점 표현하기

• 과제 학습 내용 : ① 자기 소개서 쓰기
② 전공과 성격 관련 어휘 익히기

(1) 쓰기 전 활동

자기 소개서 쓰기는 취업이나 입학에 필요한 활용 가능성이 높은 과제이다. 자기 소개서는 특별한 고유의 방식으로 구성되므로 읽기 자료를 제시하여 학생들로 하여금 글의 구조와 표현 방식을 숙지한 후 쓰기 활동을 수행하는 것이 효과적이다. 다시 말해 '읽은 후 쓰기'의 방식으로 교육하는 것이 바람직할 것이다.

수업 예시

※ 글을 읽고 소개서의 형식과 내용 파악하기

> 저는 양양이라고 합니다. 베이징에서 대학교를 다니다가 한국대학교로 편입해서 관광경영학을 전공하고 영어영문학을 부전공하고 있습니다. 그래서 중국어, 한국어, 영어를 할 수 있습니다. 저는 성격이 밝고, 친구 사귀는 것을 좋아하는 편입니다. 그래서 한국에 유학 온 다른 학생들보다 친구도 많고 한국어도 빨리 배울 수 있었습니다. 저는 여행하면서 사진을 찍는 것을 좋아합니다. 시간이 날 때에는 홈페이지를 만들어서 여행을 다녀 온 곳의 사진과 소개하는 글도 올립니다. 사람들이 제가 올린 사진과 글을 보고 그곳에 여행을 가고 싶다고 할 때 가장 큰 보람을 느낍니다. 졸업 후에는 관광통역을 하는 일을 해 보고 싶습니다. 관광통역을 하면 제가 좋아하는 여행도 많이 할 수 있고 여행하는 사람들도 도울 수 있기 때문입니다. 그래서 요즘은 '관광통역안내사' 자격증을 따기 위한 공부를 하고 있습니다.

※ 읽은 내용을 표로 요약하기

고향	베이징
전공	관광경영학, 영어영문학(부전공)
특기	
성격	
취미	
희망	

※ 어휘

- 전공 : 경영학, 정치학, 무역학, 컴퓨터 공학, 의류학, 통상학
- 성격 : 조용하다, 활발하다, 소극적이다, 적극적이다, 내성적이다, 외향적이다, 낙천적이다, 책임감이 강하다, 신중하다.

※ 문법과 표현

• 졸업하다

→ 한국대학교 무역학과를 졸업했습니다.

• 전공하다

→ 대학에서 호텔경영학을 전공했습니다.

• -(으)ㄴ/는 편이다

→ 저는 운동을 잘하는 편입니다.

(2) 쓰기 활동

이 단계의 학습 활동은 학습자들이 실제로 자신의 '자기 소개서'를 쓸 때 어떤 내용을 포함시킬 것인지를 함께 이야기하고 계획하는 것에서부터 수업을 구성할 수 있다.

수업 예시

※ 자기 소개서에 들어갈 내용을 표로 완성하기

고향	
전공	
특기	
성격	
취미	
희망	

※ 완성된 표를 바탕으로 자신을 소개하는 글 쓰기

(3) 쓰기 후 활동

이 단계에서는 동료 학습자를 통한 오류 수정 방법 등을 적용하여 글의 수준을 높일 수 있다.

※ 다음을 생각하며 다른 학생과 바꿔 읽기

▶ 바꿔 읽으면서 점검해야 할 사항

1. 내용의 앞뒤가 자연스럽게 연결되었는가?
2. 필요 없거나 수정해야 하는 부분이 있는가?
3. 적절한 어휘와 문법이 사용되었는가?

※ 자신이 쓴 글 발표하기

※ 다른 학생의 의견을 반영하여 글 수정하기

2.2 건의문 쓰기

- 주제 : (컴퓨터 게시판에) 건의문 쓰기
- 문법 구조 및 표현 : ① -(으)ㄴ 점
  ② -(으)면 하다
- 기능 : ① 문제점 지적하기
  ② 대안 제시하기
- 과제 학습 내용 : ① 건의문 쓰기
  ② 건의문 쓰기에 필요한 문법, 표현 익히기

(1) 쓰기 전 활동

이 단계에서 교사는 학습자들에게 학교생활에서 불편한 점이나 어떤 특별한 고민이 있는지 물어 보고 함께 이야기함으로 글의 주제와 관련된 내용을 자연스럽게 학습자들에게 노출시킨다. 그 다음 읽기 텍스트를 제시한다. 읽기 텍스트를 통해서 학습자는 쓰게 될 글의 종류를 이해할 수 있으며, 어떠한 과제로 쓰기를 해야 하는지를 알고 준비할 수 있다. 텍스트를 읽은 후 학습자들이 건의문 쓰기에 필요한 문법과 표현을 학습하는 방식으로 수업을 구성한다.

수업 예시

※ 글을 읽고 건의문의 형식과 내용 파악하기

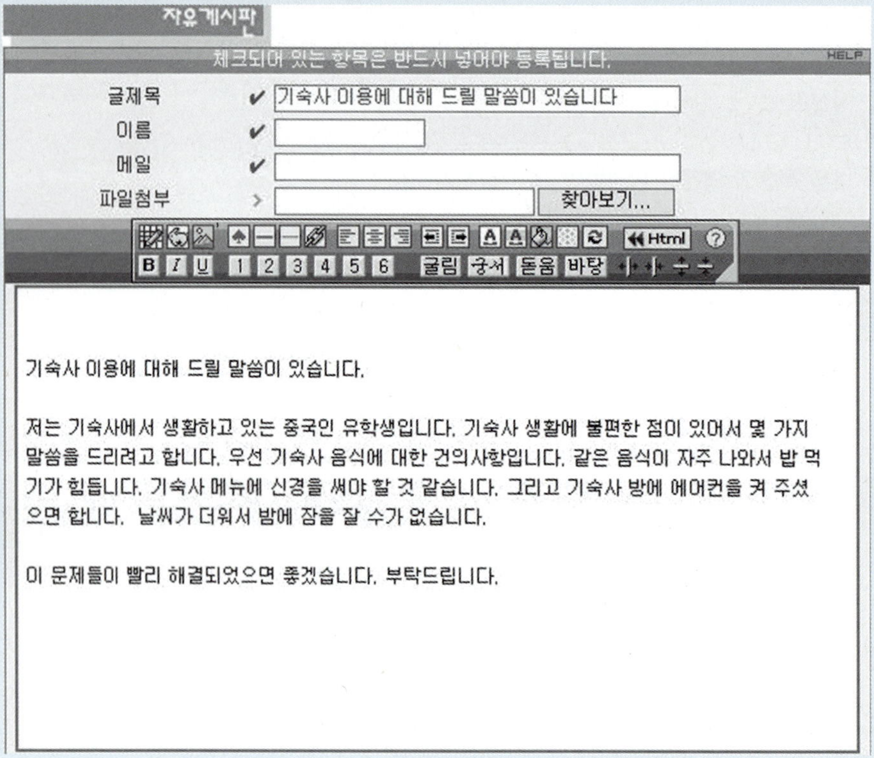
자유게시판

체크되어 있는 항목은 반드시 넣어야 등록됩니다.

HELP

글제목 ✔ 기숙사 이용에 대해 드릴 말씀이 있습니다

이름 ✔

메일 ✔

파일첨부 › 찾아보기...

B I U 1 2 3 4 5 6 굴림 궁서 돋움 바탕 Html

기숙사 이용에 대해 드릴 말씀이 있습니다.

저는 기숙사에서 생활하고 있는 중국인 유학생입니다. 기숙사 생활에 불편한 점이 있어서 몇 가지 말씀을 드리려고 합니다. 우선 기숙사 음식에 대한 건의사항입니다. 같은 음식이 자주 나와서 밥 먹기가 힘듭니다. 기숙사 메뉴에 신경을 써야 할 것 같습니다. 그리고 기숙사 방에 에어컨을 켜 주셨으면 합니다. 날씨가 더워서 밤에 잠을 잘 수가 없습니다.

이 문제들이 빨리 해결되었으면 좋겠습니다. 부탁드립니다.

▶ 내용 이해 확인을 위한 질문 예시

1. 이 사람은 무엇에 대해 이야기를 하고 있습니까?
2. 이 사람은 무엇 때문에 불편합니까?
3. 이 사람은 왜 밤에 잠을 잘 수가 없습니까?

※ 어휘
- 불편하다 • 건의 사항 • 신경(을) 쓰다 • 해결되다

※ 문법과 표현
- -(으)ㄴ 점

→ 어려운 점이 있으면 이야기하세요.
- -(으)면 하다

→ 이걸 김 선생님께 전해 주셨으면 합니다.

※ 문제와 해결 방법에 대해 이야기하기

문제	해결 방법
• 룸메이트가 밤늦게까지 음악을 크게 틀어 놓는다.	• 음악을 들을 때 이어폰을 사용한다.
• 휴게실 사용 시간이 너무 짧다.	• 두 시간 더 사용할 수 있었으면 좋겠다.
• 건물 내에 담배를 피울 수 있는 곳이 없어서 밖에 나가야 한다.	• 흡연실을 만들거나 옥상을 개방한다.

(2) 쓰기 활동

이 단계에서는 평소 생활에서의 불편한 사항과 개선점에 대해 함께 이야기를 한 후 메모한 문제의 해결 방법에 대한 제안을 중심으로 글을 써 보도록 한다. 의견 교환하기에서 다양한 상황과 개선점이 나올 수 있도록 교사가 적극적으로 유도해야 한다.

수업 예시

※ 문제와 해결 방안을 표로 완성하기

문제	해결 방법

※ 완성된 표를 바탕으로 건의문 쓰기

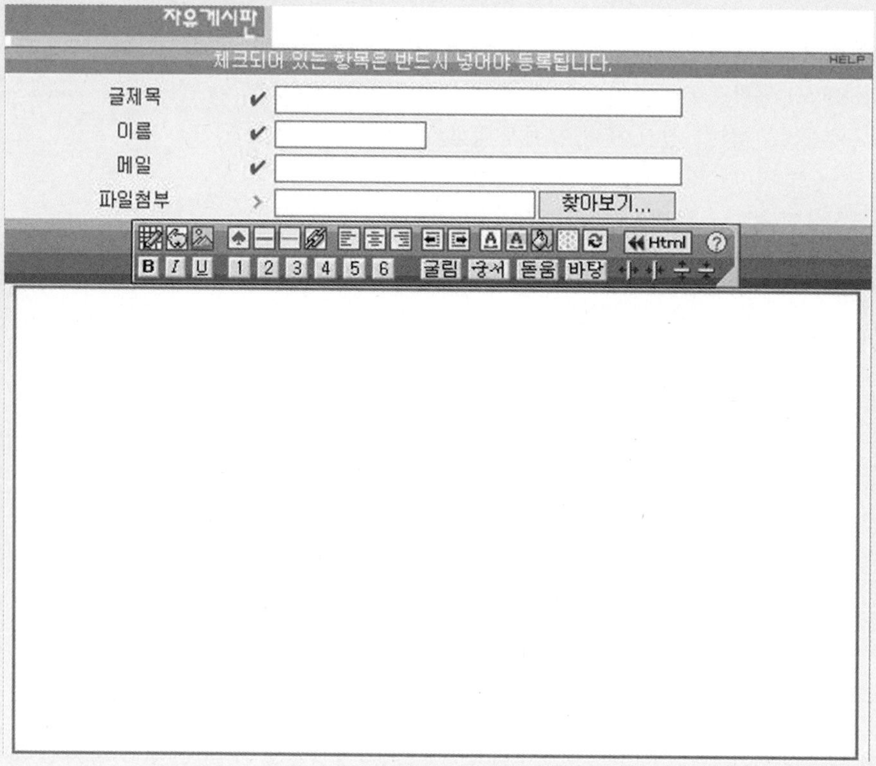

(3) 쓰기 후 활동

※ 다음을 생각하며 다른 학생과 바꿔 읽기

▶ 바꿔 읽으면서 점검해야 할 사항

① 내용의 앞뒤가 자연스럽게 연결되었는가?

② 필요 없거나 수정해야 하는 부분이 있는가?

③ 적절한 어휘와 문법이 사용되었는가?

※ 다른 학생의 의견을 반영하여 글 수정하기

※ 자신이 쓴 글 발표하기

2.3 기사문 쓰기

- 주제 : 조사 자료를 이용한 기사문 쓰기
- 문법 구조 및 표현 : ① 을/를 대상으로
  ② 에 의하면
  ③ A/V -(으)ㄴ/는 것으로 나타나다[조사되다]
  ④ N(의) 순으로 답하다
- 기능 : ① 조사 자료를 보고 말하기
  ② 조사 자료를 근거로 기사문 쓰기
- 과제 학습 내용 : ① 기사를 읽고 내용 파악하기
  ② 기사에 자주 사용되는 어휘와 문법 익히기
  ③ 조사 자료를 보고 간단하게 기사문 쓰기

(1) 쓰기 전 활동

이 단계에서는 기사문을 읽고 내용을 파악한다. 기사문에 주로 쓰이는 어휘 및 표현에는 어떤 것이 있는지 살펴본다. 조사 자료 등을 보고, 주어진 표현에 맞게 문장을 쓰는 연습을 한다.

수업 예시

※ 글을 읽고 기사문의 형식 파악하기

지난 11일 결혼정보회사 '인연'에서 20대와 30대 미혼 남성 300명을 대상으로 '배우자 선호상'에 대한 설문조사를 실시했다. 설문조사 결과에 의하면 '본인과 배우자의 소득 차이는 어느 정도를 희망하는가?'라는 질문에 30대 남성의 51%, 20대 남성의 48%가 '비슷했으면 좋겠다'고 답했다고 한다.

30대 남성은 '본인보다 더 높길 원한다'(24%), '본인보다 낮길 원한다'(16%), '상관없다'(7%), '기타'(2%)의 순으로 응답했다. 20대 남성은 '본인보다 더 높길 원한다'(35%), '낮길 원한다'(9%), '상관없다'(5%), '기타'(3%)의 순으로 나타나 30대

남성보다 20대 남성이 '배우자의 경제력에 대한 희망 정도'가 더 높은 것으로 나타났다.

선호하는 배우자의 직업이 무엇이냐는 질문에 30대 남성의 35%가 '교사, 공무원'이라 답했으며 뒤를 이어 '의사, 약사'(26%), '금융관련'(21%), '대기업'(13%), '기타'(5%)의 순으로 답했다. 20대 남성은 '의사, 약사'(33%), '교사, 공무원'(31%), '대기업'(18%), '금융관련' (15%), '기타'(3%)의 순으로 답했다. 남성들이 선호하는 배우자의 직업인 '교사'를 제외한 나머지 직업 중 2006년 조사 결과 4위였던 '의사, 약사'에 대한 선호도가 2위로 나타난 것으로 보아 점차 고액 연봉의 여성을 희망하는 남성이 늘어나고 있음을 알 수 있다.

▶ 내용 이해 확인을 위한 질문 예시

1. 누구를 대상으로 한 조사입니까?
2. 무엇에 관한 조사입니까?
3. 다음 표를 완성해 보십시오.

질문	응답 항목	20대	30대
본인과 배우자의 소득 차이는 어느 정도를 희망하는가?	본인보다 더 높길 원한다		24%
	비슷했으면 좋겠다	48%	51%
	본인보다 낮길 원한다	9%	
	상관없다	5%	
	기타		2%
선호하는 배우자의 직업이 무엇인가?	교사, 공무원	31%	
	의사, 약사		26%
		15%	21%
	대기업	18%	
	기타		5%

※ 어휘

• 반면에 • 응답하다 • 대상 • 조사하다 • 가운데

※ 문법과 표현

• 을/를 대상으로

→ 여학생을 대상으로 알아보면 남학생의 대답과는 다를 겁니다.

• 에 의하면

→ 일기예보에 의하면 다음 주부터 장마래요.
• A/V -(으)ㄴ/는 것으로 나타나다[밝혀지다]
→ 사람들이 행복하다고 느끼는 것은 경제력과 관계없는 것으로 밝혀졌다.

(2) 쓰기 활동

이 단계에서는 학생들로 하여금 기사화 할 수 있는 내용을 생각해 보고, 동료 학습자들을 대상으로 조사 활동을 수행해 보게 한 다음 본격적인 쓰기 활동을 수행하도록 한다.

※ 각 나라의 건강식에 대해 서로 이야기하기

※ 조사와 관련된 사항을 표로 나타내기

조사 대상	
조사 내용	
조사 결과	

※ 완성된 표를 바탕으로 글 쓰기

※ 반 학생들을 대상으로 주제를 정해 조사해 보기

(3) 쓰기 후 활동

※ 다음을 생각하며 다른 학생과 바꿔 읽기
▶ 바꿔 읽으면서 검토해야 할 사항
1. 내용의 앞뒤가 자연스럽게 연결되었는가?
2. 필요 없거나 수정해야 하는 부분이 있는가?
3. 적절한 어휘와 문법이 사용되었는가?
※ 다른 학생의 의견을 적용하여 글 수정하기
※ 자신이 쓴 글 발표하기

3 고급 과정 쓰기 수업의 실제

고급 과정 쓰기 수업의 목표는 일상적인 주제에 대한 자신의 생각을 자유롭게 표현하는 것을 넘어, 보다 전문적이고 특수한 내용을 전개해 나갈 수 있는 능력이 필요하다. 고급 과정의 학습자를 대상으로 쓰기 수업을 구성할 때에는 학습자의 학습 목적을 파악하여 요구를 충족시킬 수 있는 실제적인 내용으로 구성하여야 하며, 주제나 장르보다는 담화 기능 중심의 수업이 적절할 것이다. 또한 이 단계에서는 과정 중심의 쓰기 수업뿐만 아니라 절충식 수업 혹은 학문적인 글쓰기 등 전문적인 글쓰기를 위한 결과 중심의 수업 방식을 적극적으로 고려할 수 있다. 초급과 중급 과정의 수업 구성에서는 과정 중심의 수업 모형을 제시하였으므로 고급 과정에서는 절충식 방법과 결과 중심 쓰기 방법으로 주장하는 글 쓰기와 분류하여 쓰기를 구성해 보고자 한다.

3.1 주장하는 글 쓰기

• 주제 : 주장하는 글 쓰기
• 문법 구조 및 표현 : ① (으)로 인하여

② 와/과 마찬가지로
③ 을/를 들 수 있다
④ N(의) 순으로 답하다

- 기능 : 근거를 제시하며 주장하기
- 과제 학습 내용 : ① 주장하는 글 읽기
  ② 주장하는 글 쓰기

(1) 쓰기 전 활동

쓰기 전 활동에서는 주장하는 글을 읽고, 글의 구성상의 특징과 표현 방식을 익히는 것이 중요하다. 주장하는 글에서는 주장하는 내용과 그 근거가 분명하게 제시되어야 하므로 전개 방식에 주의하여 읽도록 지도한다.

수업 예시

※ 글을 읽고 주장하는 글의 형식과 내용 파악하기

우리 삶에 있어서 청소년기가 중요한 이유는, 바로 우리의 인격이 형성되는 시기이기 때문이다. 집을 지을 때 시멘트가 완전히 굳기 전에는 모양을 수정하거나 고칠 수 있지만, 일단 완전히 굳고 나면 그것을 고치는 것은 매우 어렵다. 이와 마찬가지로, 청소년기에 인격이 잘못 형성되면, 잘못된 인격을 바로잡기는 매우 어렵다.

청소년기가 중요한 또 다른 이유는, 이 시기에 육체의 힘은 성인처럼 커지지만, 아직 정신적 기능은 성인의 수준에 미치지 못하기 때문이다. 육체와 정신의 괴리는 조화로운 삶을 살아가는 데 있어서 매우 좋지 않은 영향을 끼치게 된다.

이렇듯 청소년기는 한 인간으로서 스스로가 '자기다움'을 만들어 가야 하는 매우 중요한 시기이다. 그러나 인격의 미성숙 및 정신적 기능의 지체로 인하여 청소년기에는 많은 문제점들이 나타나기 쉽다. 청소년기에 겪게 되는 대표적인 문제로는 가출, 음주, 흡연, 학교 폭력, 기타 사회 범죄 등을 들 수 있다.

– 고등학교 도덕 교과서에서 발췌 –

▶ 내용 이해 확인을 위한 질문 예시

1. 글쓴이의 주장은 무엇입니까?
2. '청소년기가 중요한 이유'를 간단히 써 보세요.

이유 1	
이유 2	

※ 문법과 표현

• (으)로 인하여

→ 나로 인하여 다른 사람이 고통 받는 것을 원하지 않는다.

→ 등산객들로 인하여 등산로 주변의 식물들이 몸살을 앓고 있다.

• 와/과 마찬가지로

→ 어제와 마찬가지로 오늘도 독거노인을 위한 바자회가 열린다.

→ 대기업의 1분기 매출이 20%나 줄었다. 이와 마찬가지로 중소기업의 매출도 줄었을 것으로 추정된다.

• 을/를 들 수 있다

→ 요즘 나오는 휴대 전화의 기능은 매우 다양하다. 휴대 전화의 다양해진 기능으로 화상전화, 인터넷 검색, 영화 관람 등을 들 수 있다.

(2) 쓰기 활동

쓰기 단계에서는 처음에는 교사가 글감을 제시하여 구상하기 단계부터 수정하기까지 상호작용을 통해 글쓰기를 할 수 있도록 지도한다. 그 다음에는 학습자 스스로 글감과 주제를 자유롭게 정하여 쓰기 활동을 해 볼 수 있도록 하는 것이 좋다.

'정보화 사회에서의 청소년 문제'를 글감으로 '주장하는 글 쓰기' 수업을 다음과 같이 구성해 보고자 한다. 수업은 구상하기, 초고 쓰기, 수정하기의 활동으로 이루어진다. 구상하기 단계에서는 생각을 자유롭게 교환하고 글감을 수집하여 목록화하거나 개요를 작성할 수 있도록 지도한다. 또한 생각나는 대로 빨리 쓰기를 하도록 하고, 동료들끼리 피드백을 교환하게 한다.

수업 예시

※ 정보화 사회에서 청소년 문제가 심각한 이유에 대해 메모하고 서로 이야기하기

※ 위에서 이야기한 내용을 바탕으로 개요 쓰기

※ 정보화 사회에서 청소년 문제가 더욱 심각해지는 이유에 대해 근거를 제시하며 주장하는 글 쓰기(400자 내외)

(3) 쓰기 후 활동

수업 예시

※ 다른 사람과 바꿔 읽기

▶ 바꿔 읽으면서 검토해야 할 사항

1. 주제에서 벗어나지 않았는가?
2. 글의 전체 구성이 적절한가?
3. 통일성과 일관성을 유지하고 있는가?
4. 문법과 어휘의 선택이 적절한가?
5. 맞춤법, 띄어쓰기, 문장 부호 등의 사용이 정확한가?

※ 친구들의 의견을 듣고 자신의 글을 다시 써 보기

※ 주제를 정하여 자유롭게 쓰기

3.2 분류하여 쓰기

- 주제 : 분류하여 쓰기
- 문법 구조 및 표현 : ① 에 따라 ② 을/를 기준으로
  ③ 분류되다 ④ 구분하다
- 기능 : 사물이나 대상을 분류하여 쓰기
- 과제 학습 내용 : ① 분류하는 글 읽기
  ② 분류하는 글 쓰기

(1) 쓰기 전 활동

분류 방법으로 설명한 텍스트를 읽고 분석 대상이 무엇인지, 또 사용된 표현들이 무엇인지를 학습자 스스로 파악하게 한다. 읽기 자료 분석 단계에서 활용 가능한 학습 활동은 다음과 같은 것을 예로 들 수 있다.

수업 예시

※ 글을 읽고 분류하는 글의 형식과 내용 파악하기

딜티(W. Dilthey)는 사람이 지닌 성격의 유형을 다음의 3가지로 나누고 있다. 그것은 감능적(感能的) 인간과 명상적 인간, 그리고 영웅적 인간형이다. 첫째 유형은 매사를 감성적으로 처리하며, 충동적인 생활을 영위하는 자들이다. 이들은 단체 생활이나 회의에서 분위기에 따라 협조적일 수가 있다. 둘째 유형은 앞서와는 달리 침착하며, 조용하게 당면 문제에 대처(對處)하는 명상적인 세계관을 가진 자들이다. 셋째 유형은 의지적인 영역이 우세하며 자신의 목적을 달성하기 위해서는 어떠한 장애 요소나 저항도 단호히 극복해 내는 과격한 성격의 소유자를 말한다.

이 3가지 인간형 가운데 사회생활에서 문제가 되는 것은 바로 셋째 유형이다. 여기 속한 이들은 얼른 보기에는 매우 활동적이고 적극적인 면이 있어 좋은 듯도 하지만, 얼마를 지나고 나면 생산적인 면보다는 그렇지 못한 결과를 초래하기가 일쑤다. 이들은 자기의 생각과 행동은 가장 정당하며 타당하다고 믿기 때문에 그 어떤 것보다도 우선해야 하며, 그렇지 않을 때는 비협조적이 되거나 아니면 방관자가 되어 버

리고 만다. 이를 테면, 회의 같은 데서 논의해야 할 의제(議題)보다는 자신의 과시(誇示)와 권위를 더 중요시함으로써 핵심적인 협동 문제보다는 자기중심적이고 주변적인 문제에 집착하여 아집을 부린다. 더구나 자기 의견대로 일이 되지 않았을 때는 우월감과 열등감이라는 이율배반(二律背反)적인 감성에 사로잡혀 분란을 일으키거나 비협조자가 되고 마는 것이다. 이런 유형의 사람은 교육계나 교회 등에서도 볼 수가 있다.

– 정길남, 「권위주의」 중에서

▶ 내용 이해 확인을 위한 질문 예시

1. 위 글의 주제는 무엇입니까?
2. 글쓴이는 어떤 순서로 위의 글을 썼습니까?
3. 다음 표를 완성해 보십시오.

인간 성격의 유형	
감능적 인간	㉠
명상적 인간	㉡
㉢	의지적인 영역이 우세하며 자신의 목적을 달성하기 위해서는 어떠한 장애요소나 저항도 단호히 극복해 내는 과격한 성격의 소유자

※ 텍스트 분석하기

여기서 학습자는 글을 꼼꼼히 읽으면서 텍스트의 내용을 구성하는 데 어떤 세부기능이 사용되었는지와 어떤 표현들이 그 세부기능을 수행하는 데 효과적인지를 알아낸다. 이 단계에서는 다음과 같은 활동을 고려해 볼 수 있을 것이다.

▶ 학습활동 예시

1. 위 글에서 분류 방법을 사용하여 설명한 부분을 찾아 밑줄 그어 보기
2. 분류 방법을 설명하는 데 어떤 표현이 사용되었는지 찾아 보기

※ 분류하기에서 자주 사용되는 표현 정리하기

학습자 스스로가 찾아낸 표현들을 옆 사람과 비교해 보고, 분류를 하는 데 사용할 수 있는 다른 표현들을 생각해서 목록을 구성한다.

▶ 학습활동 예시

1. 자신이 찾아낸 표현을 옆 사람과 비교해 보기
2. 분류를 하는 데 사용할 수 있는 다른 표현들에 대해 이야기하기

※ 분류하기에 필요한 표현 알아보기

분류는 사물이나 대상을 일정한 기준에 의해 구분하여 설명하는 방식임을 설명하면서 특정 표현이 사용될 수 있음을 설명한다. 분류하기에 자주 사용되는 표현의 의미와 문법적 기능을 예문을 통해 보여 주고, 직접 문장을 구성하게 함으로써 충분히 숙지시킨다. 다음은 분류하기에 이용할 수 있는 예문들이다.

- 생물은 크게 동물과 식물로 나누어질 수 있다.
- 단어는 문장에서의 기능에 따라 체언과 용언, 수식언, 관계언, 독립언으로 분류된다.
- 산업은 크게 1차 산업과 2차 산업, 3차 산업으로 구분할 수 있다.

※ 표 완성하기

식물	일년생 식물과 다년생 식물
가) 방송	
나) 에너지	
다)	사교육과 공교육

※ 완성된 표를 바탕으로 글 써 보기

※ 다른 대상 분류해 보기

▶ 예시

1. 시계의 종류
2. 음식의 종류
3. 환경오염의 종류

(2) 쓰기 활동

이 단계는 교사가 글감을 제시하고 학습자로 하여금 위의 방식을 사용하여 단락을 구성하도록 유도하는 단계이다. 이때에는 교사와 학생들이 토론을 통하여 대상을 분류하는 작업을 한 다음 개별적으로 쓰기 시간을 주는 것이 좋다. 다음은 이 단계의 학습활동이다.

※ 동물을 종류에 따라 분류하여 단락 쓰기

※ 주위에 있는 사람들을 성격의 유형에 따라 분류하고 단락 쓰기

▶ 쓰기

쓰기 단계에서는 주제 선정과 개요 작성, 초안 쓰기까지를 유도한다. 이때 학습자는 자신에게 친숙한 주제에서부터 전공 등 전문적인 주제로까지 확장해나가면서 쓰기 활동을 하게 된다. 이때의 학습활동은 다음과 같다.

※ '가족의 형태'에 관해 분류 방법을 사용하여 글 쓰기

※ '스포츠의 기능'에 관해 분류 방법을 사용하여 글 쓰기

(3) 쓰기 후 활동

※ 다른 사람이 쓴 글과 바꿔 읽기

▶ 바꿔 읽으면서 점검해야 할 사항

1. 주제에서 벗어나지 않았는가?
2. 글의 전체 구성이 적절한가?
3. 통일성과 일관성을 유지하고 있는가?
4. 문법과 어휘의 선택이 적절한가?
5. 맞춤법, 띄어쓰기, 문장 부호 등의 사용이 정확한가?

※ 친구들의 의견을 듣고 자신의 글을 다시 써 보기

※ 주제를 정하여 자유롭게 쓰기

※ 자신이 쓴 글 발표하기

참고문헌

• 국문문헌

강명순(2005). 「쓰기 교육의 연구사와 변천사」, 『한국어 교육론』 3, 한국문화사.

강승혜(2002). 「한국어 쓰기 교육의 이론과 실제」,『 21세기 한국어교육학의 현황과 과제』(박영순 편), 한국문화사.

강현자(2009). 「학문적 글쓰기를 위한 교수학습 모형」, 『언어와 문화』 5－1, 한국언어문화교육학회.

강현화(2007). 「한국어 표현 능력 향상을 위한 담화기능별 문형 표현 단위에 대한 연구－거절의 담화기능을 중심으로－」, 『응용언어학』 23권 1호.

강현화(2007). 「한국어 표현문형 담화기능과의 상관성 분석 연구－지시적 화행을 중심으로－」, 『이중언어학』 34집.

강현화 · 김선정 · 이미혜 · 최은규(2009). 「여성결혼 이주민을 위한 한국어 교재 개발 보고서」, 국립국어원

괵셀 튀르쾨주(2004). 「한국어 쓰기 교육 내용 구성 연구: 터키인 학습자를 대상으로」, 서울대학교 박사학위논문.

구현정(2001). 「대화의 원리를 바탕으로 한 말하기 교육」, 『외국어로서의 한국어교육』 제25호.

구현정(2002). 『대화의 기법』, 한국문화사.

구현정(2008). 「대화 분석론과 말하기 교육」, 『외국어로서의 한국어교육』 33권.

김미경(2007). 「텍스트 구조 학습이 한국어 쓰기에 미치는 영향 연구: 원인－결과, 문제－해결 및 비교－대조 구조를 중심으로」, 이화여자대학교 석사학위논문.

김미옥(2000). 「외국어로서 한국어 학습에 있어서 과제 종류 및 유형에 따른 상호작용 연구」, 연세대학교 박사학위논문.

김민성(2001). 「과정 중심적 웹기반 한국어 쓰기 교육: 'hanclass'의 운영 사례를 중심으로」, 연세대학교 석사학위논문.

김선영(2008). 「대학 수학 목적 한국어 학습자를 위한 설명적 텍스트 쓰기 교수 · 학습 방안」, 한양대학교 석사학위논문.

김선정(2007). 「결혼 이주 여성을 위한 한국어 교육」, 『이중언어학』 33호, 이중언어학회.

김선정 · 강진숙(2009). 「다문화가정 자녀의 어휘력 고찰」, 『이중언어학』 40호, 이중언어학회.

김세영(2009). 「교사 피드백 후 학습자의 다시쓰기가 한국어 쓰기 능력의 정확성 향상에 미치는 영향」, 이화여자대학교 석사학위논문.

김순녀(2007). 「중국학습자를 위한 한국어 말하기 교육 방법론」, 『국어교육연구』 18권.

김양원(1993). 「한국어 말하기 능력 평가 연구」, 고려대학교 석사학위논문.

김영만(2003). 「홈페이지 기행문 중심의 한국어 쓰기 교육 방안」, 『국어교육연구』 12, 서울대학교 국어교육연구소.

김영숙 외(1999). 『영어과 교육론』, 한국문화사.

김영아(1996). 「외국어로서의 한국어 능력 평가 연구」, 고려대학교 박사학위논문.

김왕규 · 김정숙 · 조항록 · 정구향 · 조지민 · 김수정(2002). 「한국어능력시험의 평가기준 개발 연구」. 한국교육과정평가원.

김용현(2007). 「여성 결혼이민자 자녀를 위한 한국어 쓰기 교육 연구」, 배재대학교 석사학위논문.

김유정(1999). 「한국어 능력 평가 연구 – 숙달도 평가를 중심으로 –」, 고려대학교 대학원 박사학위논문.

김유정(2001). 「한국어 쓰기 포트폴리오 평가에 대한 연구 – 중급 학습자를 대상으로」, 『한국어학』 13, 한국어학회.

김은정(2000). 「한국어 말하기 지도 방법 연구: 초급단계의 어린이 학습자를 대상으로」, 한국외국어대학교 석사학위논문.

김인규(2003). 「학문 목적을 위한 한국어 요구 분석 및 교수요목 개발」, 『한국어교육』 14 – 3.

김정미(2007). 「학문 목적 한국어 학습자를 위한 읽기 · 쓰기 통합 교육 방안 연구: 인문 · 사회계열 대학 교양과목 중심으로」, 상명대학교 석사학위논문.

김정숙 외(2007). 「'실무 한국어능력시험' 개발을 위한 연구」, 한국교육과정평가원.

김정숙(1994). 「언어숙달도 배양을 위한 외국어로서의 한국어 교육 방안」, 『민족문화연구』 제227호, 고려대학교 민족문화연구소.

김정숙(1998). 「과제 수행을 중심으로 한 한국어 교육 방법론」, 『한국어교육』 제9권 1호.

김정숙(1998). 「숙달도 배양을 위한 한국어 교육 원리 및 모형」, 『이중언어학』 제15집.

김정숙(1999). 「담화 능력 배양을 위한 외국어로서의 한국어 쓰기 교육 방안」, 『한국어교육』 제10권 2호.

김정숙(2000). 「학문적 목적의 교육 과정 설계를 위한 기초 연구; 대학 진학생을 위한 교육 과정을 중심으로」, 『한국어교육』 11 – 2.

김정숙(2004). 「한국어 읽기 · 쓰기 교재 개발 방안 연구; 교수요목의 유형과 과제 구성을 중심으로」, 『한국어교육』 15 – 3.

김정숙(2007). 「읽기 · 쓰기 활동을 통합한 학술 보고서 쓰기 지도 방안」, 『이중언어학』 33.

김정숙 · 김유정(2005). 「한국어능력시험의 등급별 합격 점수 및 채점 기준 설정 방안 연구」, 한국교육과정평가원.

김정숙 · 원진숙(1993). 「한국어 말하기 능력 평가 기준 설정을 위한 연구」, 『이중언어학』 10호.

김정숙 · 이동은 · 이유경 · 최은지(2007). 「한국어 표준 말하기 시험 측정 도구를 위한 기초 연구; 모의 인터뷰 평가와 학습자 담화분석을 중심으로」, 『한민족어문학』 제51집.

김정숙 · 이동은 · 지현숙 · 김유정 · 진대연(2006).「한국어 말하기 능력 평가를 위한 기초 연구 및 평가 모형 개발 최종보고서」, 국립국어원/한국어세계화재단.
김정숙 · 정구향 · 최은규 · 김유정 · 곽숙영(2004).「한국어능력시험의 등급 부여 방식 및 평가문항 유형 개선 방안 연구」, 한국교육과정평가원.
김정숙 · 김유정(2005).「한국어능력시험의 등급별 합격 점수 및 채점 기준 설정 방안 연구」, 한국교육과정평가원.
김종국 · 신동일 · 박성원(2006).「인터뷰의 담화 분석 연구 – 상호작용 담화모형 관점에서 – 」,『한국어교육』 제17권 2호.
김지애(2008).「한국어 쓰기 포트폴리오 평가 방안 연구: 고급 단계의 논설문 쓰기를 중심으로」, 고려대학교 석사학위논문.
김지영(2009).「한국어 쓰기 교육에서 읽기 활동이 학습자 텍스트의 결속성에 미치는 영향 연구」, 이화여자대학교 석사학위논문.
김호정(2007).「한국어 쓰기 교육의 원리와 교육 방안 탐색」,『국어교육학연구』 30, 국어교육학회.
김환란 외 옮김(2007)/유럽 평의회 편(2001).「언어 학습, 교수, 평가를 위한 유럽공통참조기준」, 한국문화사.
나원주(2008).「자기 점검식 피드백이 한국어 학습자의 쓰기능력 향상에 미치는 영향」, 이화여자대학교 석사학위논문.
노대규(1996).『한국어의 입말과 글말』, 국학자료원.
노혜남(2008).「내용 피드백을 통한 한국어 학습자의 쓰기 능력 향상 방안 연구」, 경희대학교 석사학위논문.
명민경(2009).「한국어 과정 중심 쓰기 교육에서의 학습자 오류 분석을 통한 교사 피드백 효율성 연구」, 한양대학교 석사학위논문.
목계연(2008).「대학 수학 목적 한국어 쓰기 교육 연구: 설명적 텍스트의 구조 분석을 중심으로」, 고려대학교 석사학위논문.
문금현(2000).「구어 중심의 한국어 교재 편찬 방안에 대하여」,『국어교육』 105.
문금현 · 심재기(2000).「외국어로서의 한국어 교재 연구 – 구어 텍스트의 활용을 중심으로」,『이중언어학』, 제17집.
박새암(2009).「학문 목적 한국어 쓰기 교육 방향 연구」, 한성대학교 석사학위논문.
박선미(2007).「외국어로서의 한국어 쓰기 교육 향상에 대한 연구: 교환 일기를 통한 쓰기 교육」, 우석대학교 석사학위논문.
박선민(2000).「토론 교육 방법에 관한 연구」, 숙명여자대학교 교육대학원 석사학위논문.
박애양(2008).「중국인 한국어 학습자의 토론능력 향상을 위한 말하기 교육방안: 토론담화 표지를 활용하여」,『비교문화연구』 12권 1호.
박영순 편(2002).『21세기 한국어교육학의 현황과 과제』, 한국문화사.

박영순(2004). 『한국어 담화텍스트론』, 한국문화사.

박해연(2008). 「한국어 말하기 교수 학습에서 학습자－학습자 간 언어 상호작용 연구: 중국 대학교 학습자를 대상으로」, 『국어교육연구』 21권.

방혜숙(2007). 「한국어 교재에 나타난 인사표현 양상과 그 효과적 교수 방안 연구」, 『한국어 교육』 제18권 1호.

백봉자(1987). 「교포 2세의 한국어와 쓰기 교육」, 『이중언어학』 제3호.

변우영(2007). 「말뭉치의 교육적 활용에 관한 연구: 화행 분석을 중심으로」, 『한국어교육』 제18권 2호.

서상규 · 구현정(공편)(2002). 『한국어 구어 연구(1)』, 한국문화사.

성태제(2002). 『현대교육평가』, 학지사.

신필여(2008). 「학문 목적 한국어 학습자를 위한 설명적 쓰기 교육 내용 연구」, 서울대학교 석사학위논문.

신현숙(2002). 「한국어 대화의 교수 모형: 질문과 응답」, 『한국어교육』, 제13권 2호.

싯다니 탐마차이(2001), 「한국어 쓰기 지도에 관한 연구: 태국인 학습자의 오류를 중심으로」, 서울대학교 석사학위논문.

안경화(2001). 「구어체 텍스트의 응결 장치 연구」, 『한국어교육』, 제12권 2호.

안경화(2006). 「한국어 쓰기 교육의 현황과 과제」, 『한국어교육 연구』 18.

안경화 · 김정화 · 최은규(2000). 「학습자 중심의 한국어 교육과정 개발 방향에 대하여」, 『한국어교육』, 제11권 1호.

안미란(2008). 「능력 기술을 바탕으로 하는 학문 목적 한국어 읽기 · 쓰기 평가 문항 유형 개발」, 『외국어 교육』15(1), 한국외국어교육학회.

안정호(2005). 「학문 목적 한국어 학습자를 위한 학습 기술 향상 방안 연구－학습 토론 수업을 중심으로－」, 한양대학교 교육대학원 석사학위논문.

오기원(2007). 「쓰기 협력학습이 한국어 쓰기 능력 향상에 미치는 영향 연구」, 『외국어로서의 한국어교육』 32, 연세대학교 한국어학당.

용재은(2004). 「대학 수학 목적의 한국어 읽기 · 쓰기 교육 방안 연구: 학문적 텍스트의 분석과 적용을 중심으로」, 고려대학교 석사학위논문.

윤경숙(2007). 「학문 목적 한국어 학습자를 위한 쓰기 교재 개발 연구」, 배재대학교 석사학위논문.

윤은경(2008). 「말하기 숙달도 평가에 관한 논평－ACTFL OPI를 대상으로－」, 『한국어교육』 제19권 1호.

이경화 (2008). 「만화를 활용한 한국어 쓰기 교육 방안」, 『언어와 문화』 4－3, 한국언어문화교육학회.

이관식(2005). 「북한의 한국어 회화교재 분석 연구－조선어 회화, 조선어 회화 2를 중심으로－」, 『한국어교육』 제16권 1호.

이동은(2002). 「한국어 평가 담화의 특징」, 『한국어교육』, 제13권 2호.
이동은(2003). 「학구적 목적의 한국어 토론 수업 방안」, 『한국어교육』, 제14권 3호.
이동은(2005). 「토론의 상호작용 - 사회언어학과 한국어 말하기교육」, 한국학술정보.
이동은(2006). 「중앙아시아 한국어의 이야기 담화분석 - 한국어 교육의 방향과 관련하여 - 」, 『한국어교육』, 제16권 2호.
이동은(2008). 「한국어 고급 학습자의 화용능력 고찰 - 영어권 교포학습자와 비교포학습자의 담화분석을 중심으로 - 」, 『한국어교육』 제19권 3호.
이동은(2009). 「한국어 말하기 숙달도 시험의 고찰을 통한 말하기 과제의 개발 방안」, 『한민족어문학』 제54집.
이미혜 외(2007). 『방송 매체를 이용한 다문화 가정 한국어 교재(초급) 편집본』, 국립국어원.
이미혜(2000). 「과정 중심의 한국어 쓰기 교육」, 『한국어교육』 11 - 2.
이미혜(2001). 「과정 중심의 한국어 쓰기 교육 - 작문 수업을 중심으로」, 『한국어교육』 제11권 2호.
이미혜(2002). 「한국어 말하기 교육의 이론과 실제」, 『21세기 한국어교육학의 현황과 과제』 (박영순 편). 한국문화사.
이미혜(2005a). 「한국어 기능교육론 1」, 『외국어로서의 한국어교육학』, 한국방송통신대학교 출판부.
이미혜(2005b). 「한국어 기능 교육론 2」, 『외국어로서의 한국어교육학』, 한국방송통신대학교 출판부.
이미혜(2005c). 『한국어 문법 항목 교육 연구』, 도서출판 박이정.
이미혜(2006). 「고급 단계 한국어 학습자를 위한 토론 수업 방안」, 『이중언어학』 제30호.
이미혜(2007). 「한국어 문법 교수 방법론의 재고찰 - 제2언어 교수 이론에 바탕을 둔 교수 모형의 보완 - 」, 『한국어 교육』 제18권 2호.
이미혜(2009). 「한국어 문어 교수법」, 『한국어 교육의 이해』, 한국문화사.
이성은(2001). 「미주 한인2세를 위한 과정중심 글쓰기 교수법」, 『이중언어학』 18.
이성희(2008). 「한국어 교육에서의 읽기 쓰기 통합 교육 연구」, 『이중언어학』 37.
이수미(2007). 「재형태화 피드백이 한국어 쓰기에 미치는 영향」, 이화여자대학교 대학원 석사학위논문.
이수민(2001). 「한국어 쓰기 교육에서 교사 피드백이 학생 수정에 미치는 영향 연구」, 연세대학교 석사학위논문.
이영식 · 안병규 · 오준일 공역(2006). 『외국어 평가 - 원리 및 교실에서의 적용 - 』, 피어슨에듀케이션코리아. / Brown, H. Douglas(2004). *Language Assessment - Principles and Classroom Practice*. Pearson Education, Inc.
이완기(2007). 『영어 평가 방법론』, 문진미디어.
이정희 외(2007). 『유학생을 위한 한국어 글쓰기의 기초』, 하우출판사.

이정희(2007). 『유학생을 위한 한국어 글쓰기의 실제』, 하우출판사.
이주미(2009). 「중국인 학습자를 위한 한국어 쓰기 교육 방안 연구」, 동덕여자대학교 석사학위논문.
이준호(2005). 「대학 수학 목적의 쓰기 교육을 위한 교수요목 설계: 보고서 쓰기 교육을 중심으로」, 고려대학교 석사학위논문.
이준호(2008). 「화용론적 관점에서 본 의문문 교육 연구 – 한국어 교재에 나타난 의문문을 중심으로 –」, 『한국어교육』 제19권 2호.
이지영(2002). 「한국어 학습자의 의사소통 특징 연구 – 의사소통이 잘 이루어지지 않은 경우를 중심으로 –」, 『한국어교육』 제13권 2호.
이지영(2006). 「담화 원리를 바탕으로 한 제안 기능 교육 내용 구성」, 『한국어교육』 제17권 1호.
이지영(2006). 「한국어 학습자의 구어 담화 능력 배양을 위한 담화 정보 활용」, 『한국어교육』 제17권 3호.
이진영(2008). 「한국어 쓰기 교육과정 개발 연구」, 경희대학교 석사학위논문.
이해영(2003). 「일본인 한국어 고급 학습자의 거절 화행 실현 양상 연구」, 『한국어교육』 제14권 2호.
이향무(2002). 「한국어 쓰기 포트폴리오 평가 연구」, 연세대학교 석사학위논문.
이현국(2007). 「유학생을 위한 학문 목적 쓰기 교재 개발 방안: 한국어 고급 교재와 교양 국어 교재 분석을 통하여」, 한양대학교 석사학위논문.
이효정(2001). 「한국어 학습자 담화에 나타난 연결어미 연구」, 『한국어교육』 제12권 1호.
이훈숙(1988). 「말하기 교육 방법론」, 연세대학교 석사학위논문.
장미경 · 강인범 · 박종우 · 김서형(2008). 「영어권 고급 학습자를 위한 한국어 화행 교육 모형 개발 연구」, 『한국어교육』 제19권 2호.
전나영 외(2007). 「한국어 말하기 능력 평가 도구 개발 연구」, 『외국어로서의 한국어교육』 제32권.
전은주(1999). 『말하기 · 듣기 교육론』, 도서출판 박이정.
정헌주(2003). 「교육연극을 활용한 한국어 말하기 교수학습 방안 연구: 고급 수준 학습자를 대상으로」, 부경대학교 석사학위논문.
정화영(1999). 「한국어 말하기 숙달도 평가 방안: FSI Oral Proficiency Test 분석을 중심으로」, 연세대학교 교육대학원 석사학위논문.
조수진(2007). 「한국어 말하기 교수의 원리 연구」, 서울대학교 대학원 박사학위논문.
조위수(2008). 「과제 중심의 한국어 말하기, 듣기 연계 교육 방안」, 『외국어로서의 한국어교육』 33권.
조유경(2009). 「여성 결혼이민자를 위한 실용적 한국어 쓰기 교육 방안」, 한양대학교 석사학위논문.

조윤경 · 이미지(2007). 「한국어 쓰기 오류교정에서 오류일지의 효과에 관한 연구」, 『한국어교육』 18 – 3.

조항록 외(2003). 「예비 교사 · 현직 교사 교육용 교재 개발 최종 보고서」, 문화관광부 한국어세계화재단.

조항록(2006). 「한국어 능력 평가 체계의 현황과 과제」, 『한국어교육』 17 – 1.

조효진(2003). 「영어 말하기 수업에서의 토론 전략 훈련의 효과: 한국인 대학생 EFL 학급의 소집단 토론을 중심으로」, 이화여자대학교 교육대학원 석사학위논문.

지현숙(2006). 『한국어 구어 문법과 평가1 – 이론편』, 하우출판사.

지현숙(2006). 「한국어 인터뷰 시험 담화에서 나타난 구어 문법적 오류 분석」, 『한국어교육』 17 – 3.

진대연(2004). 「한국어 쓰기 능력 평가에 대한 연구 – 텍스트 생산 능력 평가를 중심으로 –」, 『국어교육학연구』 제19집.

진대연(2005). 「쓰기 교육의 교수 학습」, 『한국어 교육론 3』, 한국문화사.

진옥희(2003). 「과제 중심의 한국어 말하기 교육 지도 방안 연구: 초급 학습자를 대상으로」, 고려대학교 교육대학원 석사학위논문.

진제희(2000). 「한국어 학습자들의 의사소통 전략 유형 분류 및 분석 – 비상호적 상황을 중심으로 –」, 『한국어교육』 제11권 1호.

진제희(2003). 「사회언어학적 및 전략적 말하기 능력 배양을 위한 담화분석방법의 적용」, 『한국어교육』, 제14권 1호.

천은정(2003). 「대화 일기를 통한 한국어 쓰기 교육 연구: 초급 학습자를 중심으로」, 경희대학교 석사학위논문.

최윤곤(2009). 『외국인 유학생을 위한 리포트 작성법』, 소통.

최은규(2006). 「유형별로 본 한국어 능력 평가의 실제와 과제 – 배치 시험과 성취도 시험을 중심으로 –」, 『한국어교육』 17 – 2.

최인철 · 김영규 · 정향기 옮김(2004). 『언어테스팅의 설계와 개발』, 범문사. / L. F. Bachman & A. S. Palmer(1996). *Language Testing in Practice*. Oxford: Oxford University Press.

최주리(2008). 「인지 구성주의 쓰기 전략 교수가 한국어 쓰기에 미치는 영향 연구」, 『외국어로서의 한국어교육』 33, 연세대학교 한국어학당.

허선익 역(2008). 『쓰기 이론과 실천사례』, 도서출판 박이정. / Grabe, W & Kaplan, R. B.(1996), *Theory and Practice of Writing*, Pearson Education Limited.

허 용(2003). 「숙달도 향상을 위한 말하기 교육 방안」, 『외국어교육연구논집』 제17호, 한국외국어대학교 외국어교육연구소.

현윤호(2001). 「과제 수행 중심의 말하기 지도 방안」, 『한국어교육』 12권 2호.

홍종명(2008). 「의미협상 과정에서 학습자들의 문제 발생과 표지 유형에 관한 연구」, 한국어교육』 제19권 2호.

황인교(1999). 「외국어로서의 한국어 교육 연구: 구어교수이론」, 『한국어교육』 제10권 1호.

• 교재

부산외국어대학교 한국어교육센터(2007). 『쉽게 배우는 한국어 초급 - 읽기 · 쓰기』, 랭기지 플러스.

연세대학교 한국어학당(2008). 『한국어 쓰기 중급(한 달 완성) 1, 2 쓰기』, 연세대학교출판부

이화여자대학교 언어교육원(1998). 『말이 트이는 한국어 Ⅰ』, 이화여자대학교 출판부.

이화여자대학교 언어교육원(2008). 『(유학생을 위한) 대학 한국어 1: 읽기 · 쓰기』.

이화여자대학교 언어교육원(2009). 『이화한국어 1 - 1』(시험 사용본), 이화여자대학교 언어교육원.

한국교육과정평가원 편(2009). 『한국어능력시험 문제/해설 - 제14회 - <초급>』, 사단법인 교육진흥연구회.

한국교육과정평가원 편(2009). 『한국어능력시험 문제/해설 - 제14회 - <중급>』, 사단법인 교육진흥연구회.

한국교육과정평가원 편(2009). 『한국어능력시험 문제/해설 - 제14회 - <고급>』, 사단법인 교육진흥연구회.

• 영문문헌

ACTFL(1986). The ACTFL Oral Proficiency Interview - Tester Training Manual. ACTFL.

ACTFL(1999). Oral Proficiency Interview Tester Training Manual. ACTFL.

Anderson, A., Brown, G., Shilcock, R. & Yule, G.(1984). *Teaching Talk: Strategies for Production and Assessment*. Cambridge University Press.

Angela Lee - Smith(2006). 「어휘적 접근법을 통한 한국어 교육 방안」, 『한국어교육』 제17권 1호.

Bailey, K. & Savage, L.(1994)(Eds.). New Ways in Teaching Speaking, *TESOL*, Inc.

Bamforth R.(1993). *Process vs. genre: anatomy of a false dichotomy*. In Prospect 8/1 - 2 : 89 - 99.

Breen, M.(1987). Learner contributions to task design. In Candlin, Christopher, and Murphy, D.(Eds.), *Language learning tasks*. Printice Hall.

Breen, Michael(2001). *Learner Contributions to Language Learning*, Pearson Education.

Brown Annie(2003). Interviewer variation and the co - construction of speaking proficiency, *Language Testing*, 20 : 1.

Brown, G. & Yule, G.(1983). *Teaching the Spoken Language*, Cambridge University Press.

Brown, Gillian(1995). *Speakers, Listeners and Communication*, Cambridge University Press.

Brown, H. Douglas(1994). *Teaching by Principles*, Englewood Cliffs, NJ: Prentice - Hall.

Brown, H. Douglas(2000). *Principles of Language Learning and Teaching*, 권오량 · 김영숙 · 한문섭 공역(2001). 『원리에 의한 교수: 언어 교육에의 상호작용적 접근법』, Pearson Education Korea.

Brown, H. Douglas(2007). *Language Assessment: Principles and Classroom Practices*, Pearson Longman.

Brown, H. Douglas(2007). *Teaching by Principles: An Active Approach to Language Pedagogy*(3rd Edition), Pearson Longman.

Brown, J. Douglas(2005). *Testing in Language Programs*, McGraw－Hill.

Bygate, M.(1987). *Speaking*, Oxford: Oxford University Press.

Bygate, M.(1998). Theoretical Perspectives on Speaking, *Annual Review of Applied Linguistics*, 18.

Byrne, D.(1976). *Teaching oral English*, Longman.

Byun, Andrew(2003). Analysis of a KFL Learner's Spoken Performance Variation, 『한국어교육』 제14권 1호.

Celce－Murcia, M & Olshtain, E.(2000). *Discourse and Context in Language Teaching*, Cambridge University Press.

Cohen, A & Cavalcanti, M.(1990). Feedback on compositions, *Second Language Writing*, Cambridge University Press.

Condrill, J. & Bough, B.(1998). *101 Ways to Improve Your Communication Skills Instantly*, Goalminds.

Cook, Vivian(2001). *Second Language Learning and Language Teaching*(3rd Ed.), Arnold.

Dillon, J. T.(1994). *Using discussion in classrooms*, Buckingham: Open University Press.

Eun－Joo Kim(2002). Development of writing accuracy through error feedback. 「오류 교정을 통한 작문의 정도 발달: 한국어 작문의 종적 연구」, 『한국어교육』 13－1.

Florence, B.(1996). *Guided Composition*, Houghton Mifflin Company.

Fromkin, V., Rodman, R & Hyams, N((2003). *An Introduction to Language*(7th Ed.), Thompson Heinle.

Gates, S(1995). Exploiting Washback from Standardized Tests, In J. D. Brown & S. O. Yamashita (Eds.), *Language Testing in Japan*(pp. 101～106). Tokyo: Japanese Association of Language Teaching.

Grabe, W., & Kaplan, R. B.(1996). *Theory and practice of writing: An applied linguistic perspective*, London: Longman.

Green, C. F. & Christopher, E. R. & Lam, J.(2002). Developing Discussion Skills in the ESL Classroom, Edited by Richards, J. C. and Renandya, W. A. *Methodology in Language Teaching*, Cambridge University Press.

Harmer, Jeremy(1991). *The Practice of English Language Teaching*, Longman.

Hatch, Evelyn(1992). *Discourse and Language Education*, Cambridge University Press.

Kehe, D. & Kehe, P. D.(2000). *Discussion Strategies: Beyond everyday conversation, Brattleboro*, VT: Pro Lingua Associates.

Klippel F.(2001). *Keep Talking: Communicative fluency activities for language teaching*(9th ed.), Cambridge University Press.

Kramsch, C.(1986). Proficiency vs achievement: Reflections on the proficiency movement, in the proceeding of Northeast conference on the teaching of Foreign languages, 17－20.

Kroll, B.(Ed.).(1990). *Second Language Writing: Research insights for the classroom*, Cambridge University Press.

Kroll, B.(1991). Teaching Writing in the ESL Context. *Teaching English as a second or foreign language*, Heinle & Heinle Publishers.

Lam, W. & Wong, J.(2000). The effects of strategy training on developing discussion skills in an ESL classroom. *ELT Journal* 54(3).

Larsen－Freeman, Diane(2000). *Techniques and Principles in Language Teaching*, Oxford University Press.

Leki, I.(1991). Twenty－five years of contrastive rhetoric: Text analysis and writing pedagogies, *TESOL Quarterly* 25.

Littlewood, W.(1981). *Communicative Language Teaching; An introduction*. Cambridge University Press.

Long, M. and Crookes, G.(1992). Three Approaches to Task－Based Syllabus Design. *TESOL Quarterly*, Vol. 26, No. 1.

Luoma, Sari(2004). *Assessing Speaking*, Cambridge University Press.

Malamah－Thomas, Ann(1991). *Classroom Interaction*, Oxford University Press.

McCarthy, Michael(1991). *Discourse Analysis for Language Teachers*, Cambridge University Press.

McCarthy, Michael(1998). *Spoken Language & Applied Linguistics*, Cambridge University Press.

Norris, J., Brown, J., Hudson, T. & Yoshika, J.(1998). *Designing Second Language Performance Assessment*, Second Language Teaching & Curriculum Center, University of Hawaii at Manoa.

Nunan, D.(1999). *Second Language Teaching & Learning*, 임병민 외 공역(2003), 『제2언어 교수 학습』, 한국문화사.

Nunan, D.(2000). *Language Teaching Methodology: A Textbook for Teachers*, Longman.

Nunan, David(1989). *Designing Tasks for the Communicative Classroom*, Oxford University

Press.

Nunan, David(1999). *Second Language Teaching & Learning*, Newbury House Teacher Development.

O'keefe, Virginia(1999). *Developing Critical Thinking: The Speaking/Listening Connection*, Heinemann.

Omaggio, A. H.(1993). *Teaching Language in Context*. 2nd edition, Heinle & Heinle Publishers.

Paulston, C. & Bruder, M.(1976). *Teaching English as a Second Language: Techniques and Procedures*, Little, Brown.

Raimes A.(1993). Out of the woods: emerging traditions in the teaching of writing. In S. Silberstein (ed.) State of the Art TESOL Essays. TESOL Inc.

Riggenbach, H.(1999). Discourse Analysis in the Language Classroom, *The Spoken Language*, Vol. 1, Ann Arbor, MI: University of Michigan Press.

Rivers, M.(1968). *Teaching Foreign –Language Skills*, The University of Chicago.

Rivers, W. M. (1981). *Teaching Foreign –Language Skills*(2nd ed). The University of Chicago Press.

Ross, J. Steven(1996). Formulae and inter–interviewer variation in oral proficiency interview discourse, *Prospect* 11.

Ross, J. Steven(2007). A comparative task–in–interaction analysis of OPI backsliding, *Journal of Pragmatics* 39.

Schiffrin, Deborah(1994). *Approaches to Discourse*, Blackwell.

Shohamy, E., Donitsa–Schmidt, S., & Ferman, I.(1996). The Impact Revisited: Washback effect over time, *Language Testing* 13.

Shohamy, Elena(1992). Beyond Performance Testing: A Diagnostic Feedback Testing Model for Assessing Foreign Language Learning, *Modern Language Journal* 69.

Thornbury, S.(1999). *How to Teach Grammar?*. 이관규 외 옮김(2004). 『문법을 어떻게 가르칠 것인가?』, 서울 : 한국문화사.

Ur, P. (2004). *Discussions that work*(26th ed.), Cambridge University Press.

van Lier, L.(1989). Reeling, writhing, drawling, stretching, and fainting in coils: oral proficiency interviews as conversation, *TESOL Quarterly* 23.

Zamel V.(1983). The composing processes of advanced ESL students: Six case studies. *TESOL Quarterly*, Vol 17, No. 2., 165–187.

집필자 약력

김선정
University of London(SOAS) 언어학 박사
계명대학교 인문대학 한국문화정보학과 교수
국제한국어교육학회 총무이사(12대)

〈대표 논저〉
『외국어로서의 한국어 교육학개론』(공저)
『외국어로서의 한국어 발음교육론』(공저)
『살아있는 한국어: 관용어, 속담, 한자성어』(공저)
이메일: kimsj@kmu.ac.kr

김용경
건국대학교 국어국문학과(문학박사)
경동대학교 한국어교원과 주임교수
국제한국어교육학회 지역이사(12대)

〈대표 논저〉
『한국어학의 이해 -새로 쓰는 국어학개론-』(공저)
『글쓰기와 말하기를 어떻게 할 것인가』(공저)
『한국어 문법범주에 대한 통시적 연구』
이메일: ykkim@k1.ac.kr

박석준
연세대학교 국어국문학과(문학박사)
배재대학교 외국어로서의 한국어학과 교수
국제한국어교육학회 편집이사(12대)

〈대표 논저〉
「국내 대학의 학문 목적 한국어 교육 현황 분석」
「다문화 가정 구성원을 위한 한국어 교육의 방향」
「한국어 교육에서 규범과 표준의 문제」
이메일: klaatu@pcu.ac.kr

이동은
서울대학교 언어학과(문학박사)
국민대학교 교육대학원 국어교육전공 교수
국제한국어교육학회 재무이사(12대)

〈대표 논저〉
「한국어 고급 학습자의 화용 능력 고찰」
「한국어 말하기 숙달도 시험의 고찰을 통한 말하기 과제의 개발 방안」
『재미있는 한국어 워크북 1, 2』(공저)
이메일: delee@kookmin.ac.kr

이미혜
이화여자대학교 국어국문학과(문학박사)
이화여자대학교 언어교육원 특임교수
국제한국어교육학회 연구이사(12대)

〈대표 논저〉
『외국어로서의 한국어 교육학』(공저)
『한국어 문법 항목 교육 연구』
『말이 트이는 한국어 Ⅰ~Ⅴ』(공저)
이메일: lmh@ewha.ac.kr

한국어 표현 교육론

초 판 1쇄 발행 / 2010년 6월 1일
초 판 15쇄 발행 / 2023년 3월 10일

공저 김선정 · 김용경 · 박석준 · 이동은 · 이미혜
발행처 형설출판사
경기도 파주시 회동길 37-23 · 전화 (031) 955-2361~4 · 팩시밀리 (031) 955-2341
발행인 장진혁
등록 라-제9호 · 1962년 5월 1일
홈페이지 http://www.hyungseul.co.kr
e-mail hs@hyungseul.co.kr

정가 20,000원

ISBN 978-89-472-4366-7 94370
978-89-472-4362-9(세트)

MEMO